中国职业院校
国际交流合作
优秀案例选集

上册

Selected Collection of
Excellent Cases of International
Exchange and Cooperation
in Chinese Vocational Colleges

主编

中国职业技术教育学会
中国职业技术教育学会国际合作交流工作委员会
上海外国语大学国际教育学院
深圳职业技术学院新时代中国职业教育研究院

ZHEJIANG UNIVERSITY PRESS
浙江大学出版社
· 杭州 ·

图书在版编目（CIP）数据

中国职业院校国际交流合作优秀案例选集 ／ 中国职业技术教育学会等主编. — 杭州：浙江大学出版社，2023.6

ISBN 978-7-308-23822-9

Ⅰ．①中… Ⅱ．①中… Ⅲ．①高等职业教育—国际合作—案例—中国 Ⅳ．①G718.5

中国国家版本馆CIP数据核字（2023）第092954号

中国职业院校国际交流合作优秀案例选集

中国职业技术教育学会　等主编

责任编辑	包灵灵
责任校对	曾　庆　黄　墨
封面设计	林智广告
出版发行	浙江大学出版社
	（杭州市天目山路148号　　邮政编码　310007）
	（网址：http://www.zjupress.com）
排　　版	杭州林智广告有限公司
印　　刷	杭州宏雅印刷有限公司
开　　本	710mm×1000mm　1/16
印　　张	24.75
字　　数	400千
版 印 次	2023年6月第1版　2023年6月第1次印刷
书　　号	ISBN 978-7-308-23822-9
定　　价	168.00元（上下册）

　　职业教育是中华民族的血脉和根基，是中国大国文化传承的重要载体。"十三五"以来，中国已建成世界上最大规模的职业教育体系。中国共产党第二十次全国代表大会报告指出，"统筹职业教育、高等教育、继续教育协同创新，推进职普融通、产教融合、科教融汇，优化职业教育类型定位"[①]，职业教育的发展已然迈入新的发展阶段，肩负着新时代的重大使命。

　　当前，职业教育成为衡量一国综合实力和人力资源的重要指标。在我国"一带一路"倡议和扩大教育对外开放政策的指引下，中国职业教育面临"走出去"的发展需求。中国职业院校"走出去"旨在分享中国经验，培养国际化技术人才，增强中国职业教育品牌影响力，提升国际交流与合作水平。在教育部党组正确领导、有关司局积极支持下，全国职业院校在国际交流与合作、国际化人才培养方面取得了重要成果和宝贵经验。为深入贯彻习近平新时代中国特色社会主义思想，以及党的二十大对职业教育的重要论述，同时向世界讲好中国职业教育故事，中国职业技术教育学会对中等职业、高等职业和应用型本科院校在人才培养和国际化方面的优秀案例进行征集和遴选，汇编并公开出版。

　　《中国职业院校国际交流合作优秀案例选集》分为上下两册，各案例从背景、目标、过程、效果、保障和反思等维度对各校职业教育发展概况进行了梳理，不仅展现了各校在职业教育方面的重大发展成果，也为中国职业教育的国际化传播

[①] 习近平：高举中国特色社会主义伟大旗帜 为全面建设社会主义现代化国家而团结奋斗——在中国共产党第二十次全国代表大会上的报告，新华网，2022-10-25，http://www.news.cn/politics/cpc20/2022-10/25/c_1129079429.htm，访问日期：2022 年 11 月 11 日。

贡献了非凡价值。通览全书，选编案例具备如下特点：一方面，职教项目特色鲜明，辐射援外培训、中外合作办学、"鲁班工坊"、来华留学生培养等多方面旗帜鲜明的职业教育发展路径；另一方面，各校职业教育特色项目为推动专业设置与产业需求、课程内容与职业标准、教学过程与生产过程"三对接"做出重要贡献，为创造更多人才红利，提高中国制造和中国装备的国际竞争实力提供强有力的人才支撑。

职业教育肩负推动经济转型升级、促进就业、培养技能人才的重要使命，希望此案例集能为各级各类院校深化改革，服务国家职业教育体系战略目标，打造职业教育国际化发展新高地提供借鉴。

中国职业技术教育学会会长

鲁　昕

党的二十大报告指出，中国坚持对外开放的基本国策，坚定奉行互利共赢的开放战略，要形成更大范围、更宽领域、更深层次对外开放格局。[①] 中国职业教育的国际交流与合作作为教育对外开放的重要途径之一，应当进一步坚持以开放促发展，在培养国际化职业技术人才的同时，向世界讲好中国的职业教育故事，为世界职业教育发展贡献中国力量和中国方案。

当前，我国教育现代化全面提速，教育对外开放持续深入，加强中国与"一带一路"沿线国家、非洲国家的职业教育交流与合作已成为教育交流的重要方向，职业教育走出去正引起各界广泛关注。中国的职业院校应当积极参与全球治理体系改革和建设，持续贡献中国职业教育的智慧和力量。为深入学习贯彻习近平新时代中国特色社会主义思想，特别是习近平外交思想和习近平总书记关于教育的重要论述，中国职业技术教育学会国际合作交流工作委员会对中国职业院校国际交流与合作中开展的品牌活动、特色项目、合作办学、创新成果等案例进行征集评选，现结集出版。

通览全书，选编的案例对职业教育国际合作的实践和研究具有较高的参考价值，展现了如下鲜明的特点：一是院校覆盖面广，涉及院校来自东中西部不同地区；二是项目特色明显，涉及中外合作办学、引入海外优质资源和办学模式、来华留学生培养、国际化技能人才培养、创办海外分校、创建"鲁班工坊"、校企

---

① 习近平：高举中国特色社会主义伟大旗帜 为全面建设社会主义现代化国家而团结奋斗——在中国共产党第二十次全国代表大会上的报告，新华网，2022-10-25，http://www.news.cn/politics/cpc20/2022-10/25/c_1129079429.htm，访问日期：2022 年 11 月 11 日。

携手"走出去"及教学资源和文化国际输出等方面;三是以图文并茂的方式讲述中国的职业教育故事,呈现了各职业院校探索国际交流与合作的各类宝贵经验,为其他院校的国际交流与合作提供重要参考。

　　中国职业院校"走出去",旨在在相互学习的过程中把中国经验、智慧和方案分享到其他国家,对提升中国职业教育全球适应性,增强中国职业教育品牌国际影响力,助力世界各国经济社会发展,促进中外民心相通、文明互鉴具有重要意义。希望该书能够助力各级各类职业院校深化国际交流与合作,进一步讲好中国的职业教育故事、形成有中国特色的职业教育知识体系,为世界职业教育事业提出中国方案,贡献中国智慧。

中国职业技术教育学会国际合作交流工作委员会

姜　锋　金　慧

目 录 CONTENTS

PART 1

第一篇

中外合作办学

Selected Collection of Excellent
Cases of International Exchange
and Cooperation in Chinese
Vocational Colleges

采取"1对多"国际合作模式，深化中等职业"三教"改革

摘　要: 北京市经济管理学校是北京市属国家重点中等专业学校，近年来主要采用"1对多"的国际合作模式同多个国家的学校开展职业教育合作办学。学校针对自身专业特点和预期发展，结合国外学校高水平专业，尤其在食品质量监督专业群和信息技术专业群，采取课程引进、教材联合开发和专业教师课程教学交流等合作方式，在专业课程设置、教师培养和教法改革等方面实现高质量发展，进一步深化中等职业"三教"改革。通过这种国际合作模式的实践，学校初步取得了显著的教学成果，提升了北京市中等职业学校教育的国际影响力，在所在社区发挥了职业院校教育功能的辐射作用。

关键词: 国际合作；"1对多"；职业教育；"三教"改革

　　为提高人才培养质量，贯彻执行国家和北京市教育委员会关于职业院校开展国际合作办学的政策精神，北京市经济管理学校（简称"北经管"）于2004年开始探索国际合作办学，开展了和北京高校联合举办国际合作班、中外校际文化交流、教师课程教学交流等各种形式的教学活动，但始终没有形成学校完整的国际合作教学与管理体系。直到2016年12月，中国职教学会首届国际合作交流工作委员会成立，北经管成为中国职业教育学会国际合作交流工作委员会成员校以后，学校国际合作办学才得到快速发展。自2016年起，北经管以专业合作形式展开国际教学合作，形成了较为完整的"1对多"的国际合作模式，积累了经验，取得了一些显著的成果。

一、学校国际合作的背景

北经管在 2004 年就开始国际合作教学方面的探索，先后联合北京青年政治学院举办加拿大泰尔弗国际商学院国际合作班，并和第三方机构联合举办国外应用类大学升学班。然而，在这种国际合作形式中，北经管无法同合作院校直接进行深入的课程教学合作。从 2015 年开始，北经管开始尝试在学校特色专业上寻求可以促进课程教学、专业发展及教师教学水平的国际合作项目。学校主要通过国际教育展览会的平台，本着从相同专业切入，在差异中寻求合作的目的，寻找既符合学校发展也符合相关国家经济文化需求的合作项目。

2016—2017 年，学校先后正式同新加坡酒店协会酒店与旅游管理学院（SHATEC Institutes Pte. Ltd.），美国加州佩拉尔塔社区学院（Peralta Community College District），美国加州兰登高中（Vanden High School）等院校签订了合作协议（见图 1、图 2、图 3）。北经管之所以选择新加坡酒店协会酒店与旅游管理学院，主要因为该校有新加坡酒店行业背景，在西点制作实训教学方面拥有国际一流的实力。选择加州佩拉尔塔社区学院的原因在于该校的教育模式类似于中国的职业院校，其信息专业大类课程能够和北经管信息专业课程高度衔接；此外，该校还地处美国硅谷计算机信息技术发达地区。选择加州兰登高中的原因在于该校同在美国硅谷区域，且拥有多次在世界机器人大赛获奖的学生团队和教练员团队。而三所外方学校则看重北经管的合作诚意、相关专业的互补性，以及位于北京的地缘优势，这些可以帮助其扩大在中国教育界的影响力。

北经管所推出的国际合作项目包括三项，分别为：与新加坡酒店协会酒店与旅游管理学院在食品质量监督检验专业的课程引进项目、与加州佩拉尔塔社区学院在信息技术专业的国际合作班项目，以及与加州兰登高中在机器人专业的机器人基地交流项目。自 2016 年项目签订以来，北经管秉承"交流、合作、提升、共赢"的理念，在国际合作办学实践中不断助力教师素质提升、教材开发使用、教法改革创新。

图 1　与新加坡酒店协会酒店
与旅游管理学院合作

图 2　与加州佩拉尔塔社区学院
合作

图 3　与加州兰登高中合作

二、学校国际合作的目标

对照北京市职业学校的办学评价标准和指导方向，北经管通过评估自身专业教学现状，归纳总结了若干问题，并期望通过国际合作办学解决这些问题。具体问题如下：

（1）学校原有实训课程设置应用性不强，与职业岗位、国际先进技术标准接轨度不够；

（2）专业实训课程的实训室设计与实践活动匹配度低，学生学习的软硬件环境不理想；

（3）教师理论水平较高，但实操能力较弱；

（4）教师教学方法灵活度和针对性较低；

（5）现行部分专业课教材实用性、针对性不强，学生使用效率频率较低；

（6）学生的工匠精神、服务意识、高标准意识尚待提高。

三、学校国际合作的过程

（一）通过引进和整合课程，增强国际标准认知度，提升教师教学能力

北经管结合自身专业人才培养方向，引入新加坡酒店协会酒店与旅游管理学院焙烤食品工艺实训课程、加州佩拉尔塔社区学院计算机信息系统、Python程序设计等专业精品课程，使之与学校现有课程相整合。北经管还引进国际化的新加坡西点制作行业标准，借鉴美国社区学院"学中做"（learning by doing）的教学理念，完善专业课程结构，改进实训教学方法。学校在西点制作与展示，机器人组装、编程以及工业机器人的涂胶、分拣、装配等操作中，真正做到了课堂教学与职业应用场景相结合，切实促进师资队伍专业能力和技术服务水平的提升。

（二）通过教材融合开发，提升校本教材的实用性

北经管通过结合国际课程教材与现行教材，开发适合在校学生实训的校本教材。例如，学校使用新加坡酒店协会酒店与旅游管理学院活页式教材《参加者指南——烘焙技术》（*Participant Guide–Baking Techniques*）和《食谱》（*Menu*），使教学内容与学生课堂任务一体化，在实际使用中提升了教材使用

的灵活度和效率。此外，北经管还融合Python和计算机信息系统（CIS）等国际课程，结合机器人技术应用课程实训和典型工作任务，开发适合学校学生的活页式教材，为机器人组装、编程、调试、维护及团队协作、质量控制等实操工作过程提供指导。专用教材的开发是建立在学生的认知基础上，实用性和实操性更强，同时给学生思考和创造的空间，使学生能自主生成学习笔记。

（三）提升实训室的标准，优化实训室与课程的匹配度

针对外籍教师提出的北经管西点加工实训室设计规划和实际使用中的问题，2018—2019年，学校分别对两个食品加工实训室进行了升级改造，在实训室中设计独立的小工具储存柜，增加清洗和消毒位置，区分产品制作和烘烤区域。国际化的改造增强了实训室教学环境的科学性和实用性，提升了北经管学生西点制作实训教学质量（见图4）。

图4　学生在经过国际化改造的新食品加工实训室进行实训

在机器人合作项目中，为了让学生的技能训练符合合作项目教学目标要求，北经管2018年建设了机器人专业实训基地（见图5）。该基地的规划和建设主要借鉴了加州兰登高中所展示的实训基地建设方案，具体举措是将学校机

图5　学生在机器人组装与维修实训室

器人制作实训基地进行规划升级，建设成一个拥有4个六角桌、1个展示台、多个展示柜，能够容纳24名同学同时上课，实现机器人焊接、组装、编程、调试、展示等操作的综合专业实训基地，从而增强了实训基地的实用性，提高了技能训练的质量。学校要求学生在专业学习的最后一年以实际项目作为设置依据，按机器人项目管理方法的先后顺序完成设计、原型开发、机械制作、编程实现、调试、职业能力展示、论文答辩等，形成完整的实训教学，满足学生企业实习的要求。

（四）通过引进外籍一流教师来校培训，提升师资水平，改善教学方法

北经管在国际合作项目中引进外籍一流教师，通过言传身教改善本校专业教师的教学方法。外教的培训方式具体表现为合作学校选派优秀的"双师型"教师到北经管任教，北经管专任教师则承担助教工作。通过共同授课，北经管教师深刻体会到外教重理论、强操作、高素养的教学风格，领教了国外职业教师精益求精的工匠精神和严谨负责的职业素养魅力，促使教师自觉将原来在实训课中靠视频播放讲实操的教学方式，转变成教师"边讲要点边实际操作"的

教学方式，同时强化学生的自主学习意愿，扩大学生在实操中自由发挥的空间，增加操作中的反思阶段和评价阶段。

（五）通过国际交流合作，拓宽学生职业视野和潜能

北经管在国际合作中重视加强双边学生关系，连续开展合作方双边游学和交流合作活动，旨在开拓学生国际视野，增加学生对本专业的认知。北经管师生 2017 年赴新加坡、美国游学，2017 年、2019 年邀请加州兰登高中机器人基地团队学生到北经管交流。在中美学生合作完成机器人的交流活动中，北经管学生通过组装、搭建、运行机器人，亲身接触和了解了现代工业设计、机械、电子、传感器、计算机软件、硬件、人机交互、人工智能等诸多领域的先进技术，在获得科技知识和实践能力的同时激发了他们的创新意识和创造发明的潜能。

四、学校国际合作的效果

北经管国际合作项目运行至今，从合作院校引进精品课程、国际行业标准、先进教学方法、实用性教材，辐射学校商务英语、食品质量监督检验、计算机信息技术、机器人等多个专业，涉及计算机基础、西点烘焙、英语、机器人技术应用、Python 程序设计等多个学科，产出校本教材 4 本，师生在各类大赛中获奖 20 余项。学校国际合作项目切实推进了"教师、教材、教法"的"三教"改革，为中等职业学校的国际合作方式提供了新思路。

（一）促进专业课程、教法改革

北经管的国际合作办学项目重点在于将西点烘焙、计算机信息系统、Python 等国际课程与学校现有课程融会贯通。结合中等职业学校学生的认知基础和学习特点，北经管完善现有专业课程设置，尤其是实训课程的教学内容和方法，提升学生的专业知识、技能和素养，使学生逐渐从学校走向社会。北经管机器人应用专业借鉴信息技术专业与加州佩拉尔塔社区学院的合作方式，完善专业课程体系：课程借鉴国际青少年机器人挑战赛（FIRST Robotics Competition）、国内职业技能大赛相关内容，增设了如机器人组装与调试课程、Python 语言编程课程、CAD 制图课程等，并在课程实践中融入工程化思维、

国际化思维；在专业学习最后一年增设专业大实训课程，实践从设计制图、原型开发、机械制作、电路控制和连接到编程调试的工程化思维方法。

（二）更新与改进实训活页式教材

北经管在分析研究新加坡酒店协会酒店与旅游管理学院和加州佩拉尔塔社区学院使用的教材的基础上，整合和开发出适合学校焙烤工艺课程和机器人应用技术课程所使用的活页式教材，教材更加简洁、清晰，实用性、生成性与自主性增强，从而将教学内容与学生课堂任务一体化，提升了学习的灵活度和教材的使用效率。

鉴于此，北经管食品工程系教师自主编写了《面包制作入门》《"新伴工焙"专创融合课程》两本活页式教材，应用到创新创业课程中。

该项目共开发信息技术专业新编教材 2 本、CIS 教材 1 本、Python 教材 1本，衍生其他校本教材 3 本。

（三）创新国际化技能型人才培养模式

围绕"学生主体参与、课程引入融合、教师能力增长"的国际合作原则，北经管开展了选派学生赴新加坡和美国游学，体验西点烘焙和机器人专业学习的活动，邀请美国高中生来华共同研究机器人项目，并策划了中国学生赴美参加国际青少年机器人挑战赛等活动。在西点烘焙国际课程培训项目中，学校均以学生的参与为主，重视学生在国际合作中的体验和感受，使学生主体目标达成度更高。前后共有几十名学生分别赴新加坡、加拿大、美国等国家的应用型大学留学，部分学生在校期间，边学习国内中等职业课程，边通过网络学习国外的社区学院大专课程，并按时拿到国际认可的学分（见图 6）。北经管在中等职业和高等职业的衔接上创造性地走出了国际合作新模式，效果十分显著。

图 6　新加坡酒店协会酒店与旅游管理学院西点课程班结业式上颁发技能证书

（四）提高教师教学能力比赛和学生技能大赛成绩

北经管经过多年的国际合作探索与实践，在教学、研究、学生成绩等方面取得了丰硕的成果。自 2016 年引进新加坡酒店协会酒店与旅游管理学院的西点烘焙课程后，学校食品系教师的烘焙教学水平和学生的烘焙技艺得到提高，120 余人获得西点国际课程培训证书。该系师生在北京市教育委员会和工信部联合举办的西点技能大赛、北京市职业院校技能大赛教学能力比赛、北京市职工职业技能大赛西点制作比赛中获奖 8 项，特别是 2018 年至 2021 年，教师和学生在北京市西点烘焙教学技能比赛和学生职业技能比赛中荣获一等奖 2 项、三等奖 2 项。自 2017 年北经管和加州兰登高中建立机器人制作交流合作关系后，在线上沟通交流的基础上，加州兰登高中机器人基地学生和教练员 20 余人先后两次到北经管和信息技术系师生开展机器人制作交流活动。在共同学习、探讨和实践中，北经管机器人专业师生从技能形成、最近发展区、刻意训练等多个角度深探中等职业机器人技术应用赛项标准、教赛师资、教赛内容、教赛过程。北经管学生在 2018 年、2019 年北京市学生职业英语技能大赛中分别荣获二等奖、三等奖各 1 项，在 2019 年北京市职工职业技能大赛机器人技术应用大赛中获得团体三等奖 1 项。机器人专业教师团队在 2019 年、2021 年北京市职业院校技能大赛教学能力比赛中各获得团体三等奖 1 项。

（五）增强职业学校专业魅力和社区服务功能

北经管于 2020 年重新编制了国际合作西点烘焙课程，并打造了中小学体验课程包；把部分国际合作机器人课程内容渗透到中小学社会实践课程中，打造了机器人制作体验课程包，实现了职业学校为周边中小学生和社区居民服务的功能。西点烘焙体验课程包每年吸引 200 余人次的中小学生和社区居民学习焙烤食品加工和西点制作，国际一流大师风趣的双语教学和高超的技艺给社区的少年儿童留下了深刻的印象。机器人制作体验课程包因课程内容丰富，教学理念新，教学资源多样，吸引了越来越多的社区中小学生到北经管进行实践体验，开放的新机器人专业实训室更是吸引了越来越多的社区居民参观学习。

（六）提供可借鉴的国际合作办学经验

北经管的国际合作项目在职业院校也产生了较大的影响，为兄弟院校的国际化合作办学提供经验。长期的多种形式的国际合作办学形式，在学生、教师间产生积极影响，吸引多所中等职业学校到北经管交流国际合作办学经验，北经管的国际合作在北京市中等职业学校中起到了示范引领作用。

五、学校国际合作的保障

（一）审批准入机制

北经管通过教学调研和校务会严把准入关，立足于学校专业特色和未来发展需求，分析论证合作办学的可行性和必要性，坚持引进先进的教学资源，责成合作专业所在系对引进项目负责，明确管理内容和方法。

（二）质量监督机制

北经管将国际合作教学质量监督工作纳入学校教学管理督查内容，以保障合作办学质量。教学督查部门按部就班听课、评课，及时提出合作课程教学的改进和修正意见，国际合作部及时与合作院校管理部门进行有效沟通。

（三）成功经验共享机制

北经管合作办学成功经验共享机制是提升国际合作教学质量的重要保障。学校和专业系两级教学管理部门参与制定国际合作项目师生座谈会计划，定期召开所有专业国际合作项目中外教师教学研讨和座谈会，总结教学经验。北经管发挥优秀合作项目的示范引领作用，互帮互助，不断提高合作办学的管理和教学质量，同时和开设同类专业的北京市其他中等职业学校分享国际合作办学经验，共同进步。

六、学校国际合作的总结和反思

（一）经验总结

北经管经过近 20 年的探索和实践，在国际合作办学方面取得了显著的成绩，总结经验如下。

1. 深挖项目合作院校的优势资源，明确"三教"改革目标

北经管选择专业契合点高、学段相同、有国际优势的院校，通过国际课程校本化这一途径，借助国际课程引入、国际教师教学、师生互换交流、学科互

选、学分互认等方式，结合学校不同专业的人才培养方向，围绕着理论和实践课程引进、活页式教材开发、实训室建设和优化、教师素养提升、国际文化交流等方面进行国际合作办学。

2. 采取"1 对多"国际合作模式，对准学校合作专业，以点带面推动"三教"改革

北经管以食品质量监督检验专业和信息技术各专业的国际化专业建设为引领，通过国际课程引进、课程整合和课程实施，推动了学校教学组织管理、教师队伍建设、实训基地建设和实训实践教学向规范化、职业化、标准化和国际化方向发展，提高了学校的教学、实训水平和教学质量，提升了学生的就业、创新、创业能力和可持续发展的竞争力。同时，北经管不断适应新时期北京作为国际化大都市对职业学校的要求，认识并践行了国际行业标准，有效地解决了学校教师理论水平较高而实操能力较弱、教材实用性不强、实训室设计与实践课程匹配度低、教学方法灵活度和针对性较低等问题。

3. "1 对多"国际合作模式促进学校办学质量全面提升

"1 对多"国际合作模式使北经管逐步实现了"行业标准清晰、教师素质提升、校本教材实用、实训基地智能、学生培养落地、社会满意度增长、中国文化推广、合作双方共赢"的目标。该校食品监督检验专业群和信息技术专业群通过国际合作提升了专业建设水平，国际合作高质量发展促使两个专业系课程建设获得高度评价，两个专业群于 2020 年双双被北京市教育委员会评为特色高水平专业。

（二）反　思

北经管"1 对多"国际合作模式在深化中等职业"三教"改革方面虽然做出了显著成绩，但回顾近 20 年的改革历程，以下反思更能帮助学校制定长远的国际合作战略。

1. 国际合作办学受全球疫情影响，原有项目开展的方式已经不适应新形势

受 2020 年突发的世界公共卫生事件影响，自 2020 年食品质量监督专业西点实训课程结束，2021 年信息专业国际合作班毕业，北经管国际交流工作受

到较大冲击，原本开展国际合作的方式和方法已不能适应新形势。未来国际合作面临的挑战和机遇共存，不确定因素增多，还要思考研究和深入探索，以便找到切实管用的应对措施。

2. 国际合作项目与企业合作不够，产教融合发展不协调

北经管目前的国际合作项目重点主要聚焦在学生培养和职业学校范围内的教育性上，不像国外合作学校有企业背景和行业依托。虽然引进的是高水平国际化课程，但未与企业对接，难以发挥更多的行业影响力。校企合作、产教融合、工学结合是未来国际合作中重点发力的方向。

3. 深度合作和良性循环不够

目前的国际合作主要是在课程、教材和教师教学交流方面开展，在合作办学机制、用人机制、课程设置上尚未进行深度合作，仅限于单项引进国外学校的优质资源，成本较高。未来北经管要充分发挥学校自身优势，既要满足合作院校的办学需要，更要从本质上提高学校职业教育办学质量和管理水平。例如，教师和管理人员交流任职，达到合作双方共同培养国际型教师和学生的目标；建立国际职业教育共同体，共同开发国际合作办学的科学评价体系，携手推进高质量发展，在合作中实现双赢。

作者：鞠纯杰，北京市经济管理学校教育研究室副主任

中外合作办学项目撬动学生、教师、学校全方位发展

摘 要: 中外合作办学是高等院校国际合作重要形式之一,青岛职业技术学院一直探索在推动项目健康平稳运行的同时,如何充分利用合作办学项目资源促进学校国际化发展。本案例为自 2009 年设立的中国—新西兰合作办学项目,项目运行成熟,实现了学生就业率、教师教学科研水平和学校国内国际影响力的全方位提升。

关键词: 中外合作办学;中国—新西兰合作;国际化发展

大洋洲地区国家一直是我国对外教育交流的重点之一。新中国成立后,尤其是改革开放以来,我国与新西兰的友好关系不断发展,教育交流与合作的规模日益扩大,建立了双边教育交流定期磋商机制,在教育代表团互访、互换留学人员、校际交流、互换教育资料、语言教学、学术研究等领域开展了广泛的交流与合作,尤其在职业教育方面,两国职业院校开展了卓有成效的多方向合作。

中国的高等职业教育在经济与社会发展中发挥了独特的、不可或缺的作用,培养了大批技术技能型人才。为适应社会经济发展的需要,中国的高职教育采取了多项改革措施,强化内涵建设,提升办学质量,其中,加强国际合作交流就是一项重要举措。新西兰的职业教育有一百多年的历史,对中国职业教育的发展具有一定的借鉴意义。中国—新西兰(简称"中新")情况有所不同,但职业教育具有相同的属性,加强双方合作,有利于培养具有国际先进理念和国际视野、了解国际职业教育发展趋势的职业教育教师队伍,提升两国职业教育整体水平。

一、合作背景

作为中国沿海重要的中心城市、国际知名港口城市、国家历史文化名城、国际知名旅游目的地及"一带一路"的重要节点城市，青岛越来越多地受到国际关注。截至目前，青岛已与全球 40 个国家的 72 个城市结为友好城市，在文化、体育、旅游、经商、教育等各层面开展了广泛的交流与合作。其中，便包括新西兰的奥克兰和达尼丁。

青岛职业技术学院与新西兰国立中部理工学院于 2008 年 12 月签订合作办学协议，自 2009 年起举办旅游管理专业合作办学项目。2013 年 4 月 11 日，中国政府与新西兰政府在北京签署两国建立职业教育合作协议。同期，在教育部职业技术教育中心研究所的指导下，中国、新西兰有三所院校共同签署合作备忘录，同意建立共同合作关系并促进中新两国职业教育与培训的发展。

二、发展目标

（一）学　生

学校引进新西兰优质教材和教学资源，拓展学生的国际化视野，为学生提供赴新西兰留学、研修、就业的渠道，让学生具有国内外校园学习经历并取得双学历，满足学生在国外提升学历、开拓视野、感受异国文化的愿望，提高学生就业竞争力。

（二）教　师

学校以培养国际化师资和教师培训师为目标，通过引入新西兰学历评估委员会（New Zealand Qualifications Authority，NZQA）课程标准培训、派遣教师赴新西兰培训、合作开发英语课程、合作进行中新职教比较研究项目等方式全方位提升教师的教学、科研水平。

（三）学校推广

学校以中新合作为基础，依托先期培训的"种子教师"资源，通过在新西兰和中国再培训模式将新西兰职业教育培训课程设计、成人学习理论、批判性反思和学习效果评价等成果在校内以及国内的师资培训、教学改革中继续推广，在本土化的实践和探索过程中助推学校国际化水平提升和教育教学改革。

三、学生、教师、学校推广发展模式

（一）学生培养

学校与新西兰国立中部理工学院于2008年12月签订合作办学协议，自2009年起举办旅游管理专业合作办学项目，于2018年3月签订了合作办学补充协议，双方约定2008年签订的合作办学协议有效期延长至2028年。该项目现有3个班，在校生共计106人。

依托合作院校，学校在2013年、2016年和2018年共举办三届"新西兰风情文化周"活动，全面展示了与新西兰合作办学项目在过去10多年间的发展历程，增进了师生对合作办学项目的了解以及对新西兰英语国家文化的感知，营造了积极向上、健康活泼、富有国际化气息的校园文化氛围，推动了校园精神文明建设。

（二）教师培训

2011年起，学校与新西兰国立中部理工学院的合作形式由举办合作办学项目扩展到教师研修及学生交流等多个领域，学校先后派出10批共25位教师赴新西兰进行海外研修。同时，学校接收新西兰优秀教师到校授课。

为提高师资队伍及人才培养的国际化水平，积极融入国家"一带一路"建设并服务于职业教育"走出去"战略，自2015年起，学校与新西兰国立中部理工学院联合实施教师专题研修班项目。该项目以培养国际化师资和教师培训师为目标，经双方协商，按照NZQA课程标准、结合中方学校实际开展，由新西兰国立中部理工学院派出资深培训师来中方学校授课，培训课程设置和培训课时严格按照NZQA规定的标准实施，引入了新西兰职业教育培训课程设计、成人学习理论、批判性反思和学习效果评价等课程。培训分四阶段实施，培养周期为两年，共计220课时，部分课程在国内职业教育师资培训领域为首创内容。该项目于2015年至2017年举办四期，受训教师达96人次，通过对中方骨干教师的培训（Train the Trainer，TTT），引进了新西兰成人教育研究生证书级水平的四门核心课程，实现了不出国门享受原汁原味的海外培训（见图1）。15位教师通过考核获得结业证书，4位教师通过认证考试获得新西兰高等教育资格学历证书。

图 1　中新合作"TTT"项目结业典礼暨证书颁发仪式

（三）中新比较研究项目

2014 年 11 月，在中国教育部职业技术教育中心研究所成立中新职业教育发展研究中心（非实体），同时在学校设立分中心，搭建中新职业教育比较研究团队，进行中新两国职业教育的比较研究。自 2013 年起，学校共同承办四届中国—新西兰职业教育研讨会，会上中新职业教育专家分享两国职业教育最新研究成果和实践成果（见图 2）。研讨会为两国职业院校搭建了合作交流的平台，凝练推广了高职教育国际化发展的先进经验、先进模式，为推动职业教育改革进程提供了新途径、新思路。

（四）经验推广

根据《2018—2020 年中新两国教育部职业教育与培训示范项目 2 年实施规划》的要求，学校与新西兰国立中部理工学院在中国教育部职业技术教育中心研究所与新西兰国际教育推广局的授权下，作为具体实施单位，于 2018 年 11 月在青岛共同设立中新职业教育示范教师培训基地。

图2　2019中国—新西兰高等职业教育研讨会部分发言嘉宾合影

四、取得成果

中新合作办学项目引进新西兰国立中部理工学院优质教学资源，发挥学校旅游管理专业办学优势，项目运行状况良好。现项目已举办13年，培养并输送高质量的国际化旅游管理人才366名，实现海外留学33人，本专业毕业生近3年正式就业率几乎为100%。随着学生专业认可度的提高，毕业生对口就业率也稳步提升，对口就业的学生主要分布在旅行社计调、酒店前厅、景区服务与营销等一线业务岗位。该项目为青岛及山东半岛地区培养了旅游服务业的实用性、国际化、复合型人才。

学校赴新西兰研修教师团队在国内外学术刊物发表相关论文34篇，发表专著1部，承担研究课题53项，参与、指导各级技能大赛获奖23项。团队教师通过中新高等职业教育论坛、中小学教师国家级培训计划及各类全国会议等平台与来自全国高等职业院校的千余名教育工作者分享了研究成果。7名教师取得NZQA颁发的高校教师资格证，其中4人受聘为新西兰国立中部理工学院客座讲师，3人受聘为新西兰怀卡托理工学院助理研究员。

学院获得资格认证的3位教师与新西兰专家分别在新西兰和中国共同开展

图3　学校教师在新西兰与新方共同开展面向所罗门群岛教师的培训

了面向所罗门群岛教师研修团及中国高等职业院校领导和骨干教师 1500 余人次的培训（见图 3）。中新职业教育示范教师培训基地成立后，于 2019 年 7 月开办了首个中新专家联合培训班，效果良好。在新冠疫情期间，学校与新西兰方面合作，开发"线上＋线下"培训模式，推进新西兰职业教育理念和实践方法在国内的本土化与传播，以中新职业教育示范教师培训基地成立为契机，培育了一批具有国际化视野的职业教育师资队伍和创新型、复合型技术技能人才。

化工专业教师根据赴新西兰培训成果开发的《化工原理》和《化学反应过程与设备》2 门课程教材，应用于润丰化工股份有限公司赴海外员工专业技能岗前培训中，效果良好，也被洪都拉斯彩虹农业科学有限公司（中美洲）及巴拿马彩虹农业科学有限公司认可，在公司员工培训中使用。文化旅游专业群开发了《旅游酒店基本素质与核心技能》《创新思维训练》《酒店职场英语》《旅游英语视听说》4 门新课程标准，获得新西兰国立中部理工学院、芬兰坦佩雷应用科学大学和阿拉伯联合酋长国中誉国际旅游有限公司认可使用。

五、支持保障

（一）制度支持

学校成立学校对外开放领导小组，加强学校内部的分工协作机制建设，发挥集体智慧和集体力量，切实实行"党委统一领导、外事部门协调服务、二级学院主体实施"的建设机制，内外齐抓，校企联动推进国际合作项目顺利运行。

二级学院分析专业群特点与发展需求，针对性开拓国外合作关系，引进优质教育资源，建立合作办学机构，申报合作办学项目。旅游学院下设国际部负责中新合作办学项目的运行，由中新两方合作院校协商设立联合管理委员会，负责监督项目运行情况。

（二）资金保障

中新合作办学项目学费全部用于教学成本补偿。具体内容包括：教学运行、新方教师课时费、兼职教师聘任、学生活动、实训室条件改善、招生宣传等。

学校累计派出 10 批次、25 人次赴新西兰合作院校培训、研修，由学院因公出国（境）访问研修项目出资，并接受国家外国专家局资助约合人民币 70 万元。此外，以职业教育教师教学能力和课程改革能力提升为重点的教师专题研修班项目，还获得了新西兰政府的部分财政资助。

六、启发与反思

中外合作办学项目、机构作为国际合作的主要形式，有利于整合双方优势专业资源，提升专业教学和学校国际化水平。中新合作办学项目设立 10 多年来，发展模式日趋完善。项目设立初期，学校引入新西兰方面优质教学资源，为学生提供海外交换、升学、实习、就业的渠道，培养具有国际化视野的毕业生。合作办学专业教师赴合作院校研修交流，提升专业教学质量及教师科研水平。项目成熟后，学校与新西兰院校合作更加深入，拓展至合作申请两国职业教育交流项目，开展两国职业教育比较研究，联合开拓师资培训等领域。学生、教师、学校推广发展模式在本专业发展同时也推动合作办学专业所在二级学院整体发展，提升了师资、科研水平，这种模式下二级学院有比较高的办学积极性，与合作院校交流顺畅，也保障了办学项目的稳定运行。

新冠疫情期间，新方课程改为网络授课，教学效果一般，学生交流项目中断，两校互访、教师培训等项目基本暂停，各个项目沟通困难增大。新西兰培训专家无法入境，培训模式改为"线上＋线下"形式后效果有待检验。当前中国抗击新冠疫情已取得决定性胜利，学校将加紧与各国合作院校恢复正常交往，探索渠道激发外方合作积极性，推动各项目顺利实施。

作者：吴雨璇，青岛职业技术学院国际交流与合作处

三方合作两地研发 打造国际"校—校—企"合作新模式

摘 要： 福建船政交通职业学院自 2019 年开始，积极推动同匈牙利摩根斯达集团、德布勒森大学的深度合作，三方共同推进通航产业的应用技术研发、人才共育，致力于打造中欧职业教育品牌，实现教育与产业同步，让中匈两国在教育领域合作更加紧密和切实。三方共同打造现代产业学院，共同建设通航生产性实训基地，培养高素质通航技术技能人才；同时共建通用航空应用技术研发中心，采用中匈两高校互设研发基地的方式，共同开展通航领域技术攻关及市场应用推广。三方携手"一带一路"职业教育合作，打造国际"校校企"合作新模式。

关键词： "一带一路"；通用航空；产业学院；国际合作

一、实施背景

为积极响应国家"一带一路"倡议，福建船政交通职业学院自 2019 年开始，积极推动同匈牙利摩根斯达集团、德布勒森大学的深度合作，共同推进通航产业的应用技术研发、人才共育，致力于打造中欧职业教育品牌，实现教育与产业同步，让中匈两国在职业教育领域的合作更加紧密，产业学院的设立让三方合作步入新的发展时期。

通用航空包括从事工业、农业、林业等作业飞行和医疗卫生、抢险救灾等方面的飞行活动，"十四五"期间，国家高度重视通航产业发展和低空空域逐步放开。福建省政府办公厅印发《福建省"十四五"应急体系建设专项规划》，明确提出加强航空应急救援能力建设：搭建航空应急指挥平台，加强航空应急救援专业力量建设，优化航空应急救援联勤保障机制。通用航空产业必将在"十四五"期间迎来高速发展。

匈牙利摩根斯达集团是一家一直致力于推动中东欧与中国科技和文化合作交流的企业，集团总部在匈牙利首都布达佩斯，目前拥有众多中东欧文化和科技资源，并积极服务于中东欧与中国企业。匈牙利德布勒森大学成立于1538年，是匈牙利久负盛名的国立大学，也是匈牙利规模最大的公立大学，设置14个系、24个专业博士研究点，在校生3万余人，被誉为世界卫生组织研究中心、欧洲杰出学术贡献研究中心。

二、主要做法

2020年7月，福建船政交通职业学院设立通用航空产业学院（见图1），属福建省高等职业院校首家。

图1　三方共建通用航空产业学院

（一）国际化通用航空人才培养

1. 构建国际化现代产业学院

通用航空产业学院引进德布勒森大学教授团队、优势教学资源（含专业课程、教学法等），协助产业学院人才培养方案制定和课程开发，同时引进匈牙利方教学管理团队协助产业学院日常工作（见图2）。产业学院建立国际"校校企"合作的理事会管理架构，并出台了8项管理制度，于2020年10月由福建省教育厅确定为省级产业学院试点。通用航空产业学院，开设了"通用航空器维修技术""通用航空航务技术""空中乘务""无人机应用技术"4个专业，有在校生750人。学生毕业后可申请赴德布勒森大学深造。

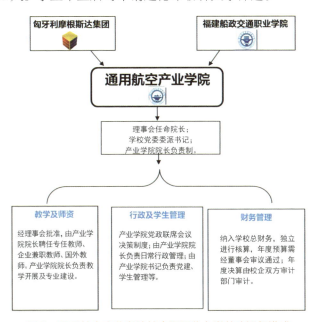

图2　通用航空产业学院校企国际化办学共建运行模式

2. 引进欧洲知名大学教授

摩根斯达集团协调每年引进2—3名德布勒森大学航空学科教授，1名教授担任通用航空产业学院执行院长，每年在中国学校工作时间累计不少于8个月，主要负责专业建设规划，指导学校通用航空应用研发中心的工作；1名教授担任专业带头人，主要负责师资引进与培养、课程规划等，参加学校通用航空应用研发中心的工作。与此同时，摩根斯达集团安排8名工作人员长期入驻学校，从事产业学院的日常管理工作，协调安排各项教学科研社会服务工作；安排集团大中华区总裁方明杨为总负责人，同时产业学院聘请其为客座教授。

3.引进教学资源

通用航空产业学院在引进匈牙利教授团队的同时，也引进欧洲知名高校航空技术领域的优质教学资源，包括优质专业课程、经过中英文对照翻译转化的优质航空教材、先进的教学管理方法等。

（二）通用航空生产性实训基地（航空产业园）

2020年11月，上海世博会期间，产业学院与摩根斯达集团签约共建集"产学研用创"于一体的"航空产业园"，列入福建省引进外资重点项目，由摩根斯达集团投资约1亿元人民币，建设生产性实训基地，包含引进6架欧洲旋翼机、民航CCAR-147部标准培训基地、旋翼机装配线。企业计划让该机型的"生产装配线"进驻学院的产业园，装配后的整机将出口欧洲，专业师生将参与生产过程，将生产装配线建设为校内生产性实训基地（见图3）。在开展生产性教学实训的同时，积极开拓职业培训、退伍军人培训、军民融合项目、行业技术服务等。

图3 通用航空产业学院生产性实训基地

由德布勒森大学授权资质，中匈双方共同开展民用航空飞行员（空客机型系列）招收培训认证工作。在中国国内开展基础课程，以英语学习为主，时长1年。实训课程和国际飞行员培训考证在德布勒森大学完成，时长1.5—2年。

（三）通用航空应用技术研发中心（省级"一带一路"联合共建实验室）

福建船政交通职业学院、匈牙利摩根斯达集团和德布勒森大学，三方共同投入、共同建设通用航空应用技术研发中心。福建船政交通职业学院与德布勒森大学互设通用航空应用技术研发中心（见图4），采用三方合作、两地研发的模式，互相派员常驻，负责研发中心日常运行工作。该中心遴选德布勒森大学所拥有的技术、专利等进行中试、推广，主要面向中国市场，通过技术转让或市场共享等方式进行成果转化。该中心主要研究方向为通用航空领域的科技研发、基于通用航空飞行器的二次应用研发，并可延伸至航空旅游、交通土建、物流管理等。

图4　福建船政交通职业学院通用航空应用技术研发中心被认定为
福建省"一带一路"联合共建实验室

研发中心共有13名团队成员（见表1），其中外籍博士、教授2名，校内博士2名，企业高工1名，虽然受到疫情影响无法面对面开展工作，网络科研交流合作已经持续1年，目前已共同开发2项国际专利，承接3项省市级科研项目、2项企业横向项目。

表1 研发中心团队成员

姓名	所在单位	学历/技术职务	研究方向	分工
Géza Husi	德布勒森大学工程学院院长	博士、教授、博导	自动控制	研发中心执行主任
Piroska Gyöngyi AILER	德布勒森大学技术创新与培训院长	博士、教授	飞机发动机	项目负责人
沈培辉	福建船政交通职业学院	博士、教授	机械工程	机械结构设计与验证
许铁	福建船政交通职业学院	教授	机械工程	飞行器结构设计与验证
蔡国玮	福建船政交通职业学院	博士、高工	飞行器设计	飞行器设计与验证
王显彬	福建船政交通职业学院	硕士、副教授	机械工程	机械设计
陈常晖	福建船政交通职业学院	教授	信息技术	算法实现
王军祥	福建船政交通职业学院	硕士、副教授	嵌入式算法	算法与嵌入式
陈太丽	福建船政交通职业学院	硕士、实验师	机械结构与3D打印	机械与3D打印
张伟	福建船政交通职业学院	硕士、讲师	自动控制	自动控制
江敏	福建船政交通职业学院	硕士、讲师	英文翻译	英文资料
方明杨	摩根斯达集团	硕士、高工	系统工程	项目集成与申报

三、成果成效

通用航空产业被列入国家和福建省"十四五"规划重点发展的领域，专业发展前景广阔。该产业领域在国内，特别是福建省内，还处于刚起步阶段，产业学院的专业建设、人才培养和应用技术研发占得先机。引进欧洲大学教授团队，加盟通用航空应用技术研发中心，打造高水平省级"一带一路"科技创新平台，将推动省内通用航空产业发展。

（一）现代产业学院的模式创新

通用航空产业学院通过产教融合，校企深度合作，共营共管产业学院治理与运行，探索国际化产业学院运行新模式。产业学院的模式创新获得福建省教育厅的认可，2020 年 10 月福建省教育厅将该学院确定为省级产业学院教改试点项目。目前，该学院招生情况良好，开设航空器维修等 3 个专业，共有在校生 750 人。

（二）高水平航空实训基地突显专业实力

通用航空产业学院由校企共同构建专业体系，共同建设通用航空生产性实训基地。截至目前，学校投入 1100 多万元，企业投入 200 多万元，建成了"产学研用创"一体、厂校合一、育训结合的高水平航空实训基地，基地的软硬件设施完全满足中国民用航空局基础执照培训标准，有力支撑通用航空全产业链紧缺的高素质技术技能人才的培养。

（三）国际化科技团队成果初现

通用航空产业学院通过引进 2 名欧洲知名大学教授，领衔通用航空研发中心建设，完成了研发中心的建设规划，搭建了高水平的研发平台。2020 年 9 月，该研发中心由福建省科技厅确认为 6 个省级"一带一路"对外合作科技创新平台之一，为福建省高等职业院校中唯一入选的。研发中心目前完成了 2 项国际专利授权，并有 3 项纵横向课题在研。研发中心依托研发平台，引进了 1 名博士后，是福建省"百人创新人才" B 类人才，还引进了 1 名中国航天研究院高工，有力充实了团队的科研实力。

（四）通用航空产业学院获得区域行业认可

2020 年，通用航空产业学院成为"福建省通用航空行业协会"副会长单位，成为"福建省航空学会"常务理事单位。产业学院还承办协会年会等活动，在行业协会和学术学会中发挥了积极作用。

（五）产业学院创新模式的交流学习

2019—2021 年，通用航空产业学院共接待国内外 20 多所高校的参观交流学习，多次就办学模式创新和国际化研发中心的运行，向行业协会和地方政府进行汇报展示。2020 年 12 月，全国人大常委会副委员长、中华职业教育社理事长郝明金莅临通用航空生产性实训基地，对旋翼机技术项目给予了高度肯定。

四、经验总结

航空工业是一个战略性产业和大国崛起的标志，被称为"工业之花"。中央政府将逐步放开低空领域以用于通用航空，这将带动民用航空相关产业的发展。未来十年，中国航空工业将要迎来黄金增长。福建省通用航空产业还处于起步阶段，居国内末位，通用航空人才的培养和科研工作还需积极对接航空发达省份的企业，以及大型航空央企，这样才能将通用航空人才培养和技术创新落到实处。但是，目前各方面的条件因素限制了通用航空产业的发展：第一，低空空域是国家重要战略资源，我国民航使用空域尚不到 30%，且大部分为管制空域，低空空域资源供给不足。第二，通用机场建设滞后，目前的通用航空机场中仅有 130 座 A 类机场，仅占总体的 37%。且机场功能比较单一，多服务于工、农专业作业，难以满足通用航空多元化服务的需求；地区分布不均衡，地域广阔的中西部地区通用航空机场密度较低。第三，通用航空产业领域法律法规体系不完善，这严重制约了我国通用航空的发展，建立一整套管理通用航空的法规和标准体系成为当务之急。

因受新冠疫情影响，通用航空产业学院的国际交流与合作受到严重影响，师生交流、外籍教授教学科研工作虽然采取线上教学等多种创新形式进行，但通用航空产业学院的教育教学和研发团队的工作开展，仍然存在较多不利因素。

作者：伍小明，福建船政交通职业学院对外交流中心主任；

陈常晖，福建船政交通职业学院通用航空产业学院院长

优质引进、内化提升、标准输出　服务国际产能人才培养

摘　要： 四川建筑职业技术学院从 2004 年开始持续探索中外合作办学模式，经历了项目开创、探索、提质增效的全过程，并成为建筑业涉外办学的基础和支撑。本案例以中澳合作办学项目为重点，着重描述该院十八年来在中澳国际合作办学历程中引进优质教育资源，内化引进经验，探索境外办学，从本土化再到国际化的经验及成果。

关键词： 中外合作办学；国际化人才培养；引进；输出

一、项目背景

（一）国家政策环境支持

我国高校自 1978 年便开始探索中外合作办学的各种可能性，20 世纪 80 年代初出现了一批优质本科高校的合作办学活动，随后各种层次的中外合作办学活动兴起。自 1993 年我国出台首个针对合作办学的政策性文件以来，相关政策不断推出，特别是《中外合作办学条例》及其后出台的一系列政策，引导和推动了中外合作办学的高质量发展。

（二）行业及市场需求与就业导向

建筑行业始终是我国国民经济发展的重要支柱，对建筑工程技术人员的需求量极大。随着中国加入世界贸易组织和"一带一路"倡议的形势及政策的引导，中国建筑集团有限公司、中国铁路工程集团有限公司、中国航天科技集团有限公司等企业纷纷走出国门，开拓建筑国际市场。这些企业急需具有国际化

视野、熟悉国际性建设法规、了解国际通用建筑工程手法的本土化人才。东南亚国家多数沿袭了英联邦教育和培训体系。澳大利亚作为英联邦发达国家，其职业教育体系较为完善，建筑标准与国际市场融通度大，建筑门类相对齐全，建造技术相对发达，培养的技术技能人才有较好的国际适应性。中澳合作办学项目毕业生的就业前景广阔。

（三）四川建筑职业技术学院的独特优势

四川建筑职业技术学院（简称"四川建院"）是一所国家示范性高等职业院校、优质专科高等职业院校、中国特色高水平高职学校和专业建设计划单位，有67年的职业教育经验。四川建院从2003年开始与德国、澳大利亚、英国、丹麦、加拿大等国家的院校开展职业教育培训和合作办学，开展国际教育合作研究，完成了"中澳国际教育合作的实践与研究""高等职业院校中澳合作办学双方课程体系有机整合模式研究""高等职业教育中外合作办学资源优化改革试点""国际工程教育认证背景下土木建筑类国际化技术技能型人才培养的创新与实践"和"服务国际产能合作，培养土建类国际化人才的探索与实践"等省部级重大科研项目。

2004年，通过四川省教育厅的推荐，澳大利亚北墨尔本技术与继续教育学院（原Northern Melbourne Institute of TAFE，现更名为墨尔本理工学院Melbourne Polytechnic，简称MP）与四川建院开始进行友好访问和商谈，签署合作办学项目协议，2005年，该项目通过审批并开始招生，成为中西部地区高等职业院校对外合作办学的最早项目之一。截至2022年，四川建院中澳合作办学项目共培养毕业生3718人，获得了良好的社会影响力。

二、目　标

中外合作办学的目标是要学习西方先进的教育教学理念，与中国的实践相结合，围绕国家发展和改革与学生的个体发展需要来进行教育实验和改革。面对国内建筑业产能趋于饱和这一现状，国际产能合作和拓展成为必然，特别是"一带一路"沿线国家的建设，更离不开职业教育人才的储备。鉴于这样的发展趋势，四川建院通过合作办学开展探索和实践，引进澳方的建筑管理和先进技术，补充完善中国的建筑专业教育课程体系，形成高质量的人才培养方案，再打造建筑业职业教育"走出去"的中国方案和标准。

三、过　程

四川建院的中澳合作办学项目自 2005 年获批招生后，经历了探索期、发展期、提升期和拓展期四个阶段。探索期为 2005—2008 年，第一个教学周期是发现问题、寻找规律、理清当时条件下的管理思路的阶段，项目生源规模徘徊在 50—100 人，项目主要探索从系管理到国际学院统一管理的模式转变；发展期为 2009—2015 年，项目运行和管理思路逐步理清，双方教师的交流、先进课程的引入、项目特色逐渐体现，生源规模最高达到 400 余人；提升期为 2016—2019 年，项目经验逐渐形成，课程体系和人才培养体系基本成型，先进课程和教学理念在全校、全国范围内得到推广；拓展期为 2020 年至今，借鉴合作办学经验，形成建筑专业中国方案，为建筑行业国际产能合作提供人力资源。

中澳合作办学项目拓展期的主要举措包括：引入澳方优质建筑信息模型（Building Information Modeling，BIM）教学资源、装配式技术等，创建"中澳共建 BIM＋VR 虚拟仿真实训中心"（获得四川省创新行动计划立项），在此基础上，将其完善为"中澳共建装配式建筑虚拟仿真实训基地"，该基地之后成为国家级立项建设项目。此外，还对虚拟仿真实训内容进行双语化打造升级、提升实训指导教师双语化教学能力，实现中外师生跨国在线学习交流和外方教师的远程实训教学指导，形成了独特的线上双语实训模式，为中外双方学生的学习搭建良好的平台（见图 1）。

中澳共建装配式建筑虚拟仿真实训基地建设内容包括"三个建设项目""四个结构体系"和"八个能力模块"（见图 2）。该项目于 2021 年入选教育部职业教育示范性虚拟仿真实训基地培育项目。

图 1　中澳共建装配式建筑虚拟仿真实训基地

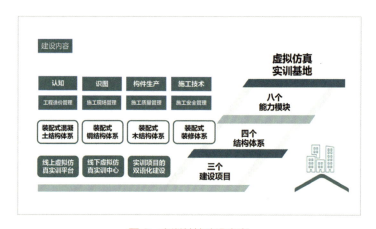

图 2　实训基地建设内容

四、效　果

（一）教学教研成就卓然

四川建院教师在中澳合作办学的基础上，不断深入思考，先后完成和发表《中澳合作办学项目课程体系有机融合的模式研究》《高等职业院校中澳合作办学项目现状、问题及对策》《对高等职业院校中外合作办学项目课程模式构建的研究》《国际化背景下高等职业院校师资队伍建设路径研究》等相关专业性论文 13 篇；深入开展两项合作办学课题的研究，其中"高等职业院校中外合作办学内部质量保障建设"课题成果，获评四川省第八届高等教育教学成果奖二等奖；基于中澳项目办学基础出版了《高等职业教育中外合作办学项目内部质量保障体系建设与教学资源优化》专著；2022 年获四川省第九届教学成果奖特等奖，目前正在准备申报国家级教学成果奖。

（二）行业认可度高

2015 年 10 月，在中国国际教育年会上，四川建院作为唯一一所高等职业院校参加了第十六届中外合作办学教育展；四川建院国际技术教育学院相关负责人作为中外合作办学认证专家参与 2015 年、2016 年澳大利亚技能质量管理局（Australian Skill Quality Authority，ASQA）与中国教育国际交流协会组织的对中国合作项目的联合评审；2016 年 5 月，四川建院代表参加 2016 年全国职业教育对外合作项目统计工作培训班，并受邀在会上做了关于"中外合作办学资源整合"的演讲发言；2016 年 6 月，四川建院代表赴东南亚参加由省教育厅组织的高等教育展，并针对中外合作办学经验做主旨演讲；四川建院撰写的"中澳建筑工程技术专业合作办学项目案例"收录到《全国职业教育对外交流与合作办学典型案例汇编》中；2017 年，四川建院中澳合作办学项目获得了中国教育国际交流协会颁发的中外合作办学质量认证证书；2019 年，四川建院代表参加由中澳两国共同举办的"中澳合作办学项目质量保证研讨会"。

（三）学生成就显著

科技创新方面，澳方 BIM 课程的引进极大地促进了学生专利成果申报。在第十一届全国高职高专"发明杯"大学生创新创业大赛中，国际技术教育学院共有 15 名同学参加，获得奖项共计 37 个，其中一等奖 1 个，二等奖 11 个，三等奖 6 个，占全部奖项的 36.73%。截至 2016 年底，总授权专利数达到了 70 余项。项目学生在发明创新和自主创业方面也具备鲜明特色，中澳 2010 级毕业生王旭东，在校期间共申报专利 10 余项；中澳 2005 级毕业生邬明君曾任宜宾恒旭投资集团有限公司副总裁、恒旭集团置地有限责任公司总经理；中澳 1201 级毕业生刘勇曾任中建（东南亚柬埔寨）有限公司经理。

就业方面，据项目管理统计，中澳项目广受用人单位认可，历年来用人单位对项目学生总体满意率达 90% 以上，并涌现出一大批优秀毕业生（见表 1）。

表1　2017—2021年项目学生就业概况

年份	总人数	就业人数	就业率
2017	292	287	98.29%
2018	105	103	98.10%
2019	52	50	96.15%
2020	163	158	96.93%
2021	230	224	97.39%

五、质量保障体系

（一）质量管理保障体系

中澳合作办学项目虽小，但五脏俱全。四川建院通过顶层设计、反复探索，形成了"一套班子、两块牌子"的聚焦外事、合作办学、留学生教育的国际技术教育学院，开展全方位的国际化交流与合作，保证了管理运行的高效和顺畅，培养了一支能打胜仗和硬仗的涉外管理和教学教师队伍。项目在学校各职能部门和教学单位的通力配合下，管理运行状况良好。

（二）DACRE教学质量评价体系

在DCT人才培养体系框架[1]下，四川建院根据"戴明循环"（Deming Cycle）理论，研制出一套完整的内部质量保障体系，确定了"管理规范、质量优良、持续改进、科学发展"的质量方针和"全面成才、着眼国际、顾客满意、不断提高"的质量目标，建立了五层循环的DACRE教学质量评价体系，即内部教学质量诊改（Diagnosis），外方（合作院校）教学质量审计（Audit），企业评价（Comments），外部（中国质量认证中心）评审（Review），第三方评价机构教学质量评估（Evaluation）。内部教学质量诊改每年两次，重在对教学日常管理、教学目标达成、教学质量和学生就业进行诊断和改进；外方（合

---

[1]　DCT人才培养体系框架包括文凭课程（Diploma courses）、证书课程（Certificate courses）和培训课程（Training courses）。

作院校）教学质量审计每两年一次，合作院校派国外审计专家深入项目课堂，通过听课、与教师和学生进行访谈、查阅教学文件等方式，对项目质量进行全方位审计并出具审计报告；企业评价每年一次，主要通过问卷调查、走访和毕业生追踪吸收反馈意见；外部评审是中国质量认证（China Quality Certification，CQC）中心通过一年一度对内部质量保障体系的实施情况进行评审，指出其存在的问题并要求其提出改进措施；第三方评价机构教学质量评估是指学院聘请第三方评价机构（如中国教育交流协会和麦可思教学质量管理平台）出具社会需求与培养质量报告，包括项目运行、诊断建议、主要结论、培养结果与毕业生评价、培养过程分析、核心课程有效性评价与成绩分析等（见图3）。多方评价循环监督，确保项目质量持续循环上升。

图3　DACRE教学质量评价体系

（三）"线上＋线下"合作教学制

疫情防控期间，外教无法入境，中澳外教课程主要为线上授课，四川建院投入资金提升了线上教学的设备功能，并创新性地形成了"线上＋线下"的中外教师合作教学方案，即由外方教师进行线上授课，由具有相关专业背景的中方教师进行线下课堂管理及课程困难部分的讲解。

同时，四川建院以课程为单位建立教师合作教研小组，定期开展线上例会，随时就教学进度、课堂反馈、学生意见等进行沟通协调，保障并提升疫情下的教学质量和效果（见图4、图5）。

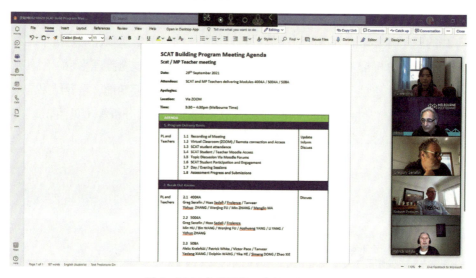

图4　2021年秋学期开学前教学例会

图5　2021年秋学期每周三例行教研例会

六、总结与反思

四川建院中澳合作办学项目经过 19 年的岁月洗礼，基本形成了一套课程构建、教学运行、质量管控的项目运行机制，并通过对英联邦国家职业教育的研究，充分融合中国建筑行业的自身标准和要求，形成了新的本土化的人才培养体系，为中国建筑业"走出去"提供人才储备、境外人才培训支持，为建筑业职业教育"走出去"提供了"中国方案"。

反思近 20 年的合作之路，其中有四点是值得注意的：

（1）合作伙伴国与中国的良好政治、经济关系。中外合作办学是长期跨境合作教育项目，国际环境的好坏是教育项目能否长期稳定发展的重大影响要素。

（2）中方院校要有一个具有国际化战略思维的校领导层、一支具有国际化视野和解决国际化教育问题能力的中层干部队伍、一支具有专业能力和国际化沟通能力的教师队伍。

（3）合作院校要有一定的尊重和分享意识，尊重中方院校的教育主权、理解中外办学的各种差异、分享合作专业的相关知识和技能，为两校学生的共同发展提供平台。

（4）加强对跨境教育的理论和实践研究，特别是职业教育如何积极稳妥地"走出去"，代表中国的大国形象"走出去"，还需要职业教育领域的同仁们深入研究和探索。

作者：伍慧卿，四川建筑职业技术学院教授/国际学院党总支书记；

付文静，四川建筑职业技术学院助教/合作办学项目专业教师

PART 2

第二篇
引入海外优质资源和办学模式

Selected Collection of Excellent
Cases of International Exchange
and Cooperation in Chinese
Vocational Colleges

引入DVS国际焊工资格证书　培养制造业国际化技能人才

摘　要： 制造业企业国际化发展需要大量持有国际职业资格证书的技能人才，职业院校高质量发展也需要顺应国际化发展需求。本案例介绍了中外联合建立的国际焊工培训基地，该基地在焊接专业引入德国焊接协会（DVS）国际焊工资格证书，构建了融入国际资格证书标准的焊接专业人才培养模式和课程体系，培养了大批适应国际化需求的技能人才，面向中车集团等企业开展国际焊工培训，为服务区域经济和企业国际化需求做出了积极贡献。

关键词： 国际资格证书；国际化技能人才；焊接技术

实施制造强国战略，需要增强制造业核心竞争力，推动制造业高质量发展。焊接技术在先进制造业生产中发挥着举足轻重的作用，企业产品的核心竞争力往往取决于焊接技术水平的高低。随着产业结构优化升级，焊接新工艺日新月异，产品对焊接加工精密度要求越来越高，这对焊接专业人才的培养提出了更高要求。我国应建立国际焊工培训基地，引入国际职业资格证书，改革人才培养模式和课程体系，从而培养出适应制造业国际化的焊接专业技术技能人才。

一、引入国际焊工资格证书的背景

（一）企业国际化发展需要大量持有国际焊接职业资格证书的技能人才

随着企业国际化步伐的加快，产品标准国际化正在成为企业的发展趋势。企业加工对外出口产品，尤其是出口欧盟产品，需要获得国际认证，因此工人持有国际职业资格证书就成为企业获得国际产品生产资质的必备条件之一。调研发现，青岛市的企业，如中车青岛四方机车车辆股份有限公司（简称"中车四方股份公司"）、中国国际海运集装箱（集团）股份有限公司（简称"中集集团"）、青岛威奥轨道股份有限公司（简称"威奥股份"）等企业，出口欧盟、北美的产品均需获得国际认证，企业对持有国际焊接职业资格证书的技术技能人才需求量很大，仅中车四方股份公司每年需要考取或复核国际焊工资格证书的人数就达到约 2000 人次。

（二）职业院校高质量发展需要顺应企业国际化发展需求

在当前职业教育日益开放的形势下，职业院校专业建设需要顺应企业国际化发展需求，在原有基础上探索国际化技能人才培养渠道。山东省轻工工程学校是首批国家中等职业教育改革发展示范学校，其焊接技术应用专业是示范学校重点建设专业之一，校内建有 2260 平方米的标准焊接实训车间，拥有各种现代化焊接设备 130 余套（台），价值 600 余万元，设有焊条电弧焊、二氧化碳气体保护焊、钨极氩弧焊、焊接机器人等多个教学区域，可同时安排200 人进行培训。该专业与中国焊接学会及中国中车集团有限公司（简称"中车集团"）、中集集团等大型企业拥有长期紧密的合作关系，具有良好的基础条件。为顺应企业国际化发展需求和国际化技术技能人才培养需要，经过与德国焊接学会（DVS）的多次接洽和充分协商，2012 年 6 月，在青岛市教育局支持下，山东省轻工工程学校与德国焊接学会国际焊接有限公司（Gesellschaft für Schweißtechnik International mbH）签约，联合建立了德国焊接学会（DVS）国际焊接工长/指导教师/国际焊工联合培训基地（简称"联合培训基地"）（见图 1）。2014 年 4 月，联合培训基地扩展为"德国焊接学会（DVS）国际焊接有限公司中国北方分部"。同年，中德职业教育合作示范基地落户青岛，这是继上海、重庆之后全国第三个中德职业教育合作示范基地，山东省轻工工程学校与 DVS 合作建立的联合培训基地，即是其中一个工作站。

二、联合培训基地项目建设的目标

（一）提供国际标准焊接专业学习环境

在校内建立联合培训基地，搭建符合 DVS 要求的培训场所，配套制定相

图1 德国焊接学会（DVS）焊接指导教师/国际焊工培训基地授牌仪式

关国际化培训管理规程，在DVS国际焊接培训体系的引领下，培养更多高素质的焊接专业人才，尤其是适应国际化产品生产的技术技能人才。

（二）改革人才培养模式和课程体系

借鉴DVS国际焊接资格证书培训体系和考核标准，完善焊接专业教学和考核方案，根据DVS培训要求和细则，创新教学模式，构建融入国际职业资格的人才培养模式和课程体系。开展国际职业资格培训，推进学校国际化办学步伐。

（三）提升教师技能水平和工程能力

组织教师接受DVS国际焊接指导教师培训，锻炼焊接实践操作技能，提高工程技术能力，考取DVS国际焊接指导教师证书。培养一支拥有DVS国际焊接指导教师证书、能够从事国际焊工培训的专业教师队伍。

（四）服务先进制造业企业国际化需求

积极发挥联合培训基地的作用，服务区域先进制造业企业，将国际焊工培训范围由青岛市扩大到山东省乃至更大范围。

三、联合培训基地建设及培训实施过程

（一）根据国际培训标准配置教学环境

在DVS专家指导下，山东省轻工工程学校按照DVS标准，规划改造学校焊接实训车间，建设与国际焊工培训相配套的设施精良的培训场所，购入德国EWM、瑞典伊萨等国际著名品牌的多功能双脉冲逆变焊机、手弧焊纤维素焊条立向下焊机等先进的焊接设备，并引进DVS模拟仿真教学焊机。该教学环境通过德国焊接专家审核，满足国际焊工培训开展要求。

（二）根据国际焊工标准优化焊接专业教学计划

根据DVS培训细则和德国专家的指导，山东省轻工工程学校借鉴DVS焊接培训内容和培训标准（见图2），将焊接操作技能分为焊条电弧焊、二氧化碳气体保护焊和钨极氩弧焊三个大项，严格执行DVS工艺规范，细化考核，从"精""准"上实施高标准要求，逐步形成了适合国内企业的DVS国际焊接培训体系，并确定了与之相匹配的国际焊工培训方案及实施规程。

图2　专业教学计划中引入DVS焊接培训内容和培训标准

（三）选拔基础好的学生开展培训

山东省轻工工程学校组建国际焊工培训班，按培训班人数1∶1.5的比例预选学员，由DVS培训教师按照DVS培训项目先进行两周训练，择优组成正式培训班。

正式培训班采用先技能、后理论的教学方式实施培训。首先进行三周实践技能强化培训（见图3），由德国焊接专家全程按照DVS标准进行培训。培训

期间，每位学员必须按要求完成十个不同项目的训练和考核，所有项目必须通过欧洲标准 5817 B 级焊接标准检测。技能强化培训结束后，再由德国焊接专家进行为期两周的理论培训（见图 4），培训内容包括公共基础知识、专业知识、焊接工艺三个部分；针对中国学员，还着重加强了焊接国际标准、欧洲标准、国际标识、工艺代号等内容的培训。

图 3　DVS国际焊接专家进行实操教学

图 4　DVS国际焊接专家进行理论教学

（四）采用单项考核与综合答辩相结合的方式进行评价认证

根据DVS培训考核标准，培训评价实施教考分离，由DVS派遣专门考官对学员进行考核。每位学员需要经过十个技能项目试件考核，考官确定每种操作技能的分解原则和关键环节，按规定标准认定学员是否掌握了某一项操作技能（见图5、图6、图7、图8）；然后进行三场理论部分的笔试；最后学员与考官面对面以互动的方式进行答辩。三方面综合评价确定最终考核结果，只有全部考核内容均通过者，才能被授予DVS国际焊工职业资格证书。

（五）开展制造业企业高端培训和骨干教师培训

在校内成功开展国际焊工培训的基础上，山东省轻工工程学校积极服务区域内制造业企业，承接企业员工高端培训。如作为中国高速列车产业化基地的中车四方股份公司，是国家轨道交通装备产品的重要出口基地，其出口海外尤其是出口欧盟的轨道车辆和车辆部件要求采用欧洲标准焊接认证体系，从事车

图5　国际焊工培训场景（立焊）　　　图6　国际焊工培训场景（打磨焊缝）

图7　DVS考核专家现场检测纵向对接焊缝　　图8　DVS考核专家现场检测环向对接焊缝

辆焊接的电焊工需要取得欧洲标准（国际标准）焊工资格证书，且证书每两年需要复审一次。学校受中车四方股份公司委托，为企业电焊工进行欧洲标准966/14732国际焊工培训取证及复审，近几年累计为该企业培训国际焊工300余人，为该企业节约了大量的培训时间和成本。

　　山东省轻工工程学校作为全国重点建设职业教育师资培养培训基地和山东省"金蓝领"培训基地，充分发挥联合培训基地的辐射作用，面向青岛市、山东省及全国职业院校开展焊接专业骨干教师培训。学校自2012年起每年举办青岛市焊接专业骨干教师培训班，2013年起每年举办山东省焊接专业骨干教师培训班和全国焊接专业骨干教师培训班，按国际焊工标准进行培训，并组织考取DVS国际焊接指导教师证书（见图9、图10），累计培训学员300余人。

图9　DVS国际焊接指导教师证书

图10　DVS国际焊接指导教师证书颁发仪式

四、取得的成果和成效

（一）建立国际焊接培训体系，培养大批焊接专业国际化技能人才

按照DVS国际焊工培训内容和考核标准，山东省轻工工程学校建立了DVS国际焊接培训体系，制定了适用于国内学员的国际焊工培训方案及实施规程，从场地、设备、培训内容、培训进程、考核认证等方面严格要求，建立了完整的考试、考核和答辩程序，体现了DVS国际焊接培训的精细化、规范化和国际化特色。学校利用国际标准学习环境、国际焊工培训体系、先进的教学理念和教学方法，大幅提升了学校焊接专业人才培养质量。自2012年起，学校焊接专业学生每年均代表青岛市参加全国职业院校技能大赛，先后获全国大赛一等奖4项，二等奖4项，省、市级技能大赛奖项十几项（见图11）。学校焊接专业毕业生供不应求，大批取得DVS国际焊工资格证书的技能人才进入大型优质企业，并得到企业的充分认可。

图 11　我校学生获 2017 年全国职业院校技能大赛焊接技术赛项金牌

（二）构建"课程内容与国际职业标准融合"的焊接专业人才培养模式和课程体系

借鉴DVS国际焊工培训要求和考核标准，山东省轻工工程学校在专业教学中引入DVS先进培训项目。例如目前国内焊条电弧焊立焊均采用立向上焊接方式，焊接效率低、质量差；教学中引入DVS"焊条电弧焊纤维素焊条立向

下焊接"项目,采用立向下焊接方式,焊接速度快、效率高、质量好。再如"手工钨极氩弧焊管子窗口焊"项目,在教学中采用柔性氩弧焊,先从窗口位置探入焊枪进行内部焊接,内部焊接完成后,再从外部进行焊接,整个项目重点训练焊工在狭小空间内完成焊接操作的能力。在德国专家的指导下,山东省轻工工程学校结合本地区企业对国际焊工的技能要求,对DVS国际焊工培训项目进行梳理,将适宜的DVS培训项目和考核标准引入焊接专业课程标准,改革专业教学方案,规范指导专业教学与考核,构建了"课程内容与国际职业标准融合"的焊接专业人才培养模式和课程体系,采用与国际焊工培训体系相接轨的专业标准来培养学生,提升了专业建设水平。专业教师参与了国家级科研课题项目"国家示范性学校数字化资源共建共享计划"(二期)(见图12),编写出版了中等职业教育改革创新实验教材《焊工》(见图13),"焊条电弧焊"课程被评为市级精品课程(见图14),焊接专业被评为青岛市骨干专业。

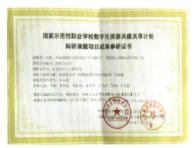

图12 国家示范性学校数字化资源共建共享计划(二期)科研课题项目成果验收证书

图13 北京师范大学出版社出版的《焊工》教材

图14 《焊接电弧焊》市级精品课程证书

（三）服务企业国际化需求，为区域经济发展做出积极贡献

依托联合培训基地，山东省轻工工程学校积极服务企业国际化需求，为大型制造业企业和职业院校提供国际焊工／焊接指导教师培训服务，在社会上产生了较大的影响力和较好的品牌效应。从2013年起，学校每年均受邀参与中车集团国际焊工培训认证指定单位的公开竞标，为中车集团培训、鉴定国际焊工（见图15）。同时，学校也与威奥股份、中集集团、中国石油集团海洋工程有限公司、一汽解放青岛汽车有限公司等企业签订合作培训协议，面向企业员工开展了多批DVS国际焊工职业资格证书培训和考核认证。学校迄今已完成了国际焊工／焊接指导教师1600余人的培训和鉴定，拓展了培训服务项目，提升了学校服务企业的水平，为山东省经济高质量发展和装备制造业振兴做出了积极贡献。

（四）打造一支焊接专业骨干教师队伍

联合培训基地成立之后，山东省轻工工程学校组织优秀焊接教师参加了DVS国际焊接指导教师培训，并取得DVS国际焊接指导教师证书。借助联合培训基地，学校教师深度参与企业生产，与企业工程师一同制定工艺标准和工艺流程，帮助企业进行流程诊断和整改。例如，在与中车青岛四方车辆研究所有限公司的合作中，企业提出了一系列焊接专业问题，如铝合金氩弧焊接根部无熔深或熔深较浅如何解决？怎样防止铝合金对接全熔透焊缝出现弧坑裂纹？不同坡口形式对焊接质量有什么影响？等等。针对以上问题，我校焊接专业教师结合国际焊工培训实践经验，一一作出了理论分析和解答，并且针对部分问题进行了现场操作示范。在校企合作及培训过程中，教师承担起企业的现场指导任务，成为企业倚重的工程师，同时教师的教学能力也得到了同步提升，焊接专业教师在2018年山东省职业院校技能大赛职业院校教师教学能力中获得一等奖（见图16），同年获得全国职业院校教学能力比赛三等奖（见图17）。

图 15   中车四方股份公司国际焊工培训开班仪式

图 16   山东省职业院校教学能力大赛
获奖证书

图 17   全国职业院校技能大赛职业院校教学
能力比赛获奖证书

五、项目保障措施

（一）政府支持与投入为项目提供了基础保障

联合培训基地是在青岛市教育局参与下，由山东省轻工工程学校与DVS联合建立的，青岛市教育局、财政局为项目的实施提供了大量的资金支持及政策保障，这是联合培训基地正常运行、项目顺利进行的重要基础保障。

（二）校企深度合作提升了项目的实效性

联合培训基地注重服务区域经济，为制造业企业培养焊接专业国际化人才，赢得了企业的高度认可。中车集团等大型优质企业也积极参与联合培训基地建设，为学校提供经费支持与设施设备，并将企业典型生产项目与培训内容相结合，不断提高培训的实效性，实现校企双赢。

（三）完善的运行机制保证了项目顺利实施

学校成立了项目运行管理组织机构，聘请DVS焊接专家入校，手把手地指导专业教师优化教学培训方案、考核标准及培训实施程序，建立了校内学生培训、骨干教师培训及企业培训的组织原则和运行机制，保证了项目的顺利实施。

六、引入国际职业资格证书的启发

山东省轻工工程学校在焊接技术专业引入国际职业资格证书培训，取得了非常好的效果，在促进学校专业建设、培养国际化人才方面发挥了示范引领作用。学校将借鉴引入国际职业资格证书的经验，深化与焊接学会哈雷焊接研究所（DVS SLV Halle）等国外机构的合作，积极开展德国"双元制"国际人才培养模式的本土化实践，采用德国"跨企业培训中心"的理念，在专业建设、标准开发、师资培养、实习就业等方面将国际合作向高水平、深层次推进，探索中国特色国际化技能人才培养模式，提炼中德（青岛）职业教育合作示范基地德国专家（青岛）流动工作站工作经验，打造中德职业教育合作标杆品牌。

作者：李祥新，山东省轻工工程学校副校长；

吕秀梅，山东省轻工工程学校教务处副主任

德国技术员模式的中国式创新 有效推进现代学徒制试点

摘 要：上海电子信息职业技术学院自 2004 年开始开展中德合作办学，2010 年与德国帕绍技术员学校合作，在中德工程学院机电一体化技术专业开启技术员人才培养模式的探索与实践，在中国商飞、特斯拉等公司试点现代学徒制，形成系列教学成果与特色，在中德合作办学、校企合作、人才培养等方面形成良好典型的示范效应和影响。

关键词：技术员；人才培养模式；现代学徒制

随着我国高端制造企业技术标准逐渐与国际接轨，现代学徒制人才培养质量尚不能满足企业对于"深基础、强应用"国际化机电类专业技术技能人才的要求。上海电子信息职业技术学院（简称"学院"）基于中德合作办学的良好基础，集聚中德企三方力量，搭建中德、校企交流平台，共建专业教学标准，构建"分层递进、标准融入"的技术员人才培养模式，打造"训研一体"校内外专业实践基地，在中国商用飞机有限责任公司（简称"中国商飞"）特斯拉等行业龙头公司试点现代学徒制，解决国际化技术技能人才短缺等瓶颈问题，有效促进专业内涵提升，提高人才培养质量。

一、背 景

（一）行业企业对机电类专业国际化技术技能人才的迫切需求

随着产业转型升级，我国高端制造企业技术标准逐渐与国际接轨，但既具备扎实理论基础又具有较强实践应用能力和国际化视野的机电类专业人才匮乏。如何基于国际化合作办学，全面对接国际标准，服务于上海产业转型升级，为企业培养"深基础、强应用"的国际化技术技能人才，是中外合作办学面临的新挑战。因此，创新人才培养模式成为迫切要求。

（二）深化产教融合新路径的要求

深化产教融合有利于促进行业、企业参与职业教育人才培养全过程，完善校企合作育人机制，提高育人的针对性和实效性。推进现代学徒制试点是深化产教融合、校企合作的重要途径，能实现专业与产业需求对接、课程与职业标准对接、教学与生产过程对接，有效提高人才培养质量。

二、技术员人才培养模式探索与实践目标

（一）实现中德—校企共建国际认可的专业教学标准

学院组建中德、校企专家团队，全面对接国际标准和行业企业需求，建成匹配国际化人才培养目标的专业教学标准。

（二）打造匹配国际化技术技能人才的机电专业育人模式

学院融入"五育并举"理念，在机电一体化技术专业打造"分层递进、标准融入"的技术员人才培养模式，实现中德职业教育的深度融合。

（三）建成中德企三方融合的国际化课程体系和教学资源

学院横向融合中、德、企三方课程，纵向形成"应用型学科课程＋实践型项目课程"双模块课程体系，融入行业标准和企业课程资源，建成中德企三方融合的国际化课程体系和教学资源。

（四）打造"训研一体"校内外专业实践基地，推进现代学徒制试点

推进校企合作，深化产教融合，学院打造"训研一体"的校内外专业实践基地，有效推进现代学徒制度试点，实现优势资源互补。

图 1 2010 年学院与德国帕绍技术员学校签署技术员证书

三、德国技术员模式五步创新实践路径

学院在机电一体化技术专业开启"分层递进、标准融入"技术员人才培养模式的中国式探索与实践，形成了"专业教学标准—人才培养模式—课程体系与教学资源—实践教学基地—现代学徒制试点"五步创新实践路径。

（一）融入德国技术员能力标准，中德—校企共建专业教学标准

在德国，技术员是工程师的助手和企业的技术骨干，这与我国高职教育培养目标及定位最为接近。在长期良好的中德合作办学基础上，2010 年学院与德国帕绍技术员学校合作，开始了技术员培养模式的创新与实践（见图 1）。

学院组建由机电类跨国企业专家、中德职教专家及骨干教师组成的团队，秉承"以德国技术员职业能力标准的对接为基础，以机电类国际水平跨国企业技术技能人才要求为目标，以德国应用技术大学深厚的专业理论基础为支撑，以体现国际机电行业技术发展趋势的专业课程开发为核心，以教学条件的国际化建设为保障"的开发理念，从人才市场和职业岗位分析入手，对接机电类德国技术员和国家三级职业资格标准，采用职业能力分析法，形成符合国际化企业需求的职业能力标准，参照德国机电专业框架教学计划，确定核心课程和专业教学标准。

（二）融入"五育并举"理念，构建"分层递进、标准融入"的技术员人才培养模式

学院借鉴德国职业教育理念，首次采用德国技术员培养模式，围绕智能制造机电设备安装与调试典型岗位，构建以职业能力为核心的层次递进式模块化课程体系，坚持将"德智体美劳""五育并举"理念融入人才培养全过程，通过基础素质模块、通用模块、核心模块、方向模块四层次模块化设计，采取企业认知实习、现代学徒制校外实习、专业项目实战、企业顶岗实习等教学方式，实现学生从基础知识、基础技术技能、关键技术技能到企业实践技术技能的层次递进培养（见图2）。

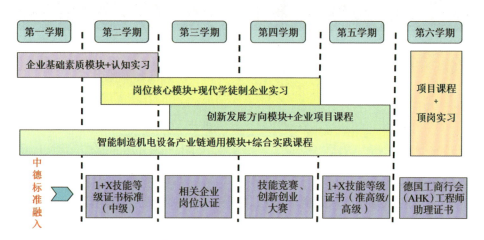

图2 "分层递进、标准融入"的人才培养模式

学院将德国技术员和工程师助理职业资格标准贯穿人才培养全过程，结合本区域智能制造机电设备龙头企业岗位认证、"1＋X"可编程控制系统集成及应用职业技能等级标准，以及机电类技能创新大赛等标准，形成本土特色鲜明的"德国标准融入型"人才培养模式。在第一学年"企业基础素质模块、智能制造机电设备产业链通用模块"阶段，融入德国标准、企业岗位认证、"1＋X"标准和大赛标准的"并集"，最大限度地夯实了基础知识和基础技术技能；在第二学年"岗位核心模块"阶段，融入上述标准的"交集"，突出并强化了核心能力、创新能力和关键技术技能的培养；在第三学年"创新发展方向模块"阶段，通过专业项目实战和企业顶岗实习等主要途径，寻找现代企业

"新技术、新工艺、新规范"，能够形成前述各类标准的"补集"，融入"补集"，可以培养学生的实践技术技能，实现零距离培养目标。

（三）横纵双向，重塑模块化课程体系，共建教学资源

横向融合中、德、企三方课程，纵向形成"应用型学科课程＋实践型项目课程"双模块课程体系，学院通过整合合作企业实践案例与德国技术员课程教学资源，构建国际化课程体系，通过引入行业标准和企业课程资源，逐步推进课程资源的中国化创新。如将中国商飞部分岗位前置课程融入学校课程实施，通过校企研讨、课程资源建设、教材共同开发等途径将课程共融落实、做细，实现学生专业知识、实践技能和职业规范的同步学习、前置养成。

（四）集聚校企优势资源，打造"训研一体"校内外专业实践基地

学院进一步推进校企合作，深化产教融合，联合上海临港经济发展（集团）有限公司、中国商飞、西门子、特斯拉等行业龙头企业，校企共建"训研一体"校内外专业实践基地。紧跟行业发展新方向，校企合作共建智能制造机电设备基础实训等4个集实践教学、技术服务、创新创业、社会培训于一体的技术领先、共享开放的校内实践教学基地，下设液压气动实训室等13个实训室。学院与特斯拉、上汽通用汽车有限公司、西门子、中国商飞、林德（中国）叉车有限公司等企业共建5个代表性校外实践教学基地，向学生开放实习岗位的同时开发一批生产性实践项目，开展一批技术服务项目，并与浙江大学工程训练中心在学生实践、教师培训、技术研发服务、项目申报等方面开展合作。

（五）基于德国技术员模式创新，深化产教融合，推进现代学徒制人才培养

为主动服务上海临港区域产业发展，联合培养具有过硬专业素养的高端智能装配制造技术技能人才，学院在实施"分层递进、标准融入"技术员人才培养模式的基础上，推进产教深度融合，在中国商飞、特斯拉等行业龙头企业开展现代学徒制试点，通过专题会议、联合教研等形式共同确定人才培养计划、技能培养形式、师资队伍构建等，通过建设培训内容、教员认证、实训平台"三统一"前置课程平台，共建人才协同创新基地，共同开发"1＋X"证书标

准，联合成立"技能大师工作室"，实现教育和产业体系资源融合、人才共育、成果共享。现代学徒制学员在校学习两年后还需赴企业进行为期一年的企业模块课程学习，开展系统的专业技能训练、跟岗实习和顶岗实习，这一模式有利于推进高素质技术技能人才培养目标的精准达成，提高了学生培养的有效性、实用性和针对性。

四、技术员模式的中国式创新取得良好成果和成效

（一）学生培养卓有成效

人才质量赢得企业及社会高度认可，实现国内国外双通道升学。学院现代学徒制试点班就业率连续五年达到 100%，截至 2021 年，198 人获得德国技术员证书，超 25% 的毕业生在国内外本科院校深造，21 人赴德攻读本科，6 人取得德国硕士学位。学院多年来持续开展专业和学生国际交流与互动（见图3），40% 的学生赴德交流游学，超 50% 在德资及行业头部企业就业，并在核心技术岗位发挥重要作用，如优秀毕业生顾威因在航天领域的卓越贡献，于2021 年荣获"第十五届全国技术能手"称号。学生在全国及上海市各类技能比赛中取得优异成绩，学院办学质量赢得社会高度认可。

（二）师资队伍专兼结合

学院立足于中德合作，采用国内外多种途径、多种方式提升教师的专业建设能力、教育教学能力、科研与技术服务能力等。90% 的教师曾赴德进修，5位获得德国硕士学位，80% 为双师型教师，5 位被聘为上海飞机制造有限公司兼职教员。学院申请获得上海市"海外名师项目"1 项，德方派出长期专家 3名、短期专家近 30 名来校进行教育教学、专业指导以及师资培训等，形成了良好的中德教师交流机制（见图4）。学院通过聘请行业内优秀专家和能工巧匠担任兼职专业带头人和校外兼职教师，共同参与专业建设和学生培养，逐步形成了一支中德企专兼结合的师资队伍。近年来，学院教师获上海市高职高专院校教师教学能力大赛等比赛一等奖 2 项、二等奖 3 项、三等奖 3 项，出版专著 2 部、教材 13 部，转化编写本土化校本教材 15 部，承担市部级科研项目10 多项，承接企业技术开发项目 15 项。

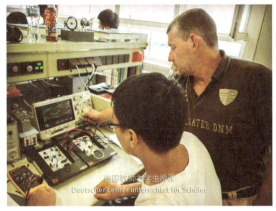

图3 德国教师为学生授课

图4 中、德教师教学研讨

（三）校内、校际推广应用效果显著

学院参与组织上海市新职业技术技能大赛"工业互联网工程技术人员"赛项、浦东新区"大飞机杯"航空制造业职业技能大赛等（见图5），形成了良好的示范效应，成果在校内多个学院推广应用；与机械学院共建工业机器人技术专业"中泰申谷学院"，获批教育部中外人文交流人才培养基地。学院在实践中形成上海市中高职贯通教育机电专业教学标准，并在多所院校施行，吸引云南、深圳、河南等省市20多所院校、300多人次来校学习，带动了国际水平专业教学标准和育人模式的推广应用，如深圳信息职业技术学院借鉴学院经验，于2017年在工业机器人技术专业推广德国技术员标准。

图 5　校企合作举办"大飞机杯"航空制造业职业技能大赛

（四）国内、国际影响力持续增强

学院获批教育部国家级职业教育"双师型"教师培训基地和中德先进职业教育合作项目（SGAVE），获上海市优秀教学成果一等奖 3 项，机电一体化技术专业成为国内首个获得学科质量保证与评估局（AQAS）高校办学资质认证的高职专业（见图 6），AQAS 在对学院的技术员班项目评估后认为：学生具备的"在复杂、专业、不断变化的学习领域或职业活动领域中独立计划和处理全面技术任务的能力"达到德国职业资格框架 5 级。学院将建设经验融入中西部地区职业教育培训，为云南、贵州等地开展骨干教师及管理人员培训 8000多人次。在 2019 年中德职业教育国际合作与产教融合研讨会暨中德职业教育产教融合中方理事会第一次会议和 2020 世界职业技术教育大会暨展览会进行了"德国高等职业教育在中国的融合与贯通"优秀案例分享。由于在中德合作办学、西部辐射、"一带一路"等方面形成的良好示范效应和国际影响，学校获评"2018、2019 亚太职业院校影响力 50 强""2020 中国职业院校世界竞争力 50 强"。

图6　AQAS高校办学资质认证

五、三位一体的支持保障

（一）成立中德联合管理委员会，规范合作项目运行

根据中德双方共同签署的合作框架协议，中德联合管理委员会成立，该委员会由上海仪电控股（集团）公司、德国工商行会、德国汉斯·赛德尔基金会、德国合作院校、上海电子信息职业技术学院等组成。中德联合管理委员会在学院办学专业选定、招生计划和教学计划审定、日常教学运行及监控等方面承担重要的职责，并定期召开会议，就项目重要事项进行考核、商议及决策。

（二）加强中德教师交流，紧跟德方标准变化

在教学运行中，学院能够紧跟德方标准，关键在于建立了良好的中德教师交流机制。中德教师定期开展研讨会，就课程计划、教学内容、实验内容与实

验室建设、考核标准、教学方法等进行深入探讨。德方每年选派多名教授到校为学生授课、开展教师培训、监督专业评估及课程建设等，从多方面确保了办学规范及教学质量，推动专业课程与时俱进。

（三）健全制度保障，深化产教融合，注重协同创新

学院健全制度建设，完善校企合作协同创新机制和现代学徒制教学管理及考核、实训实习、"1+X"证书等制度，深化产教融合，促进优势资源互补，注重协同创新，共育人才，共享成果，构建教育链、人才链与产业链良性互动的发展格局。

六、德国技术员模式中国式创新的启发

德国技术员人才培养模式的探索与实践给了我们很多启发，在产业转型升级、高端制造企业技术标准逐渐与国际接轨的背景下，在高等职业学校机电类专业融入德国技术员标准，创新人才培养模式，构建国际化课程体系，打造"训研一体"校内外专业实践基地，推进现代学徒制试点，能有效衔接高端制造企业"深基础、强应用"的国际化人才需求，提升人才办学质量。本案例采用的方法和实践成果具有典型性、先进性。

德国技术员模式中国式创新实践从学生入校、现代学徒制试点班学习到企业跟岗、顶岗实习，培养周期需要 3 年，其间行业企业技术标准可能有新变化。如何在原有课程体系、教学项目中及时调整更新，需要学校与行业企业深化产教合作，共同参与制定行业标准，无缝衔接企业人才需求，引领人才培养方向，做好专业建设整体思考和规划，才能使人才培养工作取得更好的成效。

作者：王向红，上海电子信息职业技术学院中德工程学院党总支书记、院长；

黄婷婷，上海电子信息职业技术学院中德工程学院副院长；

邬晶晶，上海电子信息职业技术学院中德工程学院宣传员

对标国际先进水平　推动产教深度融合

摘　要: 2021年江苏省连云港中等专业学校与德国海外商会联盟（AHK）开展合作，并且加入了中德化工职业教育联盟。在德国专家的指导下，在合作企业的深度参与下，学校对中职化工工艺专业人才培养方案及核心课程标准进行了修订，学生通过3年的学习与训练，能够顺利取得AHK化工工艺员职业资格证书，实现证书国际化。学校还引进了德国安全生产培训与考核标准，改造实验实训室，与江苏省应急管理厅共建"江苏省安全生产教育培训示范职业院校"，打造江苏安全生产培训的标杆。学校专业教师中有6人获得德国"双元制"培训师资格证书，有5人获得AHK考官资质，修订课程标准16门，编写教材1本（待出版）。2021级高等职业班共99名学生正在按AHK人才培养方案进行培养。此外双方还共同编写了《化工职业培训标准》《化工工艺员职业资格培训与考核标准》等，为学校顺利开展"双元制"职业教育奠定了基础。

关键词: 产教融合；国际合作；德国"双元制"

一、实施背景

连云港市是江苏省"一带一路"强支点，是国家东中西区域合作示范区。石化产业是连云港市支柱产业，徐圩新区石化基地是全国七大石化基地之一，目前已有盛虹石化集团有限公司、连云港石化有限公司（简称"连云港石化"）、中化国际（控股）股份有限公司等多家大中型石化企业入驻园区，吸引了更多行业、企业来市投资、建厂，需要大量的技术技能人才。

连云港中等专业学校（简称"学校"）非常重视校企合作，现有稳定合作企业120余家，校企通过共建基地、技术交流、资源共享、顶岗就业、员工培训等协同育人、校企双主体育人，服务地方经济发展。连云港中等专业学校化学工程系有30多年的办学历史，师资实力雄厚，办学经验丰富，专业建设成果丰硕，正在与连云港石化等企业共同开展"石油化工产业学院"建设。

为了满足企业对知识型、发展型技术技能人才的需求，对接国际标准，提升人才培养质量，经多次调研、考察，连云港中等专业学校与德国海外商会联盟（AHK）签订了中德职业教育合作协议，正式成为"中德化工职业教育联盟"成员单位。

二、主要做法

（一）基本思路

连云港中等专业学校以AHK中德"双元制"化工合作项目为抓手，深化产教融合，探索适合本专业特点的现代学徒制、企业新型学徒制人才培养模式。通过引入德国学习领域课程标准进行本土化改造，学校制定"订单式"符合区域石化企业要求的人才培养方案，对课程体系、课程标准、教学模式、评价标准进行改革，依托AHK中德化工职业培训基地，开展AHK化工工艺员、化学检验员等国际证书的鉴定与人才培养。此外，学校还与企业共建实训基地、职业体验馆、专业学院、职业发展联盟，打造连云港市石化技术技能人才培养高地，引领江苏省同类专业群高水平发展。

（二）具体举措

1. 创新人才培养模式

《国家职业教育改革实施方案》明确提出，要"借鉴'双元制'等模式，总结现代学徒制和企业新型学徒制试点经验，校企共同研究制定人才培养方案，及时将新技术、新工艺、新规范纳入教学标准和教学内容，强化学生实习实训"。德国有关化工工艺员的职业教育法规定了必修（14项）和选修（19项）的内容，各项内容要学习的技能、知识和需要具备的能力，毕业（AHK

认证）考核范围、方式、标准等；它按照化工产品生产过程，将化工工艺员的工作分成 8 个领域，每个领域包含数个不同的工作任务，对每个工作任务的职业能力进行了分析与总结，为课程设置、教学标准制订、装备标准制订、教学时间安排等提供了指导。连云港中等专业学校借鉴德国"双元制"职业教育模式，借助校企深度融合共建"石油化工产业学院"契机，与企业共同开发基于AHK的、适合本地企业、本校学生学习基础和现有实训条件的校本化人才培养方案。通过引入 AHK 国际认证考试、德国化工工艺员标准，结合"1+X"项目，校企共同完成主干课程标准修订，实施教学、实训、顶岗实习等教学活动，旨在强化核心课程，提高课程标准，突出专项技能，构建特色鲜明的课程体系。校企多方位融合，全过程协作，实现了高技能人才的"共建共管，共享共赢"。

2. 提升专业建设质量

"双元制"模式下人才培养方案的实施，在很大程度上要依靠企业的支持，只有校企共同配合才能完成。因此，在制定、实施人才培养方案的过程中，连云港中等专业学校根据合作企业发展及用工要求，灵活安排"工学结合"的方式、时间，真正实现"订单培养"。学校以 AHK 国际认证考试及"1+X"项目为抓手，通过开设"订单班"、增设"专业方向"、设置"企业课程"、开展"专项训练"等形式，与企业共同完成教学、实训、顶岗实习等教学活动，加强过程管理及职业综合素质的养成教育，提升专业建设质量，提高学生专业综合能力。

3. 开发校企合作课程

"双元制"职业教育模式就是以企业为主、校企合作、共同培养为理念的人才培养模式。通过产业学院建设，校企双方密切协作，互通有无，充分利用双方资源，积极开发校企合作课程。校企双方以人才培养方案为依据，在国家教学标准规定的专业核心课程教学内容的基础上，结合 AHK 认证考核要求、"1+X"证书要求，编制专业平台课程、专业核心课程、部分实训课程的课程标准。该校还结合企业岗位需求，与企业共同开发定制课程与专项训练课程。在此基础上，校企双方联合编写校本教材、活页教材作为教学的辅助材料，通过项目化学习训练学生的综合应用能力。

4. 改革课程教学评价体系

为了提高学生的综合职业能力、就业竞争力，在学生完成基本教学任务、达到毕业条件的基础上，连云港中等专业学校组织学生参加如下认证、考试：

（1）AHK认证。AHK认证分两次完成，第一次在入学后的第四学期期末进行，将考核工艺技术和生产技术操作、工艺技术、测量技术、设备技术；第二次在第六学期进行，将考核生产过程或加工过程、生产技术、过程控制技术、经济学和社会学。

（2）国家职业资格考试。根据教学安排，学生将参加化学检验员、化工总控工（中级）、化工总控工（高级）的专项训练及考试。

（3）"1＋X"证书。连云港中等专业学校根据江苏省教育厅规定，积极配合江苏省牵头连云港中等专业学校，组织学生参加危险与可操作性（Hazard and Operability，HAZOP）分析方法、化工设备检维修两个项目的培训与考证工作。

学校通过对课程教学评价体系改革，突出能力考核，引入企业参与学生考核评价，建立多元化的课程考核评价体系，实现专业技能和岗位技能的综合素质评价。

5. 打造实习实训基地

连云港中等专业学校结合AHK认证要求、"1＋X"证书培训与考证要求以及特种行业（危化品）培训与考核要求，对现有实训基地升级改造，除了满足教学需求外，还要：能满足AHK认证培训与考核的要求；能满足特种作业（危化品）培训与考核的要求，建成省级安全培训示范院校；能满足职前（新员工）、职后（班组长、技术骨干等）培训与考核要求；能满足"1＋X"证书要求。

连云港中等专业学校将在此基础上，与企业共同打造校内外实训实习基地，扩大安全生产培训规模，开拓企业人员岗前安全培训、特种作业培训与考核（见图1）；组织在岗企业技术人员和骨干人员参加德国标准的Meister大师证培训等活动，实现培育并举，为企业提供"职前—职后"一条龙式的、深入持续的服务。

图 1　学生日常训练

（三）成果成效

（1）人才培养模式。借鉴德国"双元制"人才培养模式，结合国内企业特点，连云港中等专业学校形成适合本专业发展特点的、与现代学徒制和企业新型学徒制对接的人才培养模式。学校力争在3年内创设与AHK考证匹配的人才培养环境，确保学生在毕业前顺利通过两次考试，获得AHK证书。

（2）课程教学改革。对标企业要求和AHK职业资格标准，连云港中等专业学校形成"双元制"学习领域的课程体系、校本教材、课程标准、评价体系，进一步完善教学网络平台和技术服务平台，充实共享型专业教学资源库。

（3）专业学院建设。在现有连云港石化专业特色学院的基础上，连云港中等专业学校借助AHK项目平台，与更多区域内大型企业沟通、合作，建设多个具有企业特色的专业学院，深化校企合作，助推紧密合作企业成为国家级产教融合型企业。同时，在政府部门、行业协会的大力支持下，学校组建行业发展联盟，实现信息技术的共享、共商、互惠以及人才的共培。

（四）资源保障

1.高水平教师队伍

连云港中等专业学校由行业企业专家和院校教师共同组成教学团队。团队开展形式多样的教学、培训活动，通过各种形式参与人才培养全过程（见图2）。与此同时，学校充分利用企业资源，开发具有企业特色的、形式多样的教学资源。

图 2　师资学术交流

连云港中等专业学校充分利用学生在企业实习、实训的机会，安排专业教师参与跟踪管理并进行企业实践，开展企业调研、岗位调研，提高教师专业技能水平；安排专业教师对接企业专家，共同完成专业建设任务，学习企业生产经验，并转化成教学资源。此外，学校还借助AHK平台，积极组织教师参加AHK系列培训，提高教师专业能力，满足AHK认证考试要求。

（1）参加德国"双元制"培训师资质培训，使教师获得"双元制"职业和工作教育学资格（见图3）。

（2）参加"双元制"本土化教学大纲开发培训，以保证连云港中等专业学校能够制定化工专业"双元制"本土化人才培养方案。

（3）参加AHK考官培训，使教师获得AHK考官资质（见图4），能接受AHK总部委派参与AHK考试的职业资格考核相关工作。

（4）参加学习情境开发培训，使教师掌握学习领域的学习任务和学习情境开发，把典型工作任务转化为学习者的学习任务，并设置相应的学习情境。

（5）参加"双元制"课堂（学习领域课程）实施培训，掌握学习领域项目的课堂实施技巧。

（6）参加化工专项能力提升培训，通过培训提升教师的专业技能和企业实践能力。

后期，在新冠疫情得到有效控制，国家政策允许的情况下，连云港中等专业学校还将在AHK的帮助下，组织专业教师到德国进行海外培训，进一步体验与学习"双元制"的人才培养过程。

图3　德国"双元制"培训师资格证书

图4　AHK考官资格证书

通过以上专项培训，教师在教学过程中能够熟练应用以学习任务为主的项目化教学方式，充分利用实训设备进行理实一体教学，培养学生独立规划、实施和检查能力。专业教师还能够结合企业生产实际进行基于学习领域的学习任务和学习情境开发，把典型工作任务转化为学习者的学习任务，并设置相应的学习情境，训练学生综合完成工作任务的能力。

2.搭建产学研服务平台

产业学院的建设拉近了连云港中等专业学校与相关企业的距离，挖掘出学校与企业的合作潜力，从不同视角参与、协助双方的建设、生产、教育、培训等过程，共同打造融人才培养、科学研究、技术创新、企业服务、学生创业等功能于一体的产学研服务平台。

3.完善管理体制机制

通过产业学院的建设，探索和完善产业学院的管理体制、运行机制，初步形成理念先进、顺畅运行的管理体系，为推广产业学院模式奠定基础。

三、体会与反思

经过一系列工作的开展，学校深刻认识到，AHK认证是以德国"双元制"人才培养模式为基础的，其中，企业是非常重要的"一元"，需要参与人才培养的全过程，同时，校企需要共同完成人才培养方案修订、课程开发、教材编写、课程教学、实训技能培训等工作。目前，连云港中等专业学校虽然和连云港石化有着良好的合作关系与合作基础，但距离"双元制"的要求还有一定差距，需要借助政府部门的力量进一步推进。同时，希望有更多企业参与到"双元制"人才培养的过程中，从而真正实现技能人才"毕业即就业"的校企无缝衔接。

作者：张青，江苏省连云港中等专业学校

校企共建中德智能制造学院　打造"双元制"人才培养新典范

摘　要：在山东省加快新旧动能转换背景下，智能制造领域对于专业技能人才的需求越发紧迫。山东科技职业学院为快速实现智能制造产业技能人才有效培养，引企入校，共建中德智能制造学院，大胆创新人才培养模式，取得了较好的成效，成为学院发展的一项新特色。校企共建中德智能制造学院，既是山东科技职业学院落实国家产教融合与校企合作发展战略、推进产学研协同育人的重要举措，也是不断提升学院国际化办学水平，助推学院高质量发展的重要载体。在中德智能制造学院的建设过程中，校企双方发挥各自优势，通力合作，共同培养具有国际化视野的高端复合型智能制造应用技术人才，合力打造德国"双元制"人才培养模式的本土化新典范。

关键词：校企合作；智能制造；"双元制"；人才培养

一、中德智能制造学院建设的背景

（一）落实国家及山东省有关政策的要求

2019年1月，国务院发布的《国家职业教育改革实施方案》在"促进产教融合校企'双元'育人"部分明确指出："借鉴'双元制'等模式，总结现代学徒制和企业新型学徒制试点经验，校企共同研究制定人才培养方案，及时将新技术、新工艺、新规范纳入教学标准和教学内容，强化学生实习实训。""积极吸引企业和社会力量参与，指导各地各校借鉴德国、日本、瑞士等国家经验，探索创新实训基地运营模式。"2019年9月，国家发展改革委等六部委印发的《国家产教融合建设试点实施方案》指出，深化产教融合，促进教育链、人才链与产业链、创新链有机衔接，是推动教育优先发展、人才引领发展、产业创新发展、经济高质量发展相互贯通、相互协同、相互促进的战略性举措。2021 年 10 月，中共中央办公厅、国务院办公厅印发《关于推动现代职业教育高质量发展的意见》，对完善产教融合办学体制、创新校企合作办学机制给予明确指导建议："推动校企共建共管产业学院、企业学院，延伸职业学校办学空间。"《2021 年山东省职业教育工作要点》中明确要求"深化与行业协会、头部企业合作。举办产教对话活动，在不同产业领域深化与行业协会、国内外头部企业合作，推动校企共建一批专业、一批混合所有制二级学院或产业学院、一批产教融合示范区（园）、一批技术研发和推广服务中心、一批智能仿真（数字）实训基地"。

（二）区域经济发展对人才的需求

潍坊市作为一个正在崛起的先进制造业中心城市，高等职业教育所培养的高素质技术技能人才是新旧动能转换不可或缺的力量，这就需要所有的职业院校顺应产业发展的新形势，积极回应产业转型升级的诉求，积极培养新旧动能转换急需的人才。

（三）学院高质量发展的需求

作为国家优质专科高等职业院校、中国特色高水平高职学校和专业建设计划建设单位、山东省智能制造业公共实训基地、省制造业紧缺人才培训基地，山东科技职业学院（简称"山科院"）承担着为区域发展提供高质量技术技能人才的重担。为探索产教融合、协同育人新模式，建立国内职业院校智能制造应用技术人才培养、认证、评价标准，精准对接区域、产业、企业发展人才需求，全力服务新旧动能转换，2021 年 7 月 11 日，山科院与德国莱茵科斯特有限公司（简称"莱茵科斯特"）签约，双方将共建中德智能制造学院（见图 1）。

二、中德智能制造学院的建设目标

（一）引进德国先进的职业教育资源，推动"双元制"本土化落地

山科院借助莱茵科斯特国际人才培养的平台优势，依托德国标准和山东特

图 1　三方共建中德智能制造学院签约仪式

色，引进德国优质职业教育教学资源、先进教学理念和教学模式，推动"双元制"本土化落地，校企双方共同培养具有较高综合素质、较强专业技能、更广国际视野的复合型人才。

（二）加快智能制造领域人才培养，助力新旧动能转换

中德智能制造学院依托机电一体化技术等相关专业建设，加快智能制造领域产业人才培训基地建设以及专业技术人才的培养，夯实智能制造的人才基础，为本区域内新旧动能转换提供坚实的人才保障。

（三）校企共建，探索深度融合的育人新机制

校企合作共建中德智能制造学院，能够盘活专业育人资源并实现有效融通，推进专业链、人才链与产业链高度匹配；推进教学科研创新团队建设，让企业技术人员和师生近距离交流，提升学生的实践能力；标准化培养专业技术技能人才，为行业发展提供有力支撑。

三、中德智能制造学院建设的实践

（一）校企签订协议，合作共建中德智能制造学院

经过前期充分调研论证，山科院于 2021 年 4 月与德国莱茵科斯特有限公

司、山东双跨教育科技有限公司签订三方合作协议，共建中德智能制造学院，挂靠机电工程系。7月11日，山科院在山东省智能制造职业教育集团2021年年会现场举行"山东科技职业学院—莱茵科斯特中德智能制造学院"签约揭牌仪式，在国内产生较大反响，相继被中国晨报、新华社、新华财经等多家主流媒体报道，累计阅读量达到57.6万余人次（见图2、图3）。

图2　中德智能制造班授牌

图3　学院领导、系部领导和莱茵科斯特领导为中德智能制造班学员佩戴班徽

（二）校企联合制定人才培养方案，探索"双元制"本土化教学体系

山科院与莱茵科斯特共同研究制定专业人才培养方案，在引入德国教学标准的基础上，升级优化专业课设置及课程标准。学校同时引进莱茵科斯特理实一体化专业实践课程体系，改进教学内容与教材，做到课程、教材、实训设备三对应。该配套实践课程体系教材，以生产实际和岗位需求为着眼点设计开发课程，建立模块化、系统化的实训课程体系，着重提升学生的技术应用实践能力。教材装订采用活页形式，由企业根据社会的发展变化不断将新技术、新工艺、新规范、典型生产案例开发为新的学习模块，及时纳入教学内容当中（见图4）。

图4　活页式教材

（三）开展高层次师资能力提升培训，助力学院"双师型"教师队伍建设

中德智能制造学院通过外引内培，不断优化师资队伍。一方面柔性引进了以企业工程师为主体的实训课程师资，另一方面依托企业高水平技术人才开展专业技术培训，培养"上得了讲台，下得了工厂，搞得了创新"的"双师型"教师，打造拥有"工程化""职业化""国际化"背景的教学团队。中德智能制造学院建院以来，共有7人参加了涵盖"零件手动加工""四步教学法"等6门课程的专业培训，重点训练教师实践课程教学资源开发、因材施教、解决实际问题的能力（见图5）。

图5　师资培训结业合影

（四）尊重学生职业理想，组建中德智能制造班

中德智能制造学院立足以人为本的科学发展理念，将职业理想与专业相匹配的同学形成集合，以共同发展方向为纽带，以机电一体化技术专业为依托，建立了中德智能制造班，形成"志同道合，共同奋进"的班级群体。2021学年伊始，通过宣讲、报名、选拔等各环节，27名机电工程学院新生被选拔组成中德智能制造班，由校企双方委派专业教师共同培养。该班学员的选拔充分结合学生的职业兴趣、发展意愿与理想规划，通过笔试、面试、动手能力测试等方式，筛选出有意愿从事机电一体化专业工作，更符合专业培养要求的学员。整体选拔实施过程模拟企业人员招聘流程，让同学们感受"入学即入职"的特色体验，更清晰地认识自己的职业理想（见图6、图7）。

（五）校企"双师"联合培养，创新教学模式与方法

中德智能制造学院在探索建设过程中，落实深化教育教学改革政策要求，积极聘用企业技术人才参与专业课程教学，同时突出学员教师的优势特长，加强对理论基础课程教学新方法、新模式的研究。中德智能制造学院的专业理论课程由学院教师完成，实训教学方面，莱茵科斯特派遣专业工程师入校教授示范课，并和学院老师共同完成教学任务。实训教学以培养职业行为能力为本位，培养解决问题的能力，而不只是教会学生单纯的操作技能；培养学员具备

图 6 中德智能制造班宣讲、报名、选拔现场
图 7 师生集体合影留念

独立完成工程任务的职业素养和专业技能，更好地融入企业工作场景及职业环境；引入德国职业教学方法，专业实践教学采用基于行动导向的教学方法，将工作方法与工作理念融入日常学习与实践工作当中，有效培养学生的良好职业习惯。

（六）开展德国职业资格认证，提供优质就业保障

为有效检验中德智能制造学院的人才培养质量，同时为学生提供更优质的就业保障，中德智能制造学院通过莱茵科斯特引入德国海外商会联盟（AHK）的职业资格认证。在莱茵科斯特的支持下，中德智能制造学院按照德国标准建设相关专业实训室、教学质量管理体系、软技能培养体系、6S现场管理体系等。中德智能制造学院导入AHK合作资源，包括AHK职业资格证书考试认证体系导入和考试认证基地授权，学生可考取欧盟通用的AHK职业资格证书，同时还为学院师资能力的提升提供了保障和便利。

四、中德智能制造学院建设的阶段性成果

（一）推进了德国"双元制"本土化

在人才培养过程中，学校重点实施校企双元、师资双元、理论实践双元、能力双元等德国"双元制"本土化教育模式，学校理论与技能培训、岗位实践

以4：6的时间比例展开。在教学中，学校重点采用项目教学、案例教学、工作过程导向教学等方法，重视跨学科和交叉学科知识、职业素养以及创新意识的培养。"4—6"交替、理实结合的培养模式把职场化的实训课堂变成了学生的工作"战场"。在实训老师的引导下，完整的项目式行动导向教学法得以实行，从项目信息的收集、计划的制订直到项目完成后的检查，一直以学生为中心。小班化教学和精细化管理，让每一个学生都能参与其中，乐享教学成果，真正培养了学生的实操能力，也让学生看到了光明的就业未来（见图8、图9）。

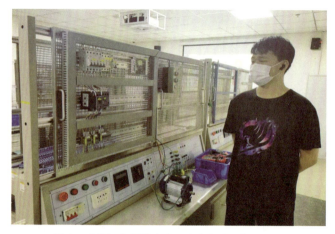

图8 中德智能制造班学员独立完成任务项目

图9 中德智能制造班学员培训日志

（二）锻炼了一支国际化"双师型"教师队伍

中德智能制造班严格按照1：1课程实施师资培训，校企师资实现共享共教，专业课及配套课程标准均引入了德国"双元制"课程教育资源，成为实践教学过程的能手。中德智能制造班在应用优质教育资源的过程中进一步提出融合创新的建议，成为教学方法融合创新的探索者。中德智能制造班的专业教师都通过了莱茵科斯特的"双元制"教师培训考核，能充分运用德国"双元制"教学方法授课，参与专业教学资源库的建设和完善。

（三）开发了一批教学资源

在引进6门优质课程资源的基础上，在校企双方资源共建共享的模式之下，结合实训基地PLC控制、工业机器人技术、电气控制技术等实训模块，以智能制造专业群机电一体化技术、工业机器人技术专业为支撑，校企双方围绕学生工作任务特点，建设了基于通用、专项、综合及跟岗实训四能力递进式的"模块＋项目＋实战"实践教学体系。目前校企合作完成PLC基础及应用等3门国际化双语课程标准开发，7个工作任务式实训项目开发，进一步丰富了教学资源（见图10、图11）。

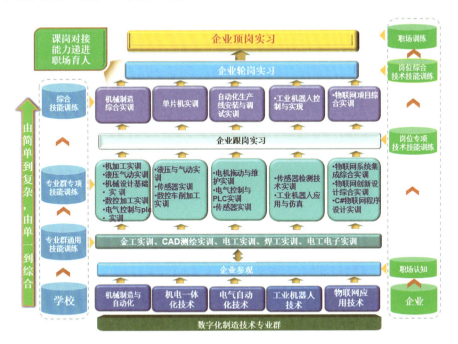

图 10　能力递进式实践教学体系

图 11　校企合作开发的 3 门国际化双语课程标准

五、三位一体的支持保障

学院设立专项资金，用于支持中德智能制造学院在教学实施、学生职业资格与技能国际认证、毕业生就业服务、学生留学服务、就业后学生技术支持服务等方面提供全方位闭环一站式服务。立足于山科院和莱茵科斯特的产教融合与校企合作开展，校企双方共享教学资源，企业为学院提供全面的智能制造技术、工业自动化技术、机电一体化技术支持，从而使山科院的专业技术能力始终保持在国内同行业领先水平。

山东省智能制造公共实训基地作为实施中德智能制造学院人才培养模式的依托保障，实力条件雄厚。该基地是与西门子合作共建的，获山东省财政拨款3000 万元支持。该基地共包含 7 个西门子先进实训室、3 个教师校企合作模块化课程开发教研室、2 个"1＋X"证书培训考核中心、1 个西门子技能大师工作室和 1 个西门子虚拟调试研发中心，涵盖了机电系学生实践教学、工业机器人操作与运维等"1＋X"证书培训考核，以及智能制造数字技术研发与服务、先进自动化技术继续教育培训等方面，引入了西门子智能制造先进技术及师资力量。依托该基地优势条件，学院努力使德国机电一体化"双元制"课程标准资源本土化，将基地打造成为中德"双元制"教育样板。

六、建设中德智能制造学院的启发

中德智能制造学院的建设实施给了我们很多启发，在智能制造行业转型发展的背景下，校企双方要立足于智能制造专业群建设和企业人才需求，通力合作，充分发挥各自的优势，实现优势互补，以智能制造专业群建设为抓手，面向智能制造产业协同校内相关专业，导入德国应用技术大学"双元嵌入实践"人才培养模式，在师资培训、课程开发、教材改革、人才培养等方面开展深度合作共建，联合培养国际复合型应用技术型人才，才能合力打造德国"双元制"人才培养模式本土化新典范。本案例采用的方法和形式经实践证明具有典型性、先进性。

随着德国"双元制"教育实施的深入，教学资源开发中的理念、形式和内容都会相应发生变化，前期引进的德国"双元制"本土化教学资源将不足以支撑人才培养需要。下一步还需深化校企合作，紧跟区域内智能制造行业新工艺、新技术，及时更新资源库，为中德智能制造学院的发展提供支撑保障。

在新旧动能转换的背景下，校企双方应共同探索人才培养新路径，在产教融合的认知和实践上形成合力，从而突破校企合作壁垒，以改革的思路与创新的办法充分释放各种资源和要素的活力，推动产教融合进入转型升级的行动实施阶段，促进教育链、人才链与产业链、创新链有机衔接，为加速新旧动能转换构建起齐鲁人才培养新高地。

作者：李晖，山东科技职业学院国际交流与合作部副主任

第三篇

来华留学生培养

Selected Collection of Excellent
Cases of International Exchange
and Cooperation in Chinese
Vocational Colleges

打造老挝技术技能人才培养高地的创新与实践

摘　要： 国际学生人才培养是高等职业院校国际化办学的重要组成部分。2011 年以来，铜仁职业技术学院累计招收了近千名老挝籍留学生，探索创建了"三能递进、四轮驱动、五位一体"的国际学生人才培养创新模式，着力打造了老挝技术技能人才培养高地，走出了一条西部欠发达地区高等职业院校国际化教育教学改革的新路子，为高等职业院校国际学生人才培养研究提供了参考，具有一定的借鉴意义。

关键词： 老挝；技术技能；人才培养；创新模式

一、背　景

教育部等九部门印发的《职业教育提质培优行动计划（2020—2023 年）》等文件明确指出，要积极参与"一带一路"建设和国际产能合作，培养国际化技术技能人才，促进中外人文交流。铜仁职业技术学院（简称"铜仁职院"）于 2011 年招收首批留学生，10 余年来累计招收老挝籍留学生近 1000 名。在培养过程中，存在着国际学生文化背景差异大、人才培养精准度不高、汉语教学与专业技能培养脱节等突出问题。

二、目　标

铜仁职院通过大力推进人才培养模式改革，创建了"三能递进、四轮驱动、五位一体"的国际学生人才培养创新模式，有效破解了上述难题，为老挝培养医护、建筑工程等紧缺型技术技能人才近 400 名，成功打造了老挝国际技

图 1　铜仁职业技术学院来华留学生合影

术技能人才培养高地，为高等职业院校开展国际化技术技能人才培养提供了可借鉴、可复制的"贵州样板"（见图 1）。

三、过　程

（一）构建"三能递进"培养路径，增强培养针对性

针对国际学生生源多元化、文化差异大、专业课程学习难度大等问题，铜仁职院实施分层分类精准培养，逐步形成了国际学生从汉语应用能力到专业技术能力，再到职业综合能力的逐级递进能力提升路径。一是根据国际学生的实际情况实施分层分类分阶段培养，构建"汉语应用能力→专业技术能力→职业综合能力"逐级递进的能力提升路径。二是在语言阶段实施"分级分段、情境模拟、实践体验"的汉语教学模式。通过开展"情境式—模块化"教学，按层次分班，制定模块化、阶梯化课程内容，实现个性培养。三是在专业阶段实施"短周期、重实践、强技能"的项目式专业教学模式。为专业人才"量身定制"培养方案，制定真实化项目教学任务，启发实践教学。在专业实践阶段，铜仁职院精准对接国外校企实践基地，培养工匠精神，强化国际学生的职业综合素养能力。四是开设"老挝临床医学班"，灵活设置专业课程，增强育人精准度。

（二）构建"四轮驱动"培养机制，提升核心竞争力

针对留学生汉语教学与专业技能培养脱节、学习动力不足等问题，铜仁

职院创新"团队＋平台＋课程＋活动"的国际学生人才培养"四轮驱动"机制，不断提升核心竞争力。一是实施教师团队引领驱动。打破学科专业背景，组建不同学科和专业背景"对外汉语＋专业"教学团队，促进汉语与专业结合。二是实施教研平台创新驱动。创设具有"研、训、服"功能的东盟职业教育研究中心、老挝海外职业技能培训基地、汉语水平考试（HSK）考点等平台，推进语言教学、专业研究和实践融合发展。三是实施课程体系应用驱动。打通语言与专业衔接路径，构建以汉语课程为基础，专业课程为核心，特色课程为支撑的"中文＋职业技能"课程体系；开发《医学汉语》等职业汉语课程，辅助专业学习。四是实施特色活动品牌驱动，有效连接校内与校外、课上与课下，打造"两赛一节"系列品牌活动，激发学习动力。

（三）构建"五位一体"文化育人体系，提高文化育人力

针对国际学生文化适应性不强等问题，铜仁职院构建了"中国文化＋法制文化＋心理健康＋职业文化＋道德修养"为主要内容的"五位一体"国际学生文化育人体系（见图2），推动了文化育人的提质增效。一是以中国文化引导学生知华、友华。将中国优秀文化、黔东地域文化和职业文化内容贯穿于课程体系，采用"课堂教学＋课下体验"方式，激发学生兴趣，培育中国

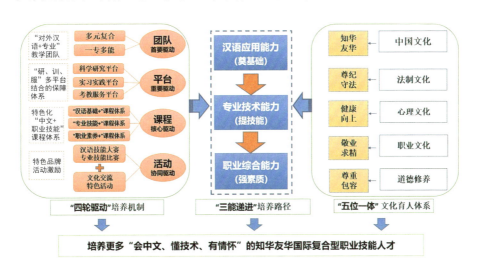

图2 "三能递进、四轮驱动、五位一体"的国际学生人才培养创新模式

情怀。二是以法治文化引导学生遵纪、守法。利用外国人服务站，采取形式多样、多方协同的教育方式，增强国际学生的法治意识。三是以心理文化引导学生健康、向上。开展中外学生交流会，开拓文化心理视野，保持良好心态。四是以职业文化引导学生敬业、求精。加强职业文化教育，实践精益求精、力求完美的"工匠精神"，树立正确职业观。五是以道德修养引导学生尊重、包容。通过课堂案例和文化活动，帮助国际学生形成良好道德品质。

四、效　果

（一）国际学生人才培养质量高

通过改革实践，国际学生汉语应用能力、专业技术能力、职业综合能力培养效果明显，国际学生人才培养质量显著提高。一是国际学生HSK通过率高。2017年以来，国际学生HSK3级以上考试平均通过率由77.98%提高到98.02%。二是国际学生各类技能大赛成果丰硕。国际学生先后获得省、部级各类比赛一、二、三等奖39人次，居全国同类院校前列。三是毕业生培养质量高。国际毕业生中有近30人进入四川大学等国内知名高校攻读本硕学历，老挝籍回国毕业生就业率达96.3%，多数学生到老挝大型企业就业，并成为技术骨干。

（二）国际化办学成效显著

经过10余年的实践探索，铜仁职院以提升国际化办学质量为抓手，瞄准国家"一带一路"建设急需的技术技能型人才培养，以培养"会中文、懂技术、有情怀"的知华、友华国际复合型技术技能人才为目标，逐步形成了服务"一带一路"建设技术技能型人才培养高地。一是国际招生吸引力日益增强。生源国别数、在校人数和国际化办学规模明显增大，铜仁职院进一步引领带动了贵州高校来华留学教育的迅速发展。2011年以来，学院共招收国际学生1200余名，生源来自亚、欧、非、北美洲的45个国家，在校国际学生人数和生源国别数持续位居贵州省首位。二是福建省黎明职业大学等国内外30多所兄弟院校前往铜仁职院学习考察，十多所院校借鉴采用国际学生人才培养模式，实践应用成效明显（见图3）。

图 3　国际化办学成效部分成果图片

（三）国际影响力显著提升

通过加强中老技术技能人才联合培养，开展合作办学和技术技能培训，服务老挝地方产业转型和升级，铜仁职院为老挝培养了具有国际视野、跨文化交流能力、扎实基础的创新型、发展型、复合型国际人才，成为中国职业教育声音的有力传播者。一是铜仁职院于2016—2018年连续三年荣获全国"高等职业院校国际影响力50强"称号，荣获全国第四批"中国—东盟高等职业院校特色合作项目"，在中国—东盟教育交流周等高端论坛做主旨发言、研讨交流20余次；二是人民网、《中国职业技术教育》《老挝教育体育报》和老挝国家电视台等媒体报道学院国际化办学情况40余次，共同讲好国际技术技能人才培养的"铜职故事"，共同传递中国职业教育高质量发展的最强音，大大提升了学院国际化办学影响力（见图4）。

图4　国际化办学部分成果图片

五、保　障

（一）顶层设计是基础

铜仁职院围绕高校国际交流与合作特色创新要求，坚持以服务国家"一带一路"等重大战略需求为导向,根据区位特点,结合在校老挝籍留学生人数占比大(达90%以上)的情况,以服务"走出去"中方企业与老挝农业、医药、卫生类等产业发展本土化技术技能人才需求为着力点,加强顶层规划,主动作为,精准定位,系统谋划,奠定了老挝本土化技术技能人才培养创新模式的实践基础。

(二)师资团队是关键

师资团队是铜仁职院国际化技术技能人才培养的首要驱动力。坚持"名师引领、团队驱动",打破学科专业背景,整合校内外优质资源,着力打造"教学严谨、实力雄厚、引领改革、具有国际视野"的省级优秀教学团队,成为国际化技术技能人才培养改革创新和提升职业教育吸引力的关键点。

(三)人才培养是核心

铜仁职院坚持以"一带一路"建设高素质技术技能人才培养为出发点和落脚点,聚焦老中资企业和老挝本土技术技能型人才现实需求,以培养"会中文、懂技术、有情怀"的知华、友华国际复合型技术技能人才为目标,探索创建了"三能递进、四轮驱动、五位一体"的国际学生人才培养创新模式,形成了"可复制、可推广、可借鉴"的国际学生职业技能培养和文化育人模式。

六、总结与反思

(一)成为高等职业院校国际学生人才培养模式改革的探路人

铜仁职院以国际学生人才培养质量提升作为国际化办学的核心目标,通过打造高水平师资团队,开展东盟(老挝)职业教育研究,创新国际学生人才培养模式,全方位构建了国际学生人才培养体系。一是开展国际化技术技能人才培养专项研究,获批国家民委"一带一路"国别和区域研究中心,出版《东盟来华留学生教育研究》等专著、教材6部,发表论文60余篇,获批省级课题11项。二是建成贵州省对外汉语优秀教学团队,4名教师入选全国来华留学生高等教育质量认证(高等职业院校类)和"鲁班工坊"建设联盟首批专家库。三是成功创建"三能递进、四轮驱动、五位一体"的国际学生人才培养创新模式,老挝本土化技术技能人才培养质量显著提升(见图5)。

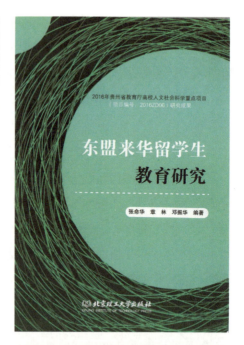

图5 国际化办学研究成果

（二）成为老挝本土技术技能人才的重要输出地

铜仁职院通过与老挝各级教育行政主管部门、高校、在老中资企业等开展多层务实交流，增进了中老友谊，凝聚了中老职业教育发展共识，深化了中老职业教育校企融合育人实践模式，为老挝培养了一大批临床医学、护理等紧缺型本土化技术技能人才。一是 2011 年以来，学院推动"中文＋职业技能"复合型国际化技术技能人才培养模式创新，共为老挝培养医护药、经贸、工程技术、现代农技等各类紧缺型技术技能人才 369 人，成为老挝本土高素质技术技能人才培养的重要基地。二是学院与老挝巴巴萨技术学院和老挝同济医院合作共建海外职业技能培训中心 2 个（见图 6）、海外实践教学基地 2 个，"中文＋现代农业"等技术技能培训人数达 256 人，校企共同开发职业教育课程 5 门，为老挝社会经济发展培养了一批知华、友华的国际化高端技术技能人才，促进了中老校企产教融合和国际产能合作。

图 6　与老挝巴巴萨技术学院和老挝同济医院合作共建海外职业技能培训中心

作者：杨海英，铜仁职业技术学院党委副书记；

邓振华，铜仁职业技术学院国际教育学院院长

扎实推进来华留学生工作　打造"留学北信"样板

摘　要：北京信息职业技术学院以短期留学生教育起步，带动学院与新加坡南洋理工学院的全方位交流；创新留学生教育理念，探索有效的留学生教育模式。学院抓住"一带一路"建设契机，将留学生教育工作从国内拓展到国外，留学生教育工作成效显著，受到社会各界的广泛认可。同时，从政策、制度、经费、人力资源等方面来看，学院开展留学生教育工作的开展具有如下保障因素：以树立中国职业教育的世界品牌为目标；加强留学生教育管理，避免无序竞争；以开展海外分校建设工作来拓展留学生教育生源基地。

关键词：师生交流；留学生教育；海外办学；"中文＋职业技能"

一、背　景

为贯彻落实《国家中长期教育改革和发展规划纲要（2010—2020 年）》，推动来华留学工作进一步发展，2010 年 9 月，教育部发布《留学中国计划》（教外来〔2010〕68 号）。为贯彻落实中共中央办公厅、国务院办公厅《关于做好新时期教育对外开放工作的若干意见》和国家发展改革委、外交部、商务部经国务院授权发布的《推动共建丝绸之路经济带和 21 世纪海上丝绸之路的愿景与行动》，2016 年，教育部发布《推进共建"一带一路"教育行动》（教外〔2016〕46 号）。

北京信息职业技术学院（简称"北信"）作为地处首都的高等职业院校，长期以来一直将留学生教育工作当作学校的重点工作任务来抓。2008 年 12 月，学校获得招收留学生资格，2012 年实现长期学历留学生招生，学校的留学生教育工作有序开展。到目前为止，北信先后培养了来自世界上93个国家的3000多名留学生，北信海外分校的留学生在校生人数达到391名。

二、目 标

北信积极参与国家"一带一路"建设，以师生交流带动学校留学生教育工作开展，探索有效的留学生教育途径，树立留学生北信品牌；通过开展海外办学，实现中国职业教育标准和课程走向世界，实现为中国海外企业培养本土化技术技能人才的目标，打造中国高等职业学院海外办学样板。

三、过 程

（一）以短期留学生教育起步，带动北信与新加坡南洋理工学院的全方位交流

1. 短期文化交流体验项目

北信从2006年就启动了与新加坡南洋理工学院（简称"NYP"）互建师生海外研习基地的项目，到目前为止，已有54批次1200名NYP师生来北信交流和学习（见图1）。每批师生到来之后，北信都会安排不同的教学院系负责交流接待，组织包饺子、书法、企业参观、两国学生联谊会、外出文化体验等活动，让NYP师生有机会了解中国，体验北京风土人情。深入的交流与体验，让两校学生建立了深厚的友谊，成为两国文化交流的使者。

2. 企业毕业设计项目

2017年6月，北信短期留学生教育方式又有新突破。北信与NYP签订了互换学生开展企业实习项目的合作协议，项目学生被派遣到对方学校完成为期三个月的由企业专家指导的企业毕业设计项目。由于项目来自企业，并且由企业专家指导完成（见图2），项目学生有机会接触到企业和行业的最新专业知识和技术，从而培养过硬的专业技术和技能，积累宝贵的海外实习经验，有效提升就业竞争力，获益匪浅。

3. 特色通识课程建设项目

北信为NYP师生开发了"印象中国&印象北京"系列通识课程，这些课程涵盖中国和北京的历史文化脉络、北京作为中国首都的经济地位、发展现

图 1 接待新加坡南洋理工学院第五十一期师生

图 2 学生参加毕业项目成果发布会并与领导合影

状、未来目标、比较优势和遇到的问题等，还包括中国企业的注册流程、税收征管等相关管理知识，以及在华商务礼仪等，帮助NYP师生比较系统地了解中国，认识北京，掌握与中国人交往的技巧和方法，认识中新经济文化等方面的差异，为留学生未来与中国开展更深入的交流打好基础。这门课程受到了各期研习生的广泛好评，成为他们来北信学习的必修科目。

（二）创新留学生教育理念，探索有效的留学生教育模式

1. 留学生汉语教育模式

（1）质量过硬的汉语教学师资团队，是留学生汉语教学成功的基础。北信从开展留学生教育工作的起步阶段，就非常重视汉语师资团队的培养，通过多年的努力，培养了一支能够保障留学生汉语教学质量的高水平师资队伍。教师的好坏直接关系到留学生到校后的学习体验，直接影响留学生招生工作，从以往的经验来看，"口碑"是做好留学生招生工作的关键。

（2）做好汉语教学研究工作，是保障留学生汉语教学质量的关键。除了聘请全国高水平对外汉语教育专家来校提供培训和讲座之外，北信通过开展集体备课的方式，将经验丰富的汉语教师的教学经验和特长加以固化，在此基础上再通过吸收其他教师的灵感和创意，使不同教材的每一堂课的课程教案、教学活动组织方式、例句和词汇的使用等细节内容都得到固化。有了这样的教学资料，即使是新参与留学生汉语教学工作的教师，使用集体备课固化下来的教案和教学资源，也能够保证课堂教学的高水平实施。

（3）科学合理的汉语课程教学体系，是留学生汉语教学质量的保障。汉语教学是留学生专业教学的基础，也是关系到留学生专业教学成败的关键因素。国内部分高等职业院校留学生教育成效欠佳的主要原因是没有把好留学生汉语教学体系关。比较合理的做法是，高等职业留学生教育采用"1+3"模式，即留学生入学第一年，以安排汉语课程教学为主，目的是让学生通过一年汉语学习，能够顺利通过汉语水平考试（HSK）4级。在第一年的第二学期，可以同时安排每周2学时的专业汉语课程，让学生做好以汉语学习专业课程的准备工作。在后三年的专业学习过程中，也建议一直开设每周8—10学时的汉语课程。只有一直开设汉语课程，才能保证大部分在校学习的三四年级学生能够通

过 HSK 5 级以上的考试，这时候，学生用汉语学习专业课程，才不会有任何障碍。

2. 留学生专业汉语教育方法

对于大部分来国内高校就读学历课程的留学生来说，学习专业课程的最大障碍都在汉语语言方面。根据教育部规定的来华留学生入学标准，以中文为专业教学语言的学科要求留学生的中文能力要求应当至少达到《国际汉语能力标准》4 级水平。但是，即使留学生通过 HSK 4 级考试，所掌握的汉语词汇也只有 600 个，在学习以汉语讲授的专业课程的时候，仍然面临巨大的困难。

北信通过在留学生预科汉语学习的第二学期，安排每周 2 学时的专业汉语课程的方法，成功实现了留学生从基础汉语学习到专业课程学习的过渡。汉语零基础留学生在来北信学习一学期的汉语之后，他们的汉语水平通常达到了 HSK 3 级左右，在此时安排每周 2 学时的专业汉语课程，让学生有机会熟悉将要学习的专业课程的词汇、句子和概念等，能够有效帮助学生做好从基础汉语到专业汉语的过渡。例如，北信电子技术专业的老师在专业汉语课堂上直接带领学生进行简单的电子装备制作（如电路板搭建），让学生短期内了解了电子制作中常见的常用工具、电子元器件、电路图等专业术语。有了这样的经历，留学生不仅对于电子技术专业有了初步认识，也能够在接下来的专业课程学习中听懂课，学好课。专业汉语课程的开设，对学生基础汉语的学习也起到了促进作用，大部分学生在专业课程学习的第二年，都能通过 HSK 5—6 级考试。

3. 留学生专业课程教育模式

从以往的留学生专业课程教学中可以发现，留学生更适应西方的专业课程教学模式，教师需要设计一系列课上课下教学活动，带领留学生参与到专业课程的学习中来；学生通过参与教学活动，完成教师布置的学习任务，并产生达到学习目标的证据，提交给教师，由教师对学生的学习效果做出评估。

留学生也乐于在实训室开展专业课程教学活动，他们在课堂教学中比中国学生更加投入和专注，完成作品的质量也会更高。因此，北信要求专业教师把在开展中外合作办学中学到的国际先进的专业课堂教学组织方法，以及学生学习效果评估手段在留学生专业课程教学中充分应用，改变传统的以教师讲课为主的课堂教学模式，同时采用基于学生学习成果的课程评价方法，对留学生做出客观公正的评价。学生对于知识的掌握可以采用考卷方式评估，对于技术和技能的掌握可以采用基于学生学习成果的评价方法。这样的教学实施和评价方法更适合留学生学习专业课程。

4. 留学生毕业年管理模式

高等职业学院中国学生在校的最后一年大都以实习为主，第一学期可能还安排一些课程，第二学期大部分学生直接到企业实习。毕业设计的安排，只是针对没有找到工作的少部分学生，指导教师在毕业设计指导上投入的时间和精力非常有限。

这样的安排对于留学生来说是不合理的，因为留学生即使从中国的高等职业院校毕业，按照国家现有的政策，也并不能够直接赴国内企业就业。因此，北信从招收留学生开始，就对留学生的整体专业教学计划作出调整。最后一年第一学期，北信仍然安排了完整的专业课程教学任务，第二学期上午安排汉语和中国文化课程，下午安排毕业设计。汉语和中国文化课程的安排，正好解决了留学生因为没有选学思政类课程而造成的学分不足的问题。北信对留学生的毕业设计也提出了特殊要求，首先，留学生毕业设计的选题以能够产生可展示成果的制作类和设计类任务为主，同时，毕业设计指导教师要对学生负责，一周5天都要对学生开展指导，保证留学生毕业设计的高质量。这样的安排也为留学生从北信毕业并升入其他高校深造奠定了坚实的基础。

四、效 果

（一）留学生教育工作成效显著，受到社会各界的广泛认可

1. 留学生教育水平高，短期内树立了"留学北信"品牌

北信严把留学生教育质量关，短期内树立了"留学北信"品牌。北信聚集了一批具有十几年从事留学生汉语教育经验的高水平师资，受到各国留学生的高度认可，好多来自北京周边高校的在读留学生和来自驻京大使馆的人员，都纷纷利用课余时间来北信报名学习各种汉语提升课程，目的是短期内提升自己的汉语水平。例如，有不少来自韩国、泰国的留学生，他们虽已大学毕业，但由于工作的需要，选择来北信学习汉语。通过HSK等级考试之后，他们回到自己的国家，凭借出色的双语能力找到了更好的工作。

2. 埃及政府公派留学生来北信学习职业教育课程

随着"留学北信"品牌的树立，2014年起，埃及政府决定每年选拔优秀高中毕业生来北信学习职业教育课程（见图3），每次选派25名学生，学制为四年，第一年学习汉语，从第二年起开始学习专业课程，通过四年的学习，最终获得北信高等职业文凭。

图3 埃及学历留学生开学典礼

从2014年起，埃及政府已经连续选派5批学生来北信学习，他们选择学习的专业分别是：机电一体化技术（2014级）、电子信息工程技术和通信技术（2015级）、计算机网络技术（2016级）、新能源汽车技术（2017级）和软件技术（2018级）。

2017年，北信又与埃及政府签署了中国政府援助下的补充合作协议，按照协议规定，2018—2023年间，埃及政府每年将选派15名学历留学生来北信学习不同的专业，同时每年选拔25名北信埃及分校优秀在读学生来北信接受为期4周的汉语和专业培训。

3. 留学生专业教学效果好，充分体现中国职业教育的特色

由于留学生在完成第一年汉语学习之后，汉语都达到了较高水平，所有专业课程老师都是直接用中文讲授（见图4），留学生在听课方面不存在任何

障碍，考试答题也都是直接用中文完成。再加上北信的大部分专业课程都在实训中心开展，留学生有机会学习使用最先进的实训设备，在掌握专业知识的同时，培养了实际操作能力。留学生对于制作类课程非常感兴趣，比中国学生表现更好，完成的作品质量也更高。通过三年的专业学习，留学生不仅掌握了本专业的基本知识，同时培养了高水平的专业技术和技能。他们选择到大学深造，在专业学习方面不会遇到任何问题，都能顺利取得学士及以上学位；他们到企业就业，也会凭自己熟练的汉语、过硬的专业技术和技能，赢得用人单位的好评。

图 4　留学生上专业课

4. 留学生中国文化教育工作取得可喜成绩

北信注重中国传统文化课程的教学工作，尤其是在中华武术教学方面成绩显著（见图 5）。从 2016 年起，北信留学生代表队先后参加青岛、徐州、沧州和北京的各类武术比赛，多次取得第一、二名的优异成绩，中华传统文化真正在留学生心中扎根。

图 5　留学生参加形意拳比赛

2016 年 5 月，北信留学生代表队参加了 2016 年度"留动中国——在华留学生阳光运动文化之旅"北京地区海选赛（见图 6）。此次比赛共有 15 支来自北京各高校的代表队参加，按照体育艺术展示、定向越野、3 对 3 篮球三项比赛积分之和排名，最终，北信代表队从 15 支参赛队伍中脱颖而出，荣获团体总分第四名的好成绩。

在有北京语言大学、北京体育大学等实力最为强劲的大学代表队参赛的情况下，北信代表队都能够取得总成绩第四名的好成绩，这为北信在

图 6　"留动中国——在华留学生阳光运动文化之旅"北京地区海选赛

北京高校中树立了崭新的形象，展示了北信在留学生中国文化教育方面的综合实力。

5. 北信成功为留学生搭建升学通路

北信为留学生搭建了赴北京知名大学合作伙伴专升本的桥梁，留学生从北信毕业后，可以直接升学至北京交通大学、首都师范大学、北方工业大学等首都知名高校，获得学士、硕士及以上学位。比如北信的埃及籍留学生，在北信完成四年高等职业课程学习之后，直接升学至北京交通大学（见图7），学习深造一年之后获得北京交通大学学士学位。本科毕业以后，一些学生选择继续在北京交通大学攻读硕士学位，一些学生选择报考北京其他知名高校，攻读硕士及以上学位，还有一些学生选择直接回国就业。

图7 埃及籍留学生在北京交通大学

6. 留学生就业竞争力强

以北信埃及籍留学生为例，部分学生在完成中国的学业后回到埃及，直接赴驻埃中国企业华为技术埃及有限公司（简称"埃及华为"）就职，为埃及华为人才本土化战略提供了有力的支持。埃及华为发现这些学生正是他们急需的专业技术技能人才，同时具备如下优点：精通汉语，专业知识、技术和技能过硬，了解中国文化。因此，埃及华为与北信在留学生就业方面保持了密切的沟通和联系，北信不仅为埃及华为提供了所有埃及籍毕业生的名单和联系信息，还为该企业提供了30多名将要从埃中应用技术学院（ECCAT）毕业的三年级学生的简历。现在，埃及华为希望接收所有从北信毕业的留学生，同时已经选拔7名ECCAT学生在埃及华为开始实习（见图8）。

图8　北信与埃及华为召开留学生实习交流会

（二）抓住"一带一路"建设契机，留学生教育工作从国内拓展到国外

1. 通过开设分校拓展留学生教育生源

北信积极参加国家"一带一路"建设，其埃及籍留学生教育项目受到埃及政府的高度认可，埃及政府希望北信能够在埃及开设分校，让更多的埃及青年学生受益。2015年4月19日，在埃及高教科研部的主持下，"北京信息职业技术学院与埃及苏伊士运河大学、埃及MEK基金会合作建立埃中应用技术学院（ECCAT）"的合作意向书签约仪式隆重举行。

北信为ECCAT设计了具有中国职业教育特色的四年制本科教学计划，覆盖机电一体化技术、电子信息工程技术和通信技术三个专业，成功实现中国职业教育标准和课程走向世界。2018 年，ECCAT 获得埃及高教科研部的正式审批，成为埃及苏伊士运河大学的二级学院，可以颁发硕士及以上的学位。同年，ECCAT 正式招生，至今已经连续招生四届，现在总在校生人数为 391 名。

2022 年，ECCAT 迎来首批毕业生，共有 73 名项目学生成功取得埃及苏伊士运河大学学生学位，同时获得北信毕业证书。毕业典礼于 2022 年 8 月 15 日举行，教育部职成司副司长林宇、北京市教委副主任孙其军及中国驻埃及大使馆文化参赞兼开罗中国文化中心主任杨荣浩代表廖力强大使在毕业典礼致辞（见图 9）。

图 9 2022 年首届 ECCAT 毕业典礼现场

2. 做好海外分校建设管理，保障海外留学生教育质量

质量是留学生教育的根基，北信积极探索海外分校留学生教育管理模式，打造中国职业院校海外分校建设样板。北信的成功经验包括：通过建设ECCAT 联合管理委员会，加强 ECCAT 管理机制的建设；通过建立"月例会"制度，实现对 ECCAT 的有效管理；通过选派教师赴 ECCAT 任教、为ECCAT 教师提供专业培训，以及对 ECCAT 任课教师开展一对一辅导和指导

来提升ECCAT课程教育质量；通过内审和外审相结合的质量保障模式，每学期选派专家赴ECCAT开展课程教学质量审核，来保障北信海外分校毕业证书的含金量。

五、保　障

（一）政策保障

在教育部发布《留学中国计划》和《推进共建"一带一路"教育行动》计划之后，北京市启动了北京市"一带一路"国家人才培养基地建设工作，通过为"一带一路"沿线国家留学生提供奖学金等政策，有力促进了学校留学生教育工作的开展。北信从学校层面也出台了各种留学生招生奖励政策及校长奖学金政策等。所有这些政策，都为学校留学生教育工作的开展提供了政策保障。

（二）制度保障

为了做好留学生教育工作，北信大力完善留学生管理制度建设，相关规定包括：收费管理、学籍管理、学习管理、教学管理、奖学金管理、违纪处分管理、公寓管理、课外活动及联谊团体管理、校园秩序管理、来华留学生突发事件应急处理预案等。制度建设是保障留学生教育工作高质量开展的基础。

（三）经费保障

开展留学生教育，需要院校做好基础设施建设和改造、留学生教育师资培训、留学生教育课程开发、留学生远程教学平台建设等系列工作，因此，院校需要有充足的经费保障，特别是在留学生教育的起步阶段，院校需要有较大数量的经费投入。除了初期的经费投入，随着"留学北信"品牌的树立，北信还从留学生教育中取得经济收益，这些收益主要用于再投入留学生教育工作中，以滚雪球的方式推动留学生教育工作做大、做强。在留学生教育工作扎实推进的基础上，北信也通过建设海外分校，将留学生教育工作拓展到海外。建设海外分校既能够拓展留学生教育生源，又能够为院校带来一定的收益，这些收益可以用于推动院校留学生教育工作进一步开展。

（四）人力资源保障

职业院校开展留学生教育，需要培养具有国际化视野和跨文化交际能力汉语教师团队、留学生管理团队、基础课程和专业课程教师团队，以及承担留学生课程教学和管理工作的院校职工。培养这样的教育和管理团队需要时间和过程，因此，各院校需要有长远的规划，通过校外招聘和校内培养两种途径做好留学生教育人力资源的建设工作，为学校留学生教育工作的高质量开展打好基础。另外，院校开设海外分校，还需要选派教职工赴海外分校承担教学和管理工作任务，海外分校建设人才的培养是关系海外分校建设成败的关键。

六、总结与反思

（一）开展留学生教育要注重中国职业教育品牌的树立

改革开放以来，中国经济的发展取得巨大成就，职业教育为中国的经济发展提供了强大的人才保障。同时，职业教育还解决了大批青年的就业问题，因此，越来越多的留学生选择来华学习中国的职业教育课程，这为职业院校开展留学生教育提供了机遇。职业院校一定要好好把握这一良机，全身心投入留学生教育工作中，花大力气做好留学生教育和管理工作，努力树立中国职业教育的世界品牌，培养知华、友华、爱华的留学生。

（二）各级政府要统筹规划、有效管理职业院校的留学生教育工作，避免无序性竞争现象的发生

"十三五"期间，各省为了推动职业院校的留学生教育工作，纷纷出台了一系列留学生奖学金政策，这一方面有效推动了各省留学生教育工作的开展，但是由于政策缺乏规范性和统一性，也给留学生招生教育市场带来了一定的混乱。再加上大部分职业院校都处于留学生教育工作的起步阶段，缺乏专业的国际汉语师资力量，导致教学质量大打折扣。部分留学生虽然在学校学习了三年时间，但是临近毕业都不能通过HSK 3级考试。汉语都没有过关，专业课程的学习效果必然大打折扣，这严重影响了中国职业院校的形象。国家教育主管部门可以通过设置高等职业教育学历留学生毕业的汉语语言水平要求等措施来解决这一问题。

（三）鼓励建设海外分校，拓展留学生教育生源基地

2018 年，北信埃及分校——埃中应用技术学院正式招生，至今已经连续招生五届，在校生总人数达到 430 多名。海外分校留学生教育工作的开展，不仅树立了"留学北信"的品牌，提升了北信的世界知名度，更重要的是，北信通过海外办学让中国职业教育标准和课程走向世界，实现了高质量为中国海外企业培养本土化人才的目标，值得国内有实力的职业院校去探索和尝试。

作者：李兴志，北京信息职业技术学院国际教育部部长

创新国际人才培养模式　打造留学职教品牌

摘　要: 在"一带一路"倡议下，中国与沿线国家开展了全方位、多层次、宽领域的经济交流与产业合作，急需大量技术技能型、实践型人才。"一带一路"倡议同时为职业院校在国际交流与合作上创造了新的机遇，职业院校抢抓机遇、开拓创新，在国际人才培养上找准定位，在国际化人才管理体制机制完善化、国际人才培养管理精细化、培养层次多样化、管理服务模式全面化等方面不断探索与创新，探索出可复制、可推广的国际化人才培养模式。山东科技职业学院在人才引入、教学创新、服务管理、以文化人等方面多措并举提升来华留学生培养质量。目前学院已培养来自30多个国家的长短期留学生2500余人，留学生教学工作一直走在全国高等职业院校前列，"留学山科"特色品牌日益凸显。

关键词: 多元化；教学改革；管理服务；教管协同

一、创新国际化人才培养模式的背景

人才资源是衡量一个国家竞争力的重要指标，国家"一带一路"人才培养缺口较大，建设和参与全球共同治理的人才储备需求增加。驻外企业的发展需要本土化的管理模式及技能型高素质人才，只有培养技术过硬的本土化技能人才，才能助力驻外企业发展，带动本土经济发展。随着经济全球化的不断发展，来华留学生作为中华文化的传播者，对中国提升全球话语权也起到了较大的助推作用。

国际化程度是学院综合实力和办学水平的重要体现，也是国际影响力的重要标志。山东科技职业学院（简称"山科院"）顺应山东蓝色经济发展需求，不断加大国际职业教育资源整合的力度，积极吸收国外优质资源，全面推动来华留学教育管理和各项工作的全面、深入开展，打造来华留学品牌特色，培养国际化人才，加快学院"国际化院校"建设步伐，提升学院国际化办学水平和国际影响力，为区域经济繁荣发展贡献力量。

山科院国际人才培养起步于1998年，初期主要通过开展友好院校师生访学、文化交流等方式，培养来自乌克兰、韩国等国家的短期留学生。作为职业院校，山科院在吸引优秀留学生上优势不足，必须创新留学生的培养管理模式，在留学生管理体制机制完善化、来华留学管理精细化、培养层次多样化、管理服务模式全面化等方面不断突破，为职业院校注入国际视野，在中外学生的不断交往中促进职业教育的国际化，提升职业教育的创新性。

二、国际化人才培养的三个目标

（一）优化多元来华留学培养模式

优化培养模式，由单一向多元模式转型，充分发挥学院的专业优势，将单一的语言学习向特色专业学习转型；加强与本科院校的合作，联合培养"1＋4""3＋2"专本贯通联合培养；加强中外学生的文化交流，开展"语言＋文化"形式多样的短期文化交流体验活动；开展以驻外企业员工本土化为导向的订单式人才培养模式。

（二）实施国际人才培养教学改革

充分依托学院特色专业，根据来华留学人才需求，鼓励教学团队开发符合职业院校留学生教育特点的汉语课程或教材，积极开展"中文＋"国际课程；制定国际课程标准，提升教育教学质量；建立过程性教学监控模式，做好监督保障，提升教学质量。

（三）实现"三一"来华管理服务模式

遵循趋同化管理的原则，在来华留学的教学管理模式上进行改革，建成来华留学服务中心，帮助留学生解决在华期间遇到的各种困难，顺利融入校园；

建立文化体验室以及"第二课堂"，关注留学生风俗习惯、语言和文化方面存在的差异，以合理、平等、审慎为原则，帮助留学生了解中国国情文化，减少其在跨文化交际中的不适感；让留学生逐步实现趋同化，在校园文化中注入国际元素，实现文化交融与创新，推广国际化办学理念，打造"留学山科"品牌特色；建立一支专业的留学生管理服务队伍，建立完善的体制机制来服务留学人才全面发展。

三、国际人才培养的过程

（一）着眼提质增效，多元培养转化

在国际人才培养过程中，在"双高校"建设的新时代背景要求下，学校应进一步完善国际人才培养模式。山科院优化培养模式，由单一的语言培养模式向多种模式融合发展转变，根据国际人才培养的需求，建立多元的人才培养模式，学历学生采取"1＋4""3＋2"专本贯通联合培养模式，企业采用订单式培养模式，并按照驻外企业需求采取"中文＋"短期或定向培养模式。

（二）创新教学模式，实施课程改革

经过调研发现，教学质量是吸引国际人才的基础，山科院采用"线上＋线下"混合式教学模式，丰富课堂教学内容，提高留学生教学质量。教师将课程录像等教学资源传到网络教学平台，留学生可以利用网络教学平台，在课余时间进行线上学习，并完成相关的作业。在课堂教学中，教师进行情景教学，开展风筝放飞、篮球、足球、传统节日、中医、书法文化、感恩教育等丰富多彩的第二课堂活动，积极为国内外学生沟通交流搭建平台，形成良好的学习风气，激发留学生对汉语学习的兴趣和对中国文化的热爱之情。

在课程上，山科院鼓励开发校本教材，开发适合职业院校发展的"中文＋职业技能"国际课程，用于服务"一带一路"沿线国家技术技能本土化人才培养。在教材开发的过程中，教师课程开发与教学的能力得到有效提升。

（三）教管协同育人，培育爱华友人

在管理服务上，山科院加强体制机制的建设，成立来华管理领导小组，完善来华管理服务的规章制度。学院建立来华留学服务中心、文化体验中心等基

础设施，设立班主任与辅导员协同管理机制，组织留学生参与国家、省、市组织的各类文化活动，激发学生的知华、友华情怀，以文化人，共建和谐、健康的国际人才培养环境。

四、国际人才培养取得的成果和成效

山科院目前已培养来自乌克兰、韩国、肯尼亚等30多个国家的长短期留学生2500余名，其中85%以上来自"一带一路"沿线国家，留学服务品牌日益凸显。山科院留学生在数量、质量上有了较大的提升，留学工作一直走在全国高等职业院校的前列，"留学山科"特色品牌日益凸显。

（一）提质增效，创新了"多维度"来华留学生培养模式

山科院以培养精尖技能人才为目标，在"语言""语言＋"模式基础上，与济南大学、江苏理工学院等院校开展"3＋2"专本贯通培养；与驻外企业开展订单式人才培养模式，为潍坊华腾印染织造有限公司（简称"华腾集团"）培养懂语言精技能的本土化人才。2017年11月，乌干达共和国教育部副部长带领首批15名留学生来到山科院进行为期四年的语言和专业学习，2019年7月学院与华腾集团合作共建山东科技职业学院东非（乌干达）国际学院（见图1）。

图 1　成立东非（乌干达）国际学院

（二）教学革新，开发了"线上＋线下"混合式教学模式

山科院积极开发"中文＋"精品课程，实施"线上＋线下"混合式教学模式，丰富教学内容，提高教学质量。在学院的大力支持下，教学团队积极开发"中文＋"国际课程，用于服务"一带一路"沿线国家技术技能本土化人才培养。山科院共开发了汉语基础课程"综合汉语"、中国文化类课程"走进中国文化"、专业类课程"电工电子"等6门国际课程，制定了国际课程标准，打造了符合高等职业特色的留学生技能学习专业教材，保证了教育质量。该校探索建立"1＋n"教学资源平台，做好基础保障。在清华职教实训平台的基础上，山科院充分利用钉钉、微信、zoom等平台，组织教师在平台授课、布置任务、课堂答疑、课下指导，充分利用现代化信息手段，帮助教师灵活选择，保障了教学质量（见图2）。

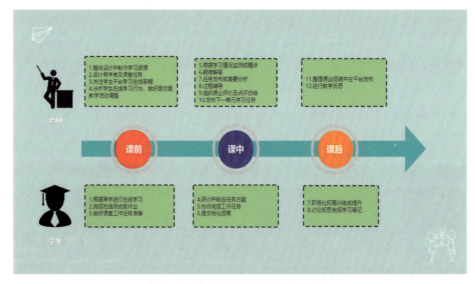

图2 "线上＋线下"混合式教学模式

（三）求同存异，创新"三一"教学管理服务模式

山科院遵循趋同化管理原则，尊重留学生的文化差异。学院在"双高计划"建设背景下，总结多年留学生教育实践经验，吸收借鉴当前留学教育新理念、新方法，创新凝练形成一套符合本校办学实际的留学生教学管理服务模式。该模式的建设要点是，围绕留学生教学、留学生日常管理、留学生服务

保障三个核心维度，建立一个留学生教研团队，打造一支留学生管理干部队伍，建设一个留学生综合服务中心，同时注重相应配套制度建设，由此构成"三一"教学管理服务模式。山科院重点从师资优化、队伍强化、设施完善、制度完备四个方面着手，加强资源投入，改善办学条件，推进制度创新，提升来华留学育人质量，打造国际化办学品牌，探索符合高等职业院校办学实际、可复制、可推广的来华留学教学管理服务新模式（见图3）。

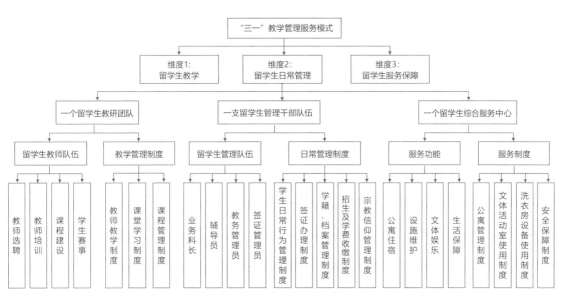

图3 "三一"模式理论框架

（四）以文化人，创新"育人铸魂"文化工程

山科院多措并举实施文化育人工程，增进文化理解与认同。一是充分利用区域文化及中国文化资源开展第二课堂，增强留学生对中国传统文化的感悟。学院开展风筝放飞、书法文化等体验活动，激发留学生对汉语学习的兴趣和对中国文化的热爱（见图4）。二是充分利用职业教育活动周平台，增强留学生对中国职业教育的体悟。在2020年职业教育活动周全国启动仪式上，时任教育部部长陈宝生为留学生精彩的表现点赞（见图5）；在2021年该活动的全国启动仪式上，山科院留学生现场表演中国传统刻纸技艺，山东电视台予以报道。三是充分利用国际交流协会平台，增进留学生知华、友华情怀。在留学

生大赛中，山科院留学生获奖数十项，获奖数量高居省内参赛高等职业院校榜首。

图 4　留学生参加风筝放飞活动

图 5　时任教育部部长陈宝生（右二）与学生互相点赞

五、"政校企"三位一体保障支持

国家支持职业院校大力发展国际交流与合作，山东省教育厅国际处、外事处等政府职能部门也在境外办学、人才引进与输出、来华留学质量认证等方面给予支持与指导，鼓励职业院校大力发展国际人才的培养工作。

在国际人才培养过程中，山科院将此项工作纳入"双高校"建设的重要指标，在数量指标与质量指标中都占据重要位置。学院在国际人才培养课程改革、文化交流活动、境外办学等方面给予资金支持与政策倾斜，设立留学奖学金制度，支持留学学历教育。

在驻外企业华腾集团、歌尔股份有限公司的支持下，学校与企业联合在境外创办东非（乌干达）国际学院、歌尔（越南）培训中心等境外办学机构，为企业本土化人才的培养提供了有力支持。

六、总结与反思

在国际人才培养方面，山科院及时把握国家"一带一路"倡议带来的机遇，坚持多措并举创新发展，推进政府、学校、企业间的密切合作，加强与行业龙头企业、驻外企业沟通与交流，提高生源质量和层次，确保留学生规模稳定，大力提升培养质量；增强留学生培养模式的多样性和创新性，满足留学生的专业需求；提高专业授课质量和管理服务水平，建立健全质量保障体系，保证高质量留学生的培养；对留学生管理队伍人员积极开展教育管理培训，使留学生教育教学模式多元化发展，留学人员结构更加优化，凸显优质留学生培养基地的品牌。山科院国际人才培养的数量和质量有了显著提升，校园国际化氛围浓厚。

展望未来，面对新需求，山科院将继续主动配合国家政策实施，在"一带一路"沿线国家提前进行人才布局，扩大中国高校国际影响力，持续深化国际化人才培养改革，继续拓展复合型国际人才培养的新路径，突出"高精尖"短缺性技能人才培养，不断提高各类人才培养的专业性和针对性，服务沿线国家和国内区域发展，努力将山科院打造成国内领先、国际知名、智能制造特色鲜明的职业技术大学。

作者：王麦芬，山东科技职业学院来华事务科科长

构建轻工特色国际职业教育共同体 打造"广轻职教"品牌

摘　要：广东轻工职业技术学院强化国际化人才培养意识，建立国际交流保障机制，打造国际交流平台，实现国际资源共享。学校立足国际化教育教学要求，引入和开发国际教学标准和课程标准，加大留学生的培养力度，加强国际化师资队伍建设，加大对"一带一路"沿线国家的产教研服务力度。学校正逐步形成"一分校五中心六基地"的跨境办学布局，助力粤港澳大湾区轻工企业"走出去"，探索并形成"广轻职教"新模式。

关键词：职业教育；国际化；"一带一路"；人才培养

一、实施背景

《关于做好新时期教育对外开放工作的若干意见》《推动共建丝绸之路经济带和 21 世纪海上丝绸之路的愿景与行动》《推进共建"一带一路"教育行动》和《高校科技创新服务"一带一路"倡议行动计划》等政策对国际化人才培养提出了更高的要求。为充分发挥高校创新资源集聚、创新活动深入和国际交流活跃的优势，加强高校在服务"一带一路"建设中的创新引领和支撑作用，探索国际合作新模式成为各高校的必然选择。

二、目　标

广东轻工职业技术学院（简称"广东轻工"）依托广东省"一带一路"职业教育联盟（简称"联盟"）和粤港澳数字创意职业教育产教联盟等平台，积极对接国际优质职业教育资源。近年来，学校面向"三洲七国"①的高等院校、跨国企业、国际组织开展深入交流与合作，打造国际合作高端平台，实施"高水平专业群国际提升计划"和"国际合作育人计划"，形成轻工业技术技能国际化人才培养的可借鉴模式。广东轻工联合国际院校和企业，协同开发并推出一批具有国际影响力的轻工特色专业教学标准、课程标准及相关产品技术标准；跨境建设技能培训、人才培养、人文交流等国际平台，服务"一带一路"沿线国家和粤港澳大湾区，输出"广轻职教"模式，形成引领职业教育国际化发展的实践范例。

三、具体过程

（一）发挥联盟优势，带领广东省内高等职业院校组团服务"一带一路"

2017 年，广东轻工职业技术学院牵头成立广东省"一带一路"职业教育联盟（见图 1），并担任理事长单位。来自 5 个国家、67 家政府机构、高校、

图 1　广东省"一带一路"职业教育联盟成立大会

①　"三洲"包括非洲、亚洲、大洋洲；"七国"包括巴基斯坦、卡塔尔、泰国、马来西亚、新加坡、澳大利亚、新西兰。

行业企业的 200 多名代表参加了联盟成立大会。联盟携手 70 余所省内外兄弟院校、12 所国外院校、15 家合作企业积极开展与"一带一路"沿线国家的职业教育合作。一年一度的联盟年度活动已经连续举办 5 年，共同探讨联盟成员如何开展互助合作，分享交流阶段性代表性成果，进一步推进了职业教育资源共享，提升了协同对外合作水平。

（二）服务国家"一带一路"发展，与海外企业共建国际产教研平台

依托职业教育联盟和学院优势，广东轻工与多家海外企业共建国际产教研平台，服务国家"一带一路"倡议，具体如下：

（1）广东轻工与全球最大的椰子产业集团——印度尼西亚印尼三务集团合作建立"广轻—三务椰子综合开发中心"，开展椰子综合开发研究，促进椰子产业国际化合作，共同推动职业教育产教融合发展。

（2）广东轻工与马来西亚 PCI 创新化学品有限公司（PCI Innovative Chemicals SDN. BHD.）共建"广轻—PCI 国际化妆品应用研发中心"，依托该研发中心平台，开展专业教师和企业技术骨干合作交流、化妆品创新研究和应用服务，致力于促进科技成果的应用转化，2021 年"化妆品安全与防腐效能关键技术应用研究"横向项目经费为 10 万元。

（3）广东轻工与新加坡分子信息技术有限公司（ChemoPower Technology Pte Ltd）共建产教研中心，充分利用该企业的国际科研人才和能力，通过生物医药、分析化学领域的合作研发、人才培养、师资建设、社会培训等方式，实现产教深度融合，提升技术服务能力。

（4）广东轻工与 SGS 通标标准技术服务有限公司（简称"SGS 通标"）合作共建"广轻 SGS 产业学院"，联合培养食品药品、生物技术和机电类人才，共同开设职业技能等级考试，推行"1＋X"证书制度，设立技术标准研制课题 5 项以上，开展社会培训每年不少于 500 人日，开发 2 部以上活页式教材。SGS 通标设立了 SGS 奖学金，一次性投入 29 万元，用于奖励学校食品学院获得国家级、省级技术技能比赛奖项的学生，2021 年已有 4 个学生团队获得奖学金。

（三）引进和开发国际教学和课程标准，提高人才培养国际化水平

广东轻工通信技术专业获得中华工程教育学会（IEET）认证委员会、技术教育认证执行委员会（TAC-AD）认证，国际商务（全球化管理）专业引入澳大利亚新南威尔士州职业教育课程。广东轻工引进澳方课程29门，占全部课程的63.04％，引进职业资格证书3个。与澳大利亚阳光海岸大学开展的大数据与财务管理专业和食品检测检验技术专业实行双专科分段联合和产教融合人才培养模式，分别引进国外课程标准14项和8项，专业课程英语授课率达到60％以上。

广东轻工在坚持"引进来"的同时，还注重"走出去"。学校轻化工技术学院分析与检测技术专业和精细化工技术专业的教学标准在马来西亚和乌干达被同行采用；营养与检测专业教学标准在乌干达被同行采用；"微生物检测技术""细胞生物学"和"食品微生物检测技术"课程标准被马来西亚和乌干达同行采用。这是学校在开发国际教学标准和课程标准领域又一个新的里程碑。

（四）立足国际化教学需求，加强国际化师资队伍的建设

广东轻工立足国际化需求，积极提升教师国际化素养和能力。学校有35位教师获得国际资格认证，42位教师赴国外进修和访学。轻化工技术学院有7位老师获得澳大利亚政府颁发的IST国际技能培训师与评估师证书。

四、成果与成效

（一）构建"三洲七国"国际职业教育格局，建设成果显著

广东轻工职业技术学院积极发挥广东省"一带一路"职业教育联盟理事长单位的作用，携手兄弟院校与"一带一路"沿线国家开展多边人才交流，合作建设海外分校、境外技能培训中心、海外实习基地，形成"一分校五中心六基地"的跨境办学布局。2019年至今，学校先后建立了马来西亚海外分校1个，巴基斯坦国外教学点1个，技能培训中心4个，中外交流中心2个，海外实习基地4个，预期再建设2个海外实习基地。

2020—2021 年学校教师赴境外为境外企业培训量高达 1840 人日，创历史新高。轻化工技术学院 3 名教师赴卡塔尔和马来西亚培训企业员工，为企业员工开展"新技术、新工艺、新规范"培训；应用外语学院对马来西亚企业的员工开展汉语言培训，切实推进"中文＋技能"培训项目；财贸学院教师赴澳大利亚为企业提供会计咨询服务。2021 年，学校教师指导在校生服务跨境电商和非遗产品独立站跨境出海"走出去"企业 3583 人日，成绩显著。

广东轻工连续两年承办了国际数字创意设计论坛，海内外众多在数字创意设计产业领域有影响力的专家学者同台研讨，推动中国职业教育与国际接轨，扩大中国职业教育的国际影响力。

（二）打造国际化人才培养新高地，中外合作办学项目高质量发展

通过与国外高水平院校合作办学，引进优质职业教育资源，学校中外合作办学项目保持高质量发展，3 个中外合作办学专业在校生总人数高达 737 人。中外合作办学专业的教育教学改革和人才培养成效显著，学生专业基础扎实、专业技能突出，获得国际奖项 5 项、国家级奖项 31 项、省级奖项 76 项。

（三）招收来自 34 个国家的留学生，彰显"留学广轻"特色品牌

为响应国家推进"中文＋职业技能"培训的号召，并充分发挥学校专业优势，更好地服务"一带一路"沿线国家，学校继续教育学院自 2016 年至今已招收来自俄罗斯、韩国、波兰、泰国等 34 个国家的 641 名留学生开展语言培训，总培训量超过 2 万人日。学校自 2018 年以来先后开设了国际经济与贸易、酒店管理、产品艺术设计、广告设计与制作四个专业的国际学生三年制学历教育，目前这四个专业的在校学历教育国际学生共 61 人。

五、保障措施

（一）落实党管外事，强化组织保障

学校全面加强党对外事工作的领导，坚持用习近平新时代中国特色社会主义思想指导外事工作，把学习领会、贯彻落实习近平外交思想作为开展对外交

流合作的根本遵循。学校各级领导干部不断增强政治判断力、政治领悟力、政治执行力，把坚定拥护"两个确立"、坚决做到"两个维护"贯穿外事工作全过程各方面，确保外事工作始终沿着正确方向前进。

（二）完善管理制度，强化制度保障

由国际交流与合作中心牵头，学校联合港澳台与外事工作部、教务部、学生工作部等部门，共同制定和完善国际交流与合作相关制度，包括国际生管理办法、中外合作办学项目管理办法、双语课程建设管理办法等，确保工作有章可循、有据可依。

（三）加大资金投入，强化财务保障

学校为国际交流合作建立资金保障，把国际交流与合作项目纳入重点规划，编入每年财政预算，以确保工作的顺利开展。学校制订《中外合作办学管理办法》，按照办法规定，设立专门的中外合作办学项目账户，学校财务部统筹负责中外合作办学项目的财务管理、学费收缴管理等工作，做到规范有序。

六、总结与反思

2020 年初以来，新冠疫情对线下国际合作交流造成巨大冲击，高校国际合作工作面临了前所未有的挑战。一方面，新冠疫情使得各国调整签证政策进行，航班大幅度削减，国际旅行难度加大，传统领域的线下国际合作受到广泛影响；另一方面，海外疫情的不确定性极大地影响了高校师生出国深造、开展国际合作的积极性。

广东轻工职业技术学院着眼疫情之下开展对外交往的新要求，积极探索学校对外交流新模式：一是充分利用互联网和新媒体技术，提升线上国际合作能力，采用远程音频、视频等方式与国外合作高校会见会谈、邀请外籍专家举办讲座与培训、参加或举办涉外会议等，实现云端国际交流与合作"不降温""不断线"；二是转变工作思路，不断寻求国际合作新突破，积极推进海外分校、"鲁班工坊"、国际科研平台等新项目的建设。

在"一带一路"倡议和教育对外开放不断深化的时代背景下，广东轻工职业技术学院将积极应对全球疫情和国际形势带来的挑战，继续依托广东省"一带一路"职业教育联盟，创新国际交流与合作机制，加快推进国际中文教育和职业教育"走出去"融合发展，不断提升学校国际教育影响力，打造国际合作交流品牌。

作者：周小平，广东轻工职业技术学院国际交流与合作中心主任；

唐小鹏，广东轻工职业技术学院国际交流与合作中心副主任；

傅蓉，广东轻工职业技术学院国际交流与合作中心科员；

刘东妮，广东轻工职业技术学院国际交流与合作中心科员

PART 4

第四篇

国际化技能人才培养

"中文＋职业技能"——打造首都职业院校国际化靓丽名片

摘　要：职业教育国际交流合作的质量和水平是职业教育高质量发展的重要增长点。北京市昌平职业学校发挥作为首批国家中等职业教育改革发展示范学校、北京市特色高水平职业院校的引领示范作用，积极践行北京职业教育"高质量、有特色、国际化"发展，通过"中文＋职业技能"的课程建设、队伍培养、体系构建等途径，探索"引进来"与"走出去"相融通、文化与技能相融汇、线上与线下相融合的"三融型"国际合作新模式；着力培养具有国际视野、通晓相关国际规则的高素质技术技能人才；主动服务"一带一路"倡议，开展多层次"中文＋职业技能"教育，打造首都职业教育国际合作的亮丽名片，助力中国职业教育从"单向引进借鉴"走向"双向共建共享"。

关键词："中文＋职业技能"；"三融型"；职业教育

一、背　景

随着我国教育对外开放水平持续提升，我国职业教育从"单向引进借鉴"走向"双向共建共享"，正逐步形成具有中国特色的职业教育国际化发展模式。党和国家对职业教育国际合作发展日趋重视，在先后出台的多个政策文件中均对此项工作做出了明确的指示：鼓励职业教育领域的对外交流与合作，引导职业学校与国（境）外优秀职业教育机构联合开展学术研究、标准研制、师生交流等合作项目，促进国内职业教育优秀成果海外推介；积极打造一批高水平国际化的职业学校，推出一批具有国际影响力的专业标准、课程标准、教学资源。

国际交往中心是北京"四个中心"城市战略定位之一。北京市昌平职业学校（简称"昌职"）作为北京市特色高水平职业院校，面对北京市职业教育"高质量、有特色、国际化"的发展趋势，更要发挥示范引领作用，积极对接世界一流标准，开发具有国际影响力的课程标准及教学资源，开展"中文＋职业技能"教育，服务"一带一路"倡议，为首都职业教育国际化发展贡献昌职智慧。

伴随着"十四五"的开局，昌职高质量发展步入快车道。新时代发展背景下，国际化发展作为学校内涵发展的重要内容，面临着从引进型向输出型格局转变的挑战。要想推出具有国际影响力的专业标准、课程标准、教学资源，就必须建设一支国际化的师资队伍，以课程建设为抓手，发挥校企合作的优势，突破中等职业学校国际合作现有的局限，实现学校优质资源高质量"走出去"。

同时，新冠疫情仍在全球蔓延，传统的"引进来"和"走出去"的交往模式被按下了暂停键。在新形势下，昌职国际合作发展面临着巨大挑战。学校如何突破困局，充分发挥互联网优势来开展"中文＋职业技能"教育，走好后疫情时代发展之路，助力首都职业教育国际化高质量发展，成为下一步发展的重要课题。

二、目　标

北京市昌平职业学校所处的昌平区是北京国际交往中心功能建设的重要承载区，推进国际交往中心功能建设、提高区域国际化水平，也是昌平区建设国际一流现代化新城的现实需要。昌职作为一所区属职业院校，应积极服务区域发展对于国际化人才培养的需求。

面对学校高质量发展步入快车道，以及国际化发展向输出型格局转变的需要，要实现学校优质资源走出去，必须以"中文＋职业技能"教育为主要途径，走好后疫情时代的云端国际合作、标准输出、学生培养三条发展之路。通过"三路"建设，构建双向融通的国际化人才培养体系，向世界展示"中国经验"，贡献"昌职方案"。

三、过　程

（一）探索本土化实践，打开人才培养的"凯旋门"

北京市昌平职业学校整合内外资源，释放双向动力，构建"请得进来、走得出去"的国际合作交流机制，对接一流国际标准，与德国、新加坡、澳大利亚、韩国等国家的职业院校建立合作关系，对接先进职业教育理念，探索本土化实践，培养新时代国际化职业人才。

2006 年至今，学校持续开展中德职业教育合作，积极引进德国职业教育理念及人才培养标准，与德国专家共同开发工作过程系统化课程，共建实训基地，出版系列教材；牵头成立中德职业教育创新学习联盟，开展"胡格模式"改革实践及教师教学能力培训；举办北京中德职业教育合作"上汽大众杯"汽车维修国际技能大赛，并引领北京市汽修专业的课程改革；构建高质量的汽修专业人才培养体系，搭建中德职业教育合作交流的创新平台，为学生营造出在校内就能享受国际一流课程的优越环境。学校中德职业教育合作模式受到广泛好评，被德国驻华参赞称为"中德职业教育合作典范"。

学校引进德国"胡格模式"改革，并在中国职业教育领域积极探索专业能力与非专业能力融合培养的新路径、新方法、新模式，掀起"课堂革命"，实现"校企一体、教产对接"人才培养模式；帮助学生在各项外宾接待、技术培训、国际认证等真实国际交往场景中拓宽国际视野，提升国际理解力；培养一批懂技术、会外语、知文化、能自信讲好中国故事的德技双馨、全面发展国际化人才。

（二）开展工程师学院建设，画好共建共享的"同心圆"

"引进来"的同时，北京市昌平职业学校也不断输出优质资源。学校依托与京东、联想、宝马等企业合作进行工程师学院建设，促使专业与国际化企业深度合作，积极开展以电商、烹饪、信息技术、汽车维修等专业技能为主要内容及特色的境外学员的培养培训；校企共建实训基地，共研课程标准，共享中外师资，共同培养面向未来的能工巧匠；同时，校企面向新加坡、马来西亚等"一带一路"沿线国家共同开展技术技能培训，输出京东企业认证，促进课程及资源的国际化，伴随企业共同走出去，让世界听到中国职业教育的声音。

作为学校携手企业"走出去"的先头代表，京东大学产教融合学院在中国—新加坡合作项目不断深化的过程中，促进昌职和京东共同开展新加坡工艺教育局（ITE）电商国际课程研发，针对电商运营师、网店设计师、客服等技术人才的培养培训形成了模块化的课程体系及企业培训师认证体系，至今已经圆满完成4期ITE师生的电商认证培训。2019年10月成功举办中国—新加坡职业教育创新创业国际论坛，2022年共同举办中国—新加坡职业教育创新创业项目路演邀请赛、电商运营网店装修技能比赛。同时，校企双方积极推进ITE电商人才培养基地共建项目，研发京东大学产教融合学院新加坡电商人才培养标准，进行企业认证，输出国际化人才培养标准，紧紧伴随企业共同"走出去"，提高校企双方的社会贡献度。

（三）打造国际合作平台，构架文化技术交流的"立交桥"

昌职作为联合国教科文组织俱乐部成员，积极发挥"一带一路"职业教育研究会、中德创新学习学院等国际交流平台的作用，创建匠心课堂，将中文国际教育及职业技能相结合，打造有趣有用有效的"三有"国际课堂，积极传播中国匠心精神，成为中等职业院校对外交流展示的窗口。

昌职成立中德职业教育创新学习联盟，面向中德两国职业院校举办首届北京市中德职业教育合作"上汽大众杯"汽车维修国际技能大赛；搭建中德职业能力评价认证中心、中新电商国际化人才培养基地等合作平台，推动国际合作形式的多样化发展，向世界展示昌职职业教育优秀办学成果。

（四）铺设云端合作之路，建立数字化转型的"大舞台"

面对百年未有之大变局和新冠疫情带来的严重挑战，昌职适应数字化转型，开发数字化教学资源，推出精品课程，与新加坡等国家的职业院校举办云培训、云比赛、云认证、云游学，构架起无限广阔的云端对话机制；积极进行线上课程的开发，上线国际课程，设立开放的云端匠心课堂，见屏如见面，实现网络课程共享。数字化转型使云端合作超越了空间的限制，教学资源更加丰富，受益人员更加广泛，课堂更加高效。

四、效　果

（一）师生国际化素养明显提升

昌职积极开展师生对外交往活动，主办和承办各级各类国际性大赛及论坛活动，搭建师生国际交往的平台，提升师生国际化素养。"十三五"期间，学校与新加坡、马来西亚、德国等近 26 个国家及地区的职业教育代表团开展友好交流活动，每年有平均 400 余名学生直接参与其中；共有 100 余名教师得到各类国际认证，教学水平得到国外院校的认可；学生在教师指导下参加各类国际性大赛，获得 10 余个奖项，担任北京冬奥会等大型国际性活动志愿者，在国际舞台展示中国职业教育师生的风采。

（二）"中文＋职业技能"教育得到认可

随着对外文化交流的深入，昌职逐步形成了包含 4 个大类近 100 多个模块化课程的"匠心课堂"，各专业充分发挥"大师匠心"优势，围绕"中文＋职业技能"开发各类职业技能的国际标准及课程。境外院校师生可以根据需求从中选择任意课程模块进行组合，形成定制式课程培训方案，开展个性化的课程学习。各专业还面向新加坡、马来西亚、德国、芬兰等国家的职业院校师生开展课程交流、技术技能培训、师资培养等形式的中短期培训。例如，昌职为南苏丹代表团 30 余人开展蝴蝶兰栽培技术培训，为吉布提等国家的 10 余名工程师开展计算机相关课程培训，并获得联想企业认证。昌职积极培养当地所需的技术技能性人才，探索中等职业教育"走出去"的新途径。

（三）国际合作的"朋友圈"更加广泛

昌职以"跨界共享"为动能，成立中德创新学习学院、北京联合国教科文组织协会、"一带一路"职业教育研究会，不断扩大"朋友圈"，弘扬匠心文化；以电商专业国际化课程及标准建设为核心，开展"中文＋职业技能"境外学生培养培训，举办中国—新加坡职业教育创新创业国际论坛、专业建设对话会、电商运营技能比赛等活动，与京东共同输出电商人才培养标准；2022 年 6 月，昌职举办中国—新加坡职业教育创新创业项目路演邀请赛，搭建中新两国职业教育交流合作的崭新平台。昌职开启了国际合作向输出型转变的新征程，展示匠心精神，打造中等职业学校"中文＋职业技能"教育的国际合作新品牌，各类对外合作交流活动受到中外媒体关注报道，学校教师多次受邀在国际性会议上就国际合作的典型案例做主旨演讲。

五、保　障

（一）做好顶层设计

昌职把加快推进国际化建设列入学校"十四五"发展规划的重要内容，制定学校国际合作"十四五"发展规划，绘制学校未来国际合作发展的蓝图；完善立体化的组织机构，加强校系两级工作机制建设，建立完善的国际交流合作项目的各项制度，加强对国际交流合作工作的研、做、督、评、促一体化的管理。

（二）加强队伍建设

昌职加强专兼职国际合作工作的人员队伍建设，加强对各系国际合作负责人的培养培训，清晰工作职责；基于学校"中文＋职业技能"教育的需求，加强双语教师的培养培训，为学校及各专业的国际化发展提供人才支撑及优质服务。

（三）优化课程开发

昌职加大对各系特色专业核心课程国际化的研发投入，不断完善学校国际课程学分设置、互换及认证机制，上线精品课程，建立"中文＋职业技能"线上线下课程库。

（四）加大对外宣传

昌职积极宣传学校国际合作交流成果，充分展示学校国际合作交流的魅力，提升对外影响力。

六、总结与反思

北京市昌平职业学校始终将国际化作为高质量发展的必经之路，在北京市职业教育"高质量、有特色、国际化"的发展目标下，打造具有昌职标签的、代表世界水准的国际职业教育公共产品，建成昌平需要、北京样板、业界标杆、国际赞誉的特色高水平职业院校，以更加积极、主动、包容、开放的姿态走进世界舞台，展示中国工匠精神。

（一）培养国际化教师队伍，畅通人才培养之路

昌职在国际合作发展中，积极开展中德、中新、中韩、中加等国际合作，将世界职业教育先进理念渗入昌职人才培养体系中，从最早的单一借鉴先进理念到开展本土实践，探索专业能力与非专业能力融合培养，打开职业教育学生的晋升空间和发展通道，提升学生适应未来行业发展、产业变化、技术创新的能力。

国际化学生的培养需要建设一支国际化高素养的教师队伍，拓宽师生提升外语表达能力及跨文化交往能力的培养途径，构建师生提升国际化素养的课程库，形成特色鲜明的培养机制。

（二）深化校企合作，打通标准输出之路

昌职继续加强与国际一流企业的合作，依托宝马培训中心、京东大学产教融合学院、联想工程师学院等平台，校企携手"走出去"。双方要深入开展共商共研共享，认真分析对外培养培训的市场需求，共建课程体系及教学标准，共享优质资源，才能符合国际人才培养的需求，共育面向未来的能工巧匠。

（三）建立合作云平台，构建双向循环之路

昌职与各国职业院校、教育机构、国际企业共同搭建中德职业教育创新学习联盟、中新人才培养基地等合作平台，形成标准输出机制，面向新加坡、马来西亚等"一带一路"沿线国家开展人才培养。

后疫情时代，要实现数字化转型和国际化发展，昌职必须打造数字化云平台，开展云交流、云培训、云认证、云比赛，实现国际合作的双向循环，培养全球发展需要的职业人才，携手推动全球职业教育高质量发展，助力建设后疫情时代的美好世界。

站在新的起点上，昌职将不断树立中国职业教育自信，努力将中华优秀传统文化及专业教学标准与世界共享，向世界展示中国"工匠精神"，讲述中国"工匠故事"，为打造职业教育命运共同体发挥更多智慧，做出更大贡献！

作者：罗英，北京市昌平职业学校

立足国际视野　服务区域经济　培养国际化应用型会计人才

摘　要: 随着国家"一带一路"倡议的提出和数字经济建设的推进，经济管理逐步国际化，会计行业也从核算型向管理型转变，国际化应用型会计人才成为不可或缺的人才之一。如何构建国际化应用型会计人才培养模式，如何选择引进国际证照项目，以及如何实现国际课程体系本土化，是目前高等职业院校共同面临的难题。本案例基于广西—东盟区域经济国际化应用型会计人才需求，成功构建出满足区域经济建设需求的国际化应用型会计人才培养路径，其立意、过程和成果均具有典型性。

关键词: 国际化人才；培养路径；会计人才培养

随着"一带一路"倡议的提出和推进，中国企业逐步尝试走出国门，掘金海外。中国始终坚定支持多边贸易体制，鼓励自由贸易区建设，推动建设开放型世界经济，与世界各国的交流与合作日益增强。广西地处中国南部，具有沿海、沿边、沿江的区位优势，是华南经济圈、西南经济圈与东盟经济圈的结合部，也是西南至西北内陆地区最为便捷的出海通道。虽然中国与包括东盟国家在内的各国之间的经贸往来日益频繁，加之泛北部湾经济合作区的建立，但是我国企业在"请进来"与"走出去"的过程中仍屡受挫折，国际交流合作不畅通，普遍缺乏国际化人才的支撑，人才供给存在巨大的缺口。

一、实施背景

（一）广西—东盟区域经济发展对国际化应用型会计人才的需求不断增加

随着互联网、物联网、云计算等技术的高速发展，数字经济已成为我国未来的发展趋势。移动终端技术、人工智能、云计算等数字技术的应用成为我国"一带一路"建设及广西区域经济发展不可或缺的组成部分，同时也正在重塑整个会计行业，这无疑是一场会计行业的改革。数字技术的应用日益广泛，信息处理的要求不断提高，计算机应用于会计数据处理、财务管理以及会计预测和决策等方面，实现了信息资源的传递和共享，形成了一个完整的会计信息系统，取得了显著的经济效益。面临来自智能机器人和共享经济的竞争，会计行业对基础会计岗位的需求将会不断减少，取而代之的是具备综合数据分析和管理控制能力的管理型会计人才。在此背景下，广西高等职业院校需要重新审视高等职业国际化应用型会计人才的培养。

（二）我国职业教育发展需要培养国际化人才

中国经济发展进步与世界贸易运行机制接轨，国际社会、经济全球化对于国际化人才需求十分迫切。党的十八大以来，以习近平同志为核心的党中央高度重视职业教育改革发展工作，职业教育实现了跨越式的发展。高等职业院校肩负着培养具有国际视野、通晓国际规则、能够参与国际事务和国际竞争的技术技能人才的首要任务。为深入贯彻国家职业教育多部文件（见图1）精神，

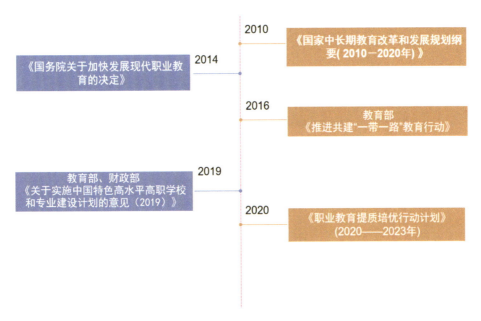

图 1　国家职业教育相关文件

整体提升高等职业教育综合实力和国际化办学水平，服务国际化经济发展和更高质量更充分就业的需要，越来越多的高等职业院校着手引进国际职业资格证书项目。引进国际职业资格证书项目是我国高等职业教育应对国际竞争、与国际认证制度接轨的重要策略，旨在通过国际职业资格证书的引进，提升专业建设与人才培养的国际化水平。加强专业课程标准与优质教学资源的引进，有利于引进国（境）外高水平专家和优质教育资源，促进教师国际视野的开拓和教学科研水平的提升，从而培养出通晓国际规则、具有市场开拓能力和较高专业素养的技术技能人才，并且提高学生的就业率及用人单位的认可度。

二、主要目标

广西金融职业技术学院（简称"广西金职院"）按照"有国际视野人才、有国际化课程、有跨国企业合作、有国际合作项目、有国际合作成效"的发展思路，根据发展中国—东盟区域经济对人才的需求，结合学院区域办学特色，打造国际化会计专业品牌，培养出具备广西区域经济特色和国际财税职业资格的国际化应用型会计人才，为本土企业"走出去"和外资企业的"请进来"提供人才保障。

三、实施过程（见图2）

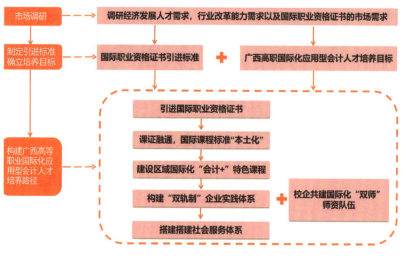

图2　典型案例具体实施步骤

（一）确定适应当前广西经济发展需求和会计发展变革的高等职业国际化应用型会计人才培养目标

在"中国—东盟"广西区域经济和大数据发展的时代背景下，广西对国际化应用型会计人才的需求发生了巨大的变化。由于不同培养层次和地域对该类人才的需求定位，以及职业素养和能力的要求各不相同，因此更应该抓准广西高等职业国际化应用型会计人才目标。本典型案例以 2020 年度广西职业教育教学改革研究项目《高等职业国际化应用型会计人才培养国际证照选择与实施路径研究》为课题，从职业素养、职业能力、专业知识、岗位职责和工作过程 5 方面入手，对 100 家有东盟进出口业务往来的广西本土企业进行了"广西—东盟国际化应用型会计人才的需求"问卷及实地调研。调研结果显示出企业需要的国际化应用型会计人才应具备的职业素养和职业能力（见图 3），进一步归纳总结出当前广西经济发展需求和会计发展变革的高等职业国际化应用型会计人才培养目标：培养符合"中国—东盟"广西区域经济合作产业发展需要的，在涉外企业中精通我国会计业务，掌握我国国际贸易、会计制度与准则、法务与税收制度的，并熟悉一种东盟国家语言的，熟悉东盟文化习俗、市场规则及会计事务的复合型、应用型、会计管理人才。该课题现已作为成果发表。

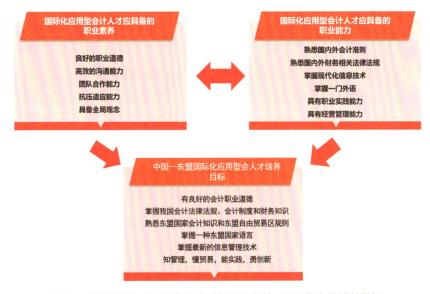

图 3　广西国际化应用型会计人才的职业素养、职业能力及培养目标

（二）制定广西高等职业院校财会类国际职业资格证书的引进标准

本典型案例通过对国内外企事业单位及学生国际职业证书需求的充分调研，分析总结国内外企事业用人单位及学生对国际职业证书需求的关注点，再结合"一带一路"广西区域经济发展需求、会计行业发展趋势和我国高等职业教育的基本方针，对高等职业院校国际职业证书引进条件进行研究论证，可以从不同需求主体出发，制定符合广西高等职业教育发展的财会类国际职业资格证书引进标准。

（三）结合学校的办学定位与办学优势，引进国际财会职业资格证书

广西金融职业技术学院自建校以来，一直主动服务中国—东盟自由贸易区和北部湾经济开发区的开发建设，为广西经济社会新发展提供人才支持和智力支撑。广西金职院在开展广西与东盟各国、桂台、桂港澳文化交流方面，也做出了很大的贡献。大数据与会计专业群课程得到了多个国际职业资格证书认证机构的认证，专业群根据国际职业资格证书引进标准，在众多财会类国际职业资格证书中选择分析，通过调查和访谈的方式，确定国际职业资格证书在国内外企事业的接受认可程度，以评估国际职业资格证书的生命力和效力，进一步选取项目并优先引进开展合作办学。专业群通过实践验证国际职业资格证书引进标准的可行性，同时也为国际职业资格证书引进标准的优化提供依据。

（四）以职业岗位能力标准为导向，构建具有广西特色的国际化课程体系

大数据与会计专业群专业人才培养方案融入国际职业资格证书课程，并给予学分，相关课程考试通过后，作为毕业获取证书的条件之一给予认可，有效实现课证融通的教学体系构建。专业群利用"产学研合作育人"培养机制，根据我国企业的用人职业岗位能力要求，与专业研究所合作，共同对国际职业资格证书标准的若干个小指标进行"本土化"植入，既涵盖了国际上先进的经验、方法，又适用于中国的应用实际，此举满足了高等职业国际化应用型会计人才培养的课程需求。此外，根据广西面向东盟的战略地位，专业群还开发了符合广西区域经济特色产业需求的国际化课程，例如语言课程、国际商务礼仪、会计专业外语及跨境电商等课程。

（五）校企共建国际化"双师型"师资队伍

学院坚持"以服务为宗旨，以就业为导向"的校企合作方针，以培养高素质国际化的"双师型"教师为宗旨，创新校企合作模式，深化教学改革，加强国际化师资队伍培养模式的建设，提升职业教育人才培养质量和水平，促使职业学校人才培养模式与区域经济发展有效对接，增强职业教育服务社会的能力，积极关注和支持地方企业的成长与发展，更好地为地方经济建设做出贡献。

首先，大数据与会计专业群每年至少派出 5 名骨干教师进行国际化职业教育培训，到国外学习进修并获得国际财会证书的培训认证（见图 4）。其次，专业群每年至少安排 5 名教师到涉外企业进行财务管理岗位顶岗实践，或参与合作企业的涉外项目实施，熟悉企业涉外业务流程和职业岗位的业务操作，提升学校教师的社会服务能力。再次，专业群定期提供一定名额给专业群教师，参与合作企业面向社会开展的行业实操培训及证书培训，提升教师职业素养和业务操作能力。此外，专业群还公开向社会招聘多名精通一种东盟国家语言并在当地有财会工作经验的企业导师。

图 4　学院派专业群教师出国进修及参加相关国际化教育教学培训

（六）构建"双轨制校企协同育人"阶段式企业实践体系

构建"双轨制校企协同育人"阶段式企业实践体系（见图5），校企共同培养国际化应用型会计人才，结合每个学习阶段的职业能力要求，安排学生定期到企业跟岗见习或实践实习，逐步实现职业角色转换，从而循序渐进地培养学生国际化的会计职业能力、管理意识和技能。具体实施内容如下：

首先，学生实行工学替换教学模式，学生除了不能替换理论课程和思政课程的学习，必须与其他学生一起学习外，其余时间（包括寒暑假）均作为企业员工在真实的岗位中完成实践课程教学。学院日常按照企业模式进行管理，让学生体验真实的企业工作环境。

其次，企业根据业务需要，将学生不定期带到大型涉外企业进行阶段性训练。例如，由企业导师及校内导师带领学生到东兴口岸保税区外贸企业、广西农工商集团等企业完成企业委托的账务、税务托管业务。

此外，学生除了在"双轨制校企协同育人"基地和企业进行实践外，还需要定期进行专业涉外财税知识更新、企业文化、国际社交礼仪、涉外沟通协调、职业生涯规划等培训。企业实践和相关培训课程，与专业相关实训课程及专业选修课程进行学分互换。

在校学生	专业见习生	岗位实习生	企业准员工
大学一年级	大学二年级	大学三年级	大学毕业

图5 "双轨制校企协同育人"学生角色演进过程

（七）搭建社会服务体系

广西作为中国与东盟经济往来的核心区域，区域经济建设需要大量外向型人才，对国际职业资格证书的需求增长成为趋势。广西金职院在推广国际职业资格证书的过程中，同时推行社会培训服务，利用学院的经验、师资和考点，面向社会开展国际职业资格证书考证培训和考务服务（见图6），增强学院服务广西区域经济发展的战略能力。

图6　专业群国际化教师向社会开展证书及税务相关培训

四、主要成果

（一）成立广西首个国际管理会计师（FIMA）培训（考试）中心

根据广西金职院制定的财会类国际职业资格证书引进标准，大数据与会计专业群引进了国际管理会计师（FIMA）培训项目，该项目由中国中小企业协会引进，美国财务（金融）与投资协会（FIA）组织培训、考评并颁发证书。FIA是一个全球性财经专业团体，专门从事财经、金融行业从业高级管理人员的职业发展研究、专业流程和技术标准研究，旨在推动财务管理全球化，研究和推广财务管理职业标准。该协会对于财经、金融行业的人才培养标准、人才专业技能培训、人才专业技能鉴定拥有绝对的发言权与话语权。广西金职院通过了

图7　FIMA 培训（考试）中心授权书

FIA的考核并获得授权，建立了广西首个FIMA培训（考试）中心（见图7）。

（二）建成具有广西特色的国际证书课程体系

为了更好实现国际化应用型会计人才的培养，广西金职院会计系开办大数据与会计专业（国际财会证照方向）。该专业方向利用"产学研合作育人"培养机制，以企业需求为出发点，根据中国国情对国际职业资格证书课程标准进行加工处理，融入了中国财政部管理会计能力框架，满足国际化应用型会计人才培养需求，既掌握国际上先进的经验、方法，又适用于中国的应用实际。此外，广西金职院还结合了"一带一路"广西区域经济发展的国际会计人才需求，开设"会计＋"国际通用课程和专业课程，包括国际商务礼仪、小语种、涉外会计、国际贸易、跨境电商、会计专业外语和东盟国家会计规范等课程。该专业方向课程体系及证书课程互换具体内容如图8所示。

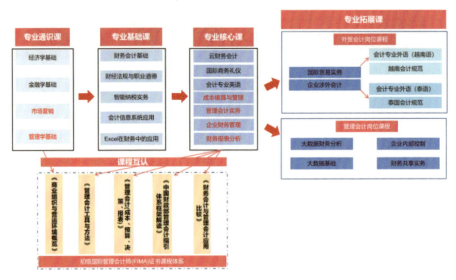

图8　国际财会证照方向课程体系及证书课程互换

（三）建设一支国内外认可的师资团队

大数据与会计专业群派出8名教师按照FIMA体系进行培养，并考取FIMA讲师资格证书（高级）。经过培训并考取证书后，这些教师成为证书官方认证的、具备FIMA培训资格的讲师（见图9）。这些教师负责学校FIMA项目的线下培训课程的教学，同时承接FIMA证书的社会培训和企业培训10余场。

图 9　部分教师的 FIMA 讲师资格证书

（四）校企联合培养国际化高素质人才初见成效

截至 2021 年，广西金职院考取 FIMA 证书、完成在校生认证的学生有 200 余人，完成企业人员认证的社会考生有 113 人。以下为部分在校学生所获得的 FIMA 证书（初级）和中国国家人事人才培训网与中国中小企业协会联合颁发的管理会计师岗位能力培训证书（见图 10）。

图 10　部分学生的 FIMA 证书（初级）和管理会计师岗位能力培训证书

2020 年，会计系与维度金融外包服务（苏州）有限公司、广西最大进出口服务公司——海鸥国际有限公司签署了共同培养国际化应用型会计人才的校企合作协议。会计系将获得 FIMA 证书（初级）的学生全部推荐到成都、广州等地的中国工商银行和中国建设银行从事银行数据录入审核岗、大堂经理岗、大堂引导员岗和账单分期业务岗等岗位工作（见图 11）。实习期结束后，学生可继续留岗至正式入职，或到广西东兴口岸顶岗实习，毕业后可被推荐至东兴口岸保税区外贸企业工作。目前，大数据与会计专业群为"一带一路"边境输送国际化应用型管理会计人才总计超过 300 人次，开创了一条具有广西区域经济发展特色的国际化应用型管理会计人才培养路径。

图 11　部分学生顶岗实习照片

五、实施保障

（一）完善国际化项目管理机制与制度，保障国际化培养计划顺利实施

为了保证国际化项目的顺利实施，大数据与会计专业群在学院相关文件的指导下，成立了国际化项目工作领导小组，负责评估国际化项目引进可行性方案、国际化项目推广相关的工作计划与实施过程考评方案，实行项目一对一负责管理制度，设置专人专岗解决在项目实施过程中出现的相关问题。同时，专业群成立了由专业教师和企业导师组成的理论实践学习小组，负责实施相关的国际化项目培养方案。

（二）校企合作，保证教师培养质量

通过协调与沟通，广西金职院与企业签订了相关的人才培养合同，除了定期将学生轮流送至企业进行学习与实践外，为保证学院教师也定期到合作企业参加培训与实践，相关培训结束，由对方学校和企业给予考核与评价。目前，合作企业已经与学院建立了长久而稳定的学习培养关系，相关培养基地不仅是专业教师理论强化、培训实践与技术提高的孵化器，还是会计专业实现专业培养目标的强力后盾。

六、体会与思考

（一）因地制宜，避免盲目引进

国际化项目的引进与合作，虽然有助于学院的国际化发展，但是国际化项目在高等职业院校的实施推广中困难重重，大多数项目只是昙花一现，主要原因之一就是院校没有充分地调研论证国际化项目的可行性，盲目引进合作。因此在引进国际化项目前，各高等职业院校可以从不同主体的需求出发，结合国家、行业的发展趋势进行全面的研究论证。

（二）实现国际化与本土化的有机结合

1. 课程与教材的本土化

当前，并非所有的国外职业教育课程和教材都适合我国职业教育的现状以及当前社会发展的实际需要，各职业院校应当对引进的课程教材进行二次开发，将其中精华的部分与我国现有的课程教材结合起来，建立一个新的符合我国国情的课程知识体系。

2. 教育模式的本土化

我国一直在积极引进国外的职业教育模式，在实施的过程中，由于我国国情不同，因此难以照搬照抄，必须有一个调整的过程，以其核心技术改革我国原有的职业教育，例如采取现代学徒制、学校教育与企业培训交替进行的实践模式等。

（三）建立多元的合作办学模式

高等职业院校应加强与"一带一路"沿线国家职业教育机构的沟通与合作，积极与"走出去"企业合作，通过订单培养、联合培养等多种途径，为企业培养熟悉当地风俗、文化、法律的技术技能人才。其次，高等职业院校应与"走出去"企业合作开展面向当地员工的职业培训，培养既了解中国管理模式和文化又具备一定职业技能的当地员工，提升当地人力资源水平。此外，高等职业院校还可以以"走出去"企业的发展问题为导向，开展应用研究，为企业提供技术革新、管理咨询等服务。

作者：刘喆，广西金融职业技术学院

一元主导，多元融通——重庆工商职业学院国际化人才培养模式的创新与实践

摘　要： 在新时期教育对外开放工作中，重庆工商职业学院围绕"走出去"国家战略，积极响应"一带一路"倡议，胸怀"两个大局"，坚持以"双高计划"和"职业教育提质培优行动计划"为引领，不断凝聚共识与力量，迅速"摁下"实施国际化开放式办学的"快进键"，立足自身特色和专业优势，积极探索国际交流合作的创新模式和实施路径，努力推动国际合作"再提升"。从"引进来"和"走出去"两方面入手，在开发国际通用岗位职业标准、建设输出特色化课程资源、承办和参加国际技能大赛赛项、成立推广国际认证中心、师生联合双向培养方面"五管齐下"，重庆工商职业学院逐步形成了"一元主导，多元融通"、基于"岗课赛证培"全域生长的国际交流与服务新模式，在"一带一路"国际交流与合作领域产生了一系列标志性成果，赋能新时代国际化人才培养实践，全面提升学校国际竞争力，构建了世界认可的标准化职业教育体系，走出了一条有效提升职业院校国际化服务水平的发展之路。

关键词： 教育国际化；"走出去"；"一带一路"暨金砖国家技能发展国际联盟；"岗课赛证培"

一、实施背景

教育国际化是高等职业学校办学的重要内容，职业教育走向世界舞台，彰

显中国品牌也是中国特色高水平高职学校和专业建设计划（简称"双高计划"）的必然要求。2021年，中共中央办公厅、国务院办公厅印发的《关于推动现代职业教育高质量发展的意见》指出，要"探索'中文＋职业技能'的国际化发展模式。服务国际产能合作，推动职业学校跟随中国企业走出去"，旨在"推出一批具有国际影响力的专业标准、课程标准、教学资源"。

随着中国职业教育在世界教育领域的地位逐渐提升，教育国际化要求也逐渐提升和转型。进入新时代，重庆工商职业学院围绕"走出去"国家战略和"一带一路"倡议，胸怀"两个大局"，坚持以"双高计划"和"职业教育提质培优行动计划"为引领，不断凝聚共识与力量，迅速"摁下"实施国际化开放式办学的"快进键"，立足自身特色和专业优势，积极探索国际化人才培养和国际交流合作的创新模式和实施路径，努力推动国际合作"再提升"。

二、主要目标

从对接国际职业标准到开发国际通用岗位职业标准，从引进优质教育资源到建设输出特色化课程资源，从参与国际技能竞赛到承办相关赛项，从引进国际职业资格证书到成立国际认证中心，从送培专业骨干教师到联合打造国际化师资队伍，重庆工商职业学院致力于形成"岗课赛证培"全域生长的国际化人

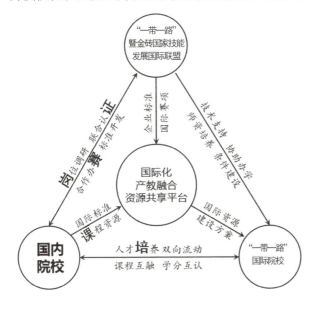

图1 基于"岗课赛证培"全域生长的国际化人才培养新范式

才培养新范式（见图1），积极在"一带一路"国际交流与合作领域产生一系列标志性成果，旨在构建世界认可的标准化职业教育体系，走出一条有效提升职业院校国际化服务水平的发展之路。

三、培养过程

构建国际化职业教育体系，输出世界认可的中国标准，同样需要遵从职业教育发展规律，围绕人才培养标准、课程资源、技能竞赛、职业证书、师生培养等核心模块进行整体打造，循序输出。

（一）岗位调研做深做实，校企共建国际标准

重庆工商职业学院与美国、德国、法国、泰国等十余个国家和地区的多所职业院校和科研机构建立了长期稳定的合作关系，先后加入"一带一路"暨金砖国家技能发展国际联盟（简称"联盟"），与联盟内企业和机构合作引进、优化国际优质职业教育资源，将国际职业标准的要求与中国职业教育发展的现实需求结合起来，促进职业教育实践与国际标准有效对接；与东软集团（大连）有限公司、重庆华龙网集团股份有限公司等企业合作，共同将引进的指标体系进行本土化改造，推进专业内涵建设，开发专业标准、课程标准、培训标准、竞赛标准，实施"走出去"战略，共同为"一带一路"沿线国家提供职业院校建设方案。

（二）教学资源交流融合，建设推广双语课程

重庆工商职业学院引进优质国际课程资源，结合学校与联盟内企业在新一代信息技术和智能网联产业领域的各自优势，聚焦产业核心人才需求，共同开展产业实践项目的教学化改造，共同建设一批高质量的理实一体化教学资源，并向"一带一路"沿线国家学校进行推广。

重庆工商职业学院充分重视对新教材、课程、教学模式以及教学理念的引进与应用，积极借鉴"一带一路"沿线国家的高等职业教育优秀经验及标准，并将其有机融合到高等职业教育教学内容当中；通过吸收和融合国际课程教材标准，开发并输出"网络安全与管理""体验民间艺术"等19门专业和中华优秀传统文化双语课程资源（见图2），以及《汽车维护与使用》等3部双语教

图2　重庆工商职业学院教学团队开发的中泰双语专业课程
和中华优秀传统文化课程上线汉语教育云平台

材，探索"中文＋职业技能"教学模式；向老挝、泰国高等职业院校输出教学标准3个，学院酒店与数字化运营管理专业获得老挝巴巴萨技术学院认证；派遣教师赴泰国素林技术学院开展教学及技术技能指导，开发"数字摄影与摄像"等6门专业课程，获素林技术学院等泰国5所职业院校认证。重庆工商职业学院为"一带一路"沿线国家高等职业院校的人才培养和教学工作提供了强有力的支撑与帮助。

（三）国际竞赛先行先试，加快构建竞赛体系

国际技能竞赛是我国职业教育与国际接轨的重要桥梁。参加国际技能竞赛有助于我国技能人才参与国际交流。将符合职业教育规律的课程和实训项目打造成为综合的国际技能竞赛赛项，并吸引国内外院校积极参加，更有助于展示学校办学实力，提升国际影响。

近年来，重庆工商职业学院先后参加了2019喀山未来技能大赛、"一带一路"暨金砖国家技能发展与技术创新大赛之佛山未来技术技能国际挑战赛、

图3　喀麦隆选手吉吉在2020年"一带一路"暨金砖国家技能发展与技术创新大赛之机器学习与大数据应用（高校组）国内总决赛重庆工商职业学院赛场

图4　重庆工商职业学院学生柏志城获得3D打印与建模技术金砖国家国际技能护照

"一带一路"暨金砖国家技能发展与技术创新大赛，并承办了2020年"一带一路"暨金砖国家技能发展与技术创新大赛之机器学习与大数据应用（高校组）国内总决赛，吸引了国内外近60支队伍现场参赛（见图3）。

此外，学校积极对接"一带一路"暨金砖国家技能发展国际联盟，与合作企业共同开发竞赛平台和训练平台，命制机器学习和大数据应用技术赛项赛题，开发国际团体标准，并设立本赛项国际训练营，持续为赛项常态化举办贡献工商力量。

（四）认证中心外引内联，打通证书互认壁垒

国际职业资格证书是国外优质职业教育资源的重要组成部分。引进国际职业资格证书是培养国际化技术技能人才的需要，是高等职业教育与国际职业资格认证对接的需要，是积极参与制定职业教育国际标准的需要，也是中国高等职业标准"走出去"的需要。重庆工商职业学院引进国际认可度高的职业资格证书，与本土企业合作成立国际认证中心，开展数据分析师、标注师等职业认证培训，组织教师和学生积极参与国际技能证书的考取，与国际技能型人才的要求接轨。图4是重庆工商职业学院学生考取的3D打印与建模技术金砖国家国际技能护照，该护照在金砖五国均获得认可。

（五）人才培养同频共振，促进师生双向交流

　　招收留学生与送培留学生同步进行，学生培养与师资培养同频共振。重庆工商职业学院积极健全留学生质量保障机制，制定《国际学生招生和培养管理办法（试行）》，全面提升留学生教育培养质量；与老挝巴巴萨技术学院签订《联合人才培养合作协议》，实现生源国新突破。同时，该校拓展海外办学基地，与泰国廊曼技术学院和老挝巴巴萨技术学院分别共建"中泰丝路学院"和"中老丝路学院"（见图5）；与老挝中资企业拉萨翁开发有限公司合作，成立学校首个"鲁班工坊"，搭建国际产教融合平台，助力中资企业"走出去"。重庆工商职业学院大力推广使用汉语教育云平台（见图6），创新"云端教学

图5　重庆工商职业学院中老丝路学院云签约暨揭牌仪式现场

图6　重庆工商职业学院丝路项目利用汉语教育云平台
进行线上培训教学

模式"，成功实施重庆市人民政府外国留学生市长奖学金丝路项目 2 项——泰国职业院校管理者能力提升高级研修班项目，和老挝酒店与旅游高级管理人才研修班项目，海外办学基地累计培训非学历境外人员 2960 人日。目前，该校已累计招收应用电子技术、汽车检测与维修、数字媒体应用技术、建筑工程技术、物流等专业各类留学生共 252 名，其中学历留学生 69 名，2 人获得重庆市人民政府外国留学生市长奖学金。重庆工商职业学院以中国传统节日文化体验为契机，面向留学生打造"寻访山城记忆，领略巴渝文化"等感知重庆文化系列体验活动，吸引千余人次参加，做亮"留学工商"品牌。学院以赛促学，推进中外学生交流互鉴，建成第 46 届世界技能大赛 3D 数字游戏艺术项目中国集训基地，并成功举办重庆市选拔赛，选拔出 125 名品学兼优、技能突出的优秀学生分别参加德国、西班牙、马来西亚、泰国等国家的海外研学项目，实现双向流动。

培养具有国际视野和国际技能水平的师资力量。重庆工商职业学院累计聘请 7 位境外专家指导学院教育教学，选派 52 名教师赴美国、德国、新加坡等国家高校进行研修访学，137 名教师参加国际学术交流、国际技能大赛及双语授课等国际化能力提升项目，不断提升教师国际化水平。重庆工商职业学院入选"中国—东盟双百职校强强合作旗舰计划"（见图 7），推荐专业教师作为智库专家承担国际交流工作；培训和推荐大数据技术应用专业带头人担任世界未

图 7 重庆工商职业学院入选"中国—东盟双百职校强强合作旗舰计划"

图 8 重庆工商职业学院教师周士凯被聘为世界未来技能大赛机器学习与大数据赛项中国区首席专家

来技能大赛机器学习与大数据赛项中国区首席专家（见图 8）。

四、成果成效

一是标准制定。从 2021 年开始，重庆工商职业学院与金砖五国成员巴西、南非的相关职业院校和企业机构一起，共同编写"机器学习与大数据"国际团体标准，将于 2022 年底前向全球发布。

二是课程资源。重庆工商职业学院建成"计算机网络基础"等 19 门国际化双语课程资源；开发《汽车维护与使用》等 3 部双语教材；开发并输出"数字摄影与摄像"等 6 门专业课程，获素林技术学院等泰国 5 所职业院校认证；开设"体验民间艺术"等 12 门中国传统文化课程。

三是竞赛成果。重庆工商职业学院 2019 年赴俄罗斯参加 2019 喀山未来技能大赛机器学习与大数据赛项，同年在"一带一路"暨金砖国家技能发展与技术创新大赛之佛山未来技术技能国际挑战赛中勇夺冠军；2020 年承办"一带一路"暨金砖国家技能发展与技术创新大赛之机器学习与大数据应用（高校组）国内总决赛并夺冠；2020 年在佛山未来技术技能国际挑战赛中蝉联冠军；2021 年在福州"一带一路"竞赛和佛山未来技术技能国际挑战赛中均获得金奖；同时，校企合作开发基于亚马逊云计算服务的国际大赛平台和训练平台，为金砖国际训练营和比赛服务。

四是国际认证。重庆工商职业学院建成 Cloudera、ATC、Autodesk 等三个国际认证中心，开展数据分析师、标注师等培训累计 1282 人次，开展 Cloudera、Tableau 证书培训 35 人次，27 人考取 Tableau 国际认证；开展 Autodesk CAD 工程师认证培训，161 名学生获得 CAD 工程师证书。

五是师生培养。重庆工商职业学院累计招收泰国和老挝非学历留学生 183 名，学历留学生 69 名，其中 2 人获得重庆市人民政府外国留学生市长奖学金；中泰职业教育合作项目入选"中国—东盟高等职业院校特色合作项目""中国—东盟双百职校强强合作旗舰计划"；23 人次参加世界技能大赛等 8 项国际技能大赛，2 名学生入选全国职业技能大赛暨第 46 届世界技能大赛国家集训队。

五、应用保障

重庆工商职业学院逐步形成的"一元主导，多元融通"、基于"岗课赛证培"五管齐下的全域生长国际化人才培养新范式对高等职业院校国际合作有较大的推广价值。我国高等职业教育国际化尚处于探索阶段，该范式对于高等职业学校搭建国际化平台、深化专业（群）国际化建设、提升服务能力等方面都有显著的借鉴意义。

在 2020 年佛山未来技术技能国际挑战赛期间，重庆工商职业学院副校长胡方霞在国际技能发展论坛上做报告，将该校的国际交流合作模式在国内外进行推广，获得了一致好评。近两年来，福州、厦门等地的职业院校借鉴重庆工商职业学院通过校企合作承办竞赛和标准制定进行实训资源与国际标准输出的服务模式，使其在相关国际交流与合作领域的地位得到显著提升。

六、总结与反思

重庆工商职业学院始终坚持"立足重庆、服务全国、面向世界"的办学定位，始终坚持以新发展理念为指导，积极应对新变化、找准新定位、提出新对策、创造新作为，携手"一带一路"沿线中资企业"走出去"，坚持职业教育全域打造，在推进职业教育国际化办学高质量发展的实践过程中探索出一条新路。

（一）内涵发展强实力

国际交流是"双高计划"的重要内容，与其他建设任务同等重要，要做好职业教育国际化工作，必须紧抓专业群建设核心内涵，打造自身软实力。重庆工商职业学院围绕国家"双高计划"物联网应用技术专业群建设项目，在全方位提升自身办学水平的基础上，积极对接"一带一路"沿线国家和金砖国家等国际组织，联合合作企业，把优质教育资源输出到国际化资源平台，服务"一带一路"沿线国家。

（二）校企合作巧借力

校企合作是高等职业教育的内在要求，也是职业教育国际化的必然要求。重庆工商职业学院通过合作企业聚焦"引进来""走出去"，引进和优化国际优质职业教育资源，在推进专业内涵建设的同时，共同开发对接国际标准的课程资源、实训资源、培训资源，使得学校专业建设及时推进，国际交流高效开展，企业效益获得提升，实现"三赢"良性循环。

（三）全域生长添动力

专业内涵建设包含模式改革、资源建设、师资队伍、实践条件、社会服务等多个模块内容，各模块之间存在紧密的逻辑关系，国际合作也是同样，单点式、离散式的项目合作必然不深入、不长久。重庆工商职业学院在国际交流实践中总结出基于"岗课赛证培"全域生长的国际化人才培养新范式，合作项目环环相扣，抱团发展，既符合国内外职业教育规律，又有利于实现资源共享，提质增效。

行而不辍，未来可期。重庆工商职业学院将勇于担当时代使命，坚持以新发展理念为指导，坚持开放办学，积极应对新发展格局下教育对外开放的新变化，锻长板，补短板，携手"一带一路"沿线中资企业，积极破解产教融合难题，在专业合作办学、国际学分互认、建设方案输出等方面开新局、谋新篇，促进教育链、人才链与产业链、创新链有机衔接，为进一步推进职业教育国际化人才培养和国际化办学高质量发展提供地区经验与"工商样本"。

作者：刘白玫，重庆工商职业学院对外合作处处长；

王欢，重庆工商职业学院对外合作处副处长；

刘波，重庆工商职业学院对外合作处科长

标准引领，文明互鉴——基于CEC平台构筑的高等职业国际化人才培养体系创新实践

摘　要： 新时代如何更好地培养具有全球化视野的技术技能人才，成为摆在职业院校面前的重要课题。2015年以来，重庆工程职业技术学院立足重庆，胸怀全域，在推动职业教育事业高质量发展的同时，全面加强国际教育合作，构建新理念、新平台、新标准、新评价，开辟了一条经济全球化背景下的高素质技能型国际化人才培养之路。

关键词： 高等职业国际化；CEC；文明互鉴；三方共建；多维双元培养

一、背景与目标

2013年9月和10月，习近平主席分别提出共建丝绸之路经济带和21世纪海上丝绸之路，即"一带一路"倡议，2014年底，李克强总理提出"国际产能合作"的理念，2015年4月，国务院出台《关于推进国际产能和装备制造合作的指导意见》。国际产能合作是"一带一路"建设的重要内容和实体支撑，深入开展国际产能合作是"一带一路"建设走深走实、行稳致远的关键。加快推进培养面向国际产能合作的技术技能人才是职业院校的重要使命。

重庆工程职业技术学院（简称"学院"）是一所具有70年办学历史的国家优质专科高等职业院校、示范性高等职业院校和中国特色高水平高职学校和专业建设计划建设单位，在推进国际合作和服务"一带一路"建设中，勇于开辟新领域，善于开辟新路径，致力于打造全国职业教育国际合作标杆学校。近年来，学校秉持"文明互鉴、三方共建、多维双元培养"的国际合作人才培养理念，创构并实践了高等职业国际合作CEC（College & Enterprise & College）

模式，在国内高等职业院校、重庆中等职业学校和"一带一路"合作院校中产生广泛影响，发挥着引领示范作用。CEC之第一C是以重庆工程职业技术学院为核心的中方职业院校（College），CEC之E是中外企业（Enterprise），CEC之第二C是外方职业院校（College）。由此构成的合作三方，在实施人才培养方案中，探索实践了国内与国外、学校与企业多个维度的双元模式。这种合作的前提和基础是文明互鉴和文化互通，同时这种合作也进一步促进了文明互鉴和文化互通。实施高等职业国际合作CEC模式既以"一带一路"建设为前提和基础，也为"一带一路"建设提供服务和支撑，是推进"一带一路"建设的重要内容。

职业教育是我国教育事业和人力资源开发的重要组成，是和普通教育同等重要的教育类型。我国职业教育的规模为世界之最，服务发展、促进就业功能发挥最突出，在世界职业教育中具有重要地位，对发展中国家职业教育发展做出了重要的智慧贡献，还将与"一带一路"沿线国家职业教育实现共商、共建和共享。

二、主要做法

（一）"搭平台"——打通壁垒，理念创新多极发力

"一带一路"沿线国家是职业教育和产业"携手出海"的重点，中资企业急需大量认同中方管理文化规范、技术基础厚实、操作技能高超的人才。这种供需落差要求中国职业教育实现海外本土化一线人才培养和企业需求的精准对接。为破解现实问题，2015年以来，学院以"引进来"和"走出去"为对外办学思路，创新高等职业国际合作CEC模式。

学院联合中等职业院校、中外企业及外方职业院校等多主体，通过共建教育部—中兴通讯ICT产教融合创新基地、中泰职业教育联盟、坦桑尼亚达累斯萨拉姆大学"鲁班工坊"、中德莱茵产业创新中心、中俄智能制造国际学院，共同建设高等职业国际合作CEC模式（见图1）。

遵循国际化人才培养规律，优化人才培养标准（Criterion）、评价体系（Evaluation）和课程教学（Curriculum）等要素组合，通过开发专业课程国际

标准、在线评价系统、数字化课程资源等形式，学院构建了国际化人才培养CEC要素结构。

学院以高质量国际化人才培养为价值取向，集成合作（Cooperation）、教育（Education）和创新（Creation）等一体化功能，通过承担国家中非应用型人才联合培养项目、重庆市政府外国留学生市长奖学金丝路项目、中国"互联网＋"大学生创新创业大赛等项目，充分发挥CEC平台育人功能。

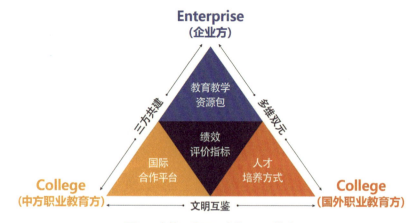

图 1　高等职业国际合作CEC模式

（二）"定标准"—— 需求导向，汇聚优势精准定位

2015 年，学院联合中兴通讯股份有限公司以及海外高校，成立中兴通讯信息学院，共同培养通信技术类国际人才（见图2）。

中国是坦桑尼亚的重要投资来源国和工程承包方。学院与坦桑尼亚达累斯萨拉姆大学合作建立"鲁班工坊"（见图3），通过"国内＋国外""线上＋线下""理论＋实践"等形式，培养来自企业、政府部门和高校的中高级管理人才，并围绕懂工程技术、懂汉语、懂当地语言的国际化技术技能人才培养目标，组织课程及行企业专家，开展人才需求调研，进行岗位能力分析，开发人才培养标准。

（三）"育范式"——以生为本，整合资源共建共享

2018 年 5 月，在重庆市教育部门和泰国教育部职业教育委员会的指导下，学院和泰国孔敬大学孔子学院联合中泰两国院校和企业共同发起成立中泰职业

图 2　中兴通讯信息学院成立

图 3　"鲁班工坊"揭牌

图 4　中泰职业教育联盟成立

教育联盟。

学院建构"中文＋职业技能"模块化课程资源，以生为本，按专业集群分类、语言水平分层、学习进程分段，制定个性化教学实施方案：通信技术类实施"两年境内＋一年境外"专科培养，土木工程类实施"一年境外＋两年境内＋一年境外"本科培养，智能制造类实施三年境内"双文凭"培养。同时，学院建设"中外教师＋企业培训师""双师型"国际混编师资团队（见图5）。

图5　CEC个性化教学实施方案

（四）"扬文化"—— 党建引领，中国文化赋能国际化办学

重庆工程职业技术学院在国际学院建立党支部，完善国际学院与二级学院协同实施国际化人才培养的机制；弘扬社会主义核心价值观，创化"砺苦谨信、惟精弘毅"学院文化，形成跨界、开放、融合、共生的文化育人新生态；将中华优秀传统文化和国际先进技术文化嵌入课程与课堂（见图6、图7），创新"中文＋职业技能"课程内容；利用微信、抖音、公众号等新媒体形式，打造适应未来国际化人才生存的青年亚文化数字空间。

图6　马来西亚博特拉大学首批来校交换生体验剪纸艺术

图7　老挝、越南籍留学生穿民族服装参加运动会

（五）"见实效" —— 增值评价，全面发力提质促优

学院借助教学云平台，开发了集数据采集、分析、评价、反馈多功能为一体的国际化人才培养质量及工作绩效评价平台，实施国际化人才培养评价，并指导20余所学校开展国际化人才培养评价工作（见图8）。

图 8　CEC人才培养模式评审系统

三、应用效果

（一）促进了人才培养质量大幅提升

学校培养了来自坦桑尼亚、泰国等 17 个国家万余名师生，为国内外 70 个企业提供社会培训服务 20000 余人次，其中国际培训 3000 人次。试点专业毕业生对口岗位总数量是当年毕业生数量的 6 倍以上，服务"一带一路"企业的国际学生占比 93.9%，学生持有企业证书率达 100%。

2021 年，学院学生获得全国职业院校技能大赛市级一等奖以上 19 项，相比 2020 年增幅达 46%，2021 年一等奖获奖数量位居全国之首。2021 年，学院学生获中国"互联网＋"大学生创新创业大赛市级银奖以上 34 项，相比 2020 年增幅达 278%，2021 年获奖数量位居全国第一。

（二）促进了教师能力大幅提升

学院获国家级职业教育教师教学创新团队 2 个；学院教师获得全国职业院校技能大赛教学能力一等奖 2 项；教师支部入选全国党建工作样板支部；中泰职业教育联盟 2 门课程被评为国家精品在线开放课程（高职）；学院建成国家级职业教育专业教学资源库 2 个、虚仿实训基地 1 个；引入外籍教师近 60 人次，派出近 100 名教师赴海外开展 3 个月以上的研修活动，完成 40 余门课程的双语教学。

（三）促进了学校国际影响力大幅提升

学院建成教育部—中兴通讯ICT产教融合创新基地、中泰职业教育联盟、坦桑尼亚达累斯萨拉姆大学"鲁班工坊"、中俄智能制造国际学院、中德莱茵产业创新中心（见图9）、德国5G国际学院、英国商业与技术教育委员会（BTEC）授权中心、德国莱茵TÜV考试与培训授权中心等9个国际合作平台，与英国、乌兹别克斯坦等20多个国家的70余所院校、企业、机构建立了稳定的国际合作关系（见图10）。

图9　中德莱茵产业创新中心揭牌仪式

图10　乌兹别克斯坦籍留学生

图 11　中国—东盟高职院校特色合作项目授牌仪式

　　学院入选世界职业院校与技术大学联盟卓越奖；入选"未来非洲—中非职业教育合作计划"首批项目试点院校，并担任中非应用型人才联合培养子项目课程建设工作组秘书处；入选首批"中国—东盟高等职业院校特色合作项目"学校（见图 11）；入选"高端技能型、应用型人才联合培养百千万交流计划"（百千万计划）项目院校；入选首批"中德工业 4.0 产教融合项目"学校；入选首批"中国—东盟双百职校强强合作旗舰计划"项目学校；入选教育部中外人文交流中心"人文交流经世项目"首批"经世国际学院"，获得国际影响力 50 强等荣誉。

（四）在国内外发挥了广泛的示范辐射作用

　　学院担任中非应用型人才联合培养子项目课程建设工作组秘书处，组织全国首批 14 个试点院校研制教育部中非项目专业标准 3 个和课程标准 12 个；研制中亚现代移动通信技术、坦桑尼亚土木工程等 9 个人才培养方案；与重庆市教育评估院共同制定中泰职业教育联盟在线课程标准指南，建成课程标准 85 个、"中文＋职业技能"标准 17 个；与企业共同开发中泰职教联盟国际软件技能大赛标准。

　　学院 CEC 成果经验被贵州职业技术学院、泰国东方技术学院等 60 余所国

图 12　非洲国家驻华使节团来校访问

内外院校借鉴，成果传播至 20 余个国家，在国际会议主题发言 10 余次，共有来自 50 余个国家 300 余所单位的 1500 余人听取相关报告。2019 年，22 个非洲国家驻华使节团一行来访学院，进行"一带一路"职业教育成果专题讨论，并盛赞高等职业国际合作 CEC 模式（见图 12）。"鲁班工坊"的成功实践得到中国教育国际交流协会高度认可，实践成果被中国教育电视台、新华社、人民日报、中国教育报等 20 余家国内主流媒体报道，此外，坦桑尼亚《每日新闻》（Daily News）、《卫报》（The Guardian）、泰国《星暹日报》（Sing Sian Yer Pao Daily News）等国外媒体专题报道。

四、实施保障

2015 年 10 月至 2016 年 7 月，学院依托教育部—中兴通讯 ICT 产教融合创新基地，与中兴通讯股份有限公司等企业、乌兹别克斯坦塔什干国立东方大学等外方院校合作开展国际化人才培养实践研究，基于研究成果，于 2016 年 8 月拟定了《服务"一带一路"建设的高等职业国际化人才培养 CEC 模式建构与实践实施方案》，同年 9 月开始实践检验。在建构高等职业国际合作 CEC 模式中，学院开展了深入的政策研究、实践诉求分析和校本案例解析，对之前的政府、学校、园区、企业和协会主导模式进行了比较研究，厘清了主要的优势和存在的问题，在此基础上进行了理论模型建构，创构了新的平台建设、资源建设、人才培养、评价实施等运行机理，通过建设中泰职业教育联盟、实施中德 4.0 产教融合项目、建设坦桑尼亚达累斯萨拉姆大学"鲁班工坊"、与"走出去"企业实施移动通信技术人才本土化培养项目、实施中俄智能制造国际化人才培养项目等，进行了卓有成效的实践检验。事实表明，高等职业国际合作 CEC 模式，是具有中国特色、适合中国高等职业院校实际、"一带一路"沿线国家职业教育机构乐于接受的合作模式，能够为我国"走出去"企业发展提供本土化人才培养支持。

五、总结反思

2012 年以来，学院依托中外合作办学项目开展国际合作，积累了宝贵的经验，也发现了一些问题。在高等职业国际合作 CEC 模式下，学院已经形成了国际产能合作人才培养新模式，多数毕业生已成为企事业单位技术和管理骨干，"走出去"更多了一份切实的保障。

我们深信，经历了新冠疫情考验的高等职业国际合作 CEC 新范式，在推动构建人类命运共同体、推进"一带一路"建设中，一定能够发挥更加突出的作用，一定能够成为我国打造国际职业教育中国品牌重要的典型案例。学院也将站在新的起点，开启新的征程，取得新的成就，做出新的贡献。

让全国和全世界更加认同 CEC，让 CEC 在全国和全世界行稳致远，不断向上翻新、向前涌进、向深向广拓展。

作者：易俊，重庆工程职业技术学院党委书记；

周桐，重庆工程职业技术学院国际交流与合作处副处长；

段筱箫，重庆工程职业技术学院国际交流与合作处副科长；

胡国瑞，重庆工程职业技术学院国际交流与合作处教师

服务"一带一路" 培养"中文＋高铁专业"复合型人才

摘　要：为服务"一带一路"建设和中国高铁"走出去"，武汉铁路职业技术学院不忘初心、牢记使命，适应时代变革要求，稳步推进中泰联合培养高铁人才项目，与孔子学院、外方院校及企业合作开展"中文＋职业技能"项目，共同培养"中文＋高铁专业"复合型人才，与"一带一路"沿线国家共享中国职业教育改革成就。武汉铁路职业技术学院在泰国建立了全球首家高铁鲁班学院，其主要职能包括学历教育、教师培训和当地员工培训等，致力培养具有工匠精神的"中文＋高铁专业"复合型人才；致力打造中国高铁职业教育国际品牌，输出中国职业教育标准；致力传播中国文化、传承工匠精神。

关键词："一带一路"；"中文＋高铁专业"复合型人才；高铁鲁班学院

一、背　景

2016 年 7 月，教育部发布《推进共建"一带一路"教育行动》，提出开展教育互联互通合作，鼓励中国优质职业教育配合高铁、电信运营等行业企业"走出去"，培养当地急需的各类"一带一路"建设者。2020 年，《教育部等八部门印发关于加快和扩大新时代教育对外开放的意见》指出，教育对外开放是教育现代化的鲜明特征和重要推动力，要坚持教育对外开放不动摇，主动加强与世界各国的互鉴、互融、互通，形成更全方位、更宽领域、更多层次、更加主动的教育对外开放局面。实施"中文＋职业技能"教育是推进共建"一带一路"教育行动及扩大职业教育对外开放理念的重要实践。

武汉铁路职业技术学院（简称"武汉铁院"）积极响应职业教育服务"一带一路"的号召，立足高铁行业特色，发挥高铁专业优势，服务中国企业"走出去"，与孔子学院、外方院校及企业合作开展"中文＋职业技能"项目，共同培养"中文＋高铁专业"复合型人才。

二、目　标

武汉铁院积极响应国家"一带一路"倡议，助力中国高铁"走出去"，发挥自身办学优势，与孔子学院、外方院校及企业合作开展"中文＋职业技能"项目，进一步扩大开放办学，为"一带一路"沿线国家培养会汉语、通文化、懂技术的复合型人才。

三、过　程

（一）招收"一带一路"沿线国家留学生

2015 年 6 月，武汉铁院与泰国班派工业社区教育学院和孔敬工业社区教育学院结成友好姊妹学校；2015 年 8 月，武汉铁院与泰国教育部职业教育委员会（简称"泰国教育部职业教育委"）委托的铁路专业牵头院校——班派工业

图 1　武汉铁院与班派工业社区教育学院签订
《中泰联合培养高铁专业人才备忘录》

社区教育学院签订了《中泰联合培养高铁专业人才备忘录》，正式开启中泰联合培养"中文＋高铁专业"复合型人才项目（见图1）。

自2016年起，由泰国教育部职业教育委在泰国的各大职业院校选拔出优秀学生进入中泰联合培养"中文＋高铁专业"复合型人才项目。武汉铁院、孔子学院与班派工业社区教育学院三方共同确定留学生培养目标：培养既掌握汉语，又掌握高铁专业知识和技术技能的复合型人才。三方共同制定两年制高等职业一体化课程，并对学生实行分段培养：第一阶段利用学生假期在孔子学院进行汉语水平考试（HSK）的培训和测试；第二阶段在泰方院校学习专业基础课程，为期一学年；第三阶段在武汉铁院学习专业知识、技能和汉语言文化，为期一学年。"三位一体"的人才培养模式，使三方各司其职，三个学习阶段有机衔接，学分互认累积，保证了人才培养过程的连续、完整与高效。通过这样的人才培养模式，三方成功地合作培养出5批来自泰国22个府33所职业院校共129名中文过关、技能过硬的"中文＋高铁专业"复合型人才，为中泰铁路的开通运营提供人力支撑（见图2）。

图2　武汉铁院完成5批来自泰国22个府35所职业院校共
129名铁路专业留学生的培养任务

后疫情时代，武汉铁院充分利用信息化手段，创新人才培养模式与内涵，对未能来华的泰国籍留学生采取开展线上直播、开设国际化在线课程等方式进行汉语基础、专业汉语、专业基础课程的教学。泰方教师指导学生在高铁鲁班学院模拟驾驶实训基地进行实训（见图3）。

图3 "结缘中国铁路 驶上职业快轨"——新华社报道武汉铁院中泰联合培养"中文＋高铁专业"复合型人才项目

2019年4月，武汉铁院在泰国建立了全球首家高铁鲁班学院，其主要职能包括学历教育、教师培训和当地员工培训等。"一带一路"倡议为世界贡献中国智慧，高铁鲁班学院为"一带一路"建设增添高等职业亮光。高铁鲁班学院传播中国文化，传承工匠精神，促进人文交流，服务产教合作，构建互学互鉴、互利共赢的机制，培养具有国际视野的技术技能人才，提供国际化交流合作的"武铁方案"。

高铁鲁班学院依托中国的教学理念和经验，将中国职业教育的先进理念和模式输出国门，培养当地高铁技术技能人才，服务参与"一带一路"建设的中资企业，并助力当地经济社会发展。这是中国职业教育积极响应"一带一路"倡议的创新之举，为中泰铁路合作架起了人才之桥。

图4　武汉铁院国际化专业教学标准、课程标准获泰国合作院校认可

（二）开发国际化专业教学标准和课程标准

武汉铁院开发了一批具有国际影响力的高质量专业标准、课程标准，打造中国高铁职业教育国际品牌。武汉铁院依托专业优势，开发动车组检修技术、铁道车辆、铁道工程技术、铁道信号自动控制4个国际化多专业教学标准；开发建设《城市轨道交通车辆构造》《PLC编程与应用》《铁路专业汉语》《轨道交通概论》等8个国际化课程标准；开发2门中泰职业教育联盟"中文＋职业技能"课程标准，并在泰国合作院校推广，提升国际学生教学质量（见图4）。

武汉铁院建设系列国际化在线开放课程，推动资源开放共享。"轨道交通概论""铁路专业汉语""城市轨道交通车辆构造"等5门首批国际化在线开放课程全部登陆"学堂在线"国际版，对国际学生开展教学，减轻新冠病毒对学校国际学生教育的影响，推进"中文＋职业技能"项目高质量发展，培养国际化技术技能人才（见图5）。

图 5　国际在线报道武汉铁院 5 门国际化课程面向全球开放共享

（三）讲述中国故事，传播中国文化

武汉铁院 2017 届 40 名泰国籍留学生协助拍摄由中宣部对外推广局支持指导、五洲传播中心联合新加坡松山制作公司共同制作的三集纪录片《火车上的中国》，展示中国如何帮助"一带一路"沿线国家培养高铁专业技术人才（见图 6）。

图 6　武汉铁院泰国籍留学生协助拍摄纪录片《火车上的中国》（2017 年，武汉）

《火车上的中国》于 2020 年 10 月登陆探索频道，面向全球观众播出，同时入选中宣部"学习强国"学习平台，并亮相中国驻匈牙利大使馆举行的欢乐春节活动，对外讲述新时代中国的发展故事，已成为中国驻外使馆对外宣传中国高铁的宣传片（见图 7）。

图 7　武汉铁院泰国籍留学生协助拍摄纪录片《火车上的中国》入选"学习强国"学习平台

四、效　果

（一）人才培养及师资培训

武汉铁院培养 5 批来自泰国 22 个府 35 所职业院校的 129 名"中文＋高铁专业"复合型人才，为中泰铁路的开通运营提供了人力支撑。

武汉铁院已开展 6 期泰国职业院校铁路专业教师培训，共计 784 人日（117 人次）。泰国本土铁路企业 60 多名员工到高铁鲁班学院模拟驾驶实训基地参观，并体验试驾操作。另外，模拟驾驶实训基地还接待来访者 300 多人次。

（二）平台搭建

武汉铁院的一系列举措推动了湖北省高等职业院校国际交流与合作平台的搭建。武汉铁院促成湖北省教育厅与泰国教育部职业教育委签订合作备忘录，三次承办中泰职业教育合作洽谈会。12 所湖北省高等职业院校与 26 所泰国职业院校达成合作意向，其中 7 所高等职业院校与泰国开展实质性合作项目。

（三）课程建设

武汉铁院《铁道车辆技术》《动车组检修技术》等 4 个国际化专业教学标准及《铁路专业汉语》《轨道交通概论》等 8 个国际化课程标准被泰国班派工业社区教育学院认可；2 门"中文＋职业技能"课程标准通过重庆市教育评估院鉴定。人民网、国际在线、荆楚网等媒体多次报道武汉铁院国际化课程。

（四）所获荣誉

武汉铁院中泰联合培养"中文＋高铁专业"复合型人才项目入选首批"中国—东盟高等职业院校特色合作项目"20 强。武汉铁院连续三届蝉联世界职业教育院校联盟卓越奖，实现了该奖项铜、银、金奖的跨越性迈进，为我国高等职业教育走向世界做出了武汉铁院的贡献。武汉铁院入选世界职业技术教育发展联盟首批成员单位。武汉铁院高铁鲁班学院（泰国）被确定为全国首批 8 个鲁班工坊有条件运营项目之一。

五、保 障

（一）学校条件

武汉铁院是中国特色高水平高职学校和专业建设计划（简称"双高计划"）建设单位、国家示范性高等职业院校、优质专科高等职业院校，开设 54 个专业，组建十大专业群，覆盖了轨道交通工程建设、装备制造、运营维护整个产业链环节。武汉铁院致力于服务中国和世界铁路事业发展，率先为"一带一路"沿线国家培养高铁人才，获首批高等职业院校国际影响力 50 强，连续三届获世界职业教育院校联盟卓越奖铜奖、银奖、金奖。

泰国班派工业社区教育学院隶属泰国教育部职业教育委，开设铁道控制及维修技术、机械技术、会计等 11 个专业。学校推行校企合作"双主体"办学，以提高人才培养质量为核心，为泰国社会储备专业技术人才；致力于国际教育交流与合作，受泰国教育部职业教育委委派，作为中泰联合培养"中文＋高铁专业"复合型人才项目泰方牵头院校，与武汉铁院联合培养高铁人才，为泰国培养了首批高铁技术人才，获得泰国国王颁发的泰国优秀院校皇家奖。

（二）合作企业

武汉铁院与郑州捷安高科股份有限公司（简称"捷安高科"）建立战略合作关系，校企携手共建高铁鲁班学院，积极拓展在服务"一带一路"教育对外开放领域的合作，助力中国职业教育"走出去"，实现双方共赢发展。

郑州捷安高科股份有限公司是一家专注于研究虚拟现实技术、系统仿真技术在高端行业及职业院校中的应用的民营高科技企业，自主开发了涵盖铁路和城市轨道交通等多个领域的专用实训系统，实训产品覆盖车辆包括电力机车、地铁、高铁等。该公司响应"一带一路"倡议，在巴基斯坦、菲律宾等"一带一路"沿线国家、南非和美国均有成功合作项目案例。

2019 年，武汉铁院携手捷安高科赴泰国共建高铁鲁班学院模拟驾驶实训基地；武汉铁院教师团队及捷安高科工程师分批次赴高铁鲁班学院对泰方教师及铁路企业员工开展 3 期培训。

未来，武汉铁院与捷安高科将不断完善产教融合办学机制，举办各类职业技能大赛，通过国际技能竞赛推动中国轨道交通职业教育的全球化发展，培养更多能工巧匠、大国工匠。

（三）环境条件

在"一带一路"框架下，中国与泰国共同开展了中泰铁路项目合作。2015年 12 月，中泰铁路合作项目启动，中泰双方将合作建设修建廊开—呵叻—坎桂—玛塔卜和曼谷—坎桂铁路，线路全长 845 公里，采用中国标准设计建造。一期工程连接曼谷和泰国东北部门户呵叻，一期工程先行段已于 2017 年 12 月正式开工建设，预计曼谷至呵叻段最快于 2026 年竣工通车。二期工程将连通到泰国廊开府，接中老铁路终点万象，与中国云南昆明相通，预计仍需 5 年左右时间。随着中泰铁路合作项目的推进，泰国对既懂铁路技术又懂汉语的人才需求大增。

2018 年，泰国教育部职业教育委与武汉铁院签署《中泰联合培养铁路专业人才合作备忘录》。泰国教育部职业教育委高度重视中泰联合培养"中文＋高铁专业"复合型人才合作项目，在全国职业院校范围内遴选优秀学生进入项目学习铁路专业知识及技能，遴选铁路专业教师赴中国开展职业培训，为泰国高铁专业留学生提供奖学金支持。

六、总结与反思

武汉铁院及时把握国家实施"一带一路"倡议带来的契机，践行教育部《推进共建"一带一路"教育行动》，"中文＋职业技能"教育成果显著，相关国际化教学资源研发硕果纷呈。武汉铁院在为"一带一路"沿线国家培养本土化技术技能人才的同时，注重讲武铁故事、传中国声音，致力培养知华爱华、具有工匠精神的铁路专业人才。

在培养"中文＋高铁专业"复合型人才、建设高铁鲁班学院的过程中，武汉铁院积极探索整合多方资源，推动中泰双方教育主管部门、孔子学院、中外方企业有机结合。中泰合作以政府部门为主导，协同行业企业、孔子学院，以中泰双方合作院校为主体，优化配置国际化产教融合资源要素。在双方政府的引导、推动下，中方院校联合外方院校主导人才培养，孔子学院联结助推教育合作，中国铁路武汉局集团公司武汉高速铁路职业技能训练段、三一重工（泰国）有限公司（设计工程服务）等中外方企业支持实训实践，多维驱动，共同推进项目的可持续、稳步发展。

展望未来，武汉铁院将持续聚焦"中文＋高铁专业"复合型人才培养，拓展多元路径建设好高铁鲁班学院，进一步统筹研发"中文＋职业技能"课程资源，促进职业技能与国际中文教育"走出去"融合发展，继续深化与"一带一路"沿线国家在国际中文教育与职业教育领域的合作，助力推动国内国外、院校企业建立协同合作机制。

作者：孙亦冰，武汉铁路职业技术学院；

圣微，武汉铁路职业技术学院

融通"四环四驱"开展国际办学　助力"一带一路"赋能智能制造

摘　要: 打造中国职业教育国际品牌,培养国际化技术技能人才是重庆电子工程职业学院"双高计划"建设的重要维度之一。经过多年的探索与实践,重庆电子工程职业学院智能制造与汽车学院结合专业特色,创新构建了"四环四驱"的国际办学模式,合作领域从原有的人才培养逐渐扩展到产教学研多领域合作,培养了大量智能制造专业海外技术人才,建设国际课程,服务中外企业,促进人文交流,助力"一带一路"建设,赋能智能制造,打造国际化办学品牌。

关键词:"四环四驱";智能制造;国际办学;丝路项目

一、响应地方政策,开展国际办学

重庆,作为最年轻的直辖市,是我国西南地区具有重要影响力的政治经济中心,地处"一带一路"和长江经济带的连接点,同时也是"渝新欧"国际铁路联运大通道的起点。2017 年,重庆市政府出台《重庆市内陆开放高地建设"十三五"规划》,为加强与"一带一路"沿线国家的教育合作,开展经济合作,推动人文交流,将来华留学作为重庆教育对外开放的重要组成部分,积极鼓励各高校开展国际办学。2018 年,重庆市政府出台《重庆市发展智能制造工程实施方案(2019—2022)》,对未来 4 年全市智能制造发展作出全面部署,着力培育"芯屏器核网"全产业链,集中力量建设"智造重镇""智慧名城"。

二、国际办学立足，解决五大痛点

基于国家"一带一路"总体规划，加速重庆"智造重镇"产业布局，结合重庆电子工程职业学院（简称"重电"）中国特色高水平高职学校和专业建设计划（简称"双高计划"）战略部署，智能制造与汽车学院依托自身专业特色，积极开展国际办学，提升重电国际化办学水平。但是根据多年的国际办学经验，国际技术人才培养与"一带一路"建设愿景仍存在差距，主要集中在"人、管、课、效、融"五个方面。一是"人"，即师生，留学生汉语水平较低，专业水平参差，教师双语教学能力弱，海外学习经验缺乏；二是"管"，即管理，国际项目配套设施缺乏，管理人员经验不足，照搬本科学校模式"一刀切"；三是"课"，即课堂，配套双语教学资源不足，课程设计缺乏支撑，课堂实施效果参差；四是"效"，即效果，教学考核评价体系不全，校校及校企联动缺乏平台，人员就业前景不清晰；五是"融"，即文化，中外文化存在壁垒，中外学生交流不畅，校园文化不融通。要想打造中国职业教育国际品牌，就必须解决眼前这五大痛点（见图1）。

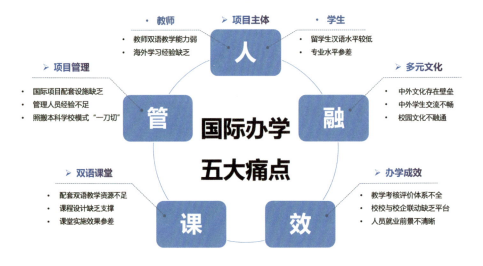

图1 学院开展国际办学存在五大痛点

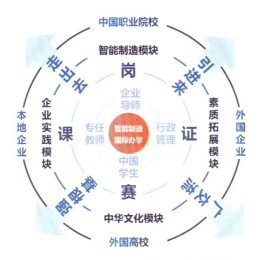

图 2 融通"四环四驱"国际办学模式

三、构建"四环四驱"国际办学模式

（一）融通"四环四驱"国际办学模式，全面提升国际办学水平

经过多年国际办学项目开展与摸索，重电逐渐探索构建出"四环四驱"国际办学模式（见图 2）。"四环"即指项目主体、教学理念、课程体系、合作共赢。"四驱"即指走出去、引进来、广交流、强根基。重电以"服务'一带一路'，赋能智能制造"为圆心，构建"四环"项目维度，贯通"四驱"项目驱力，依托"环内小循环、环间大循环"全面开展国际技术人才培养、"校企合作""校校合作"等多维度多领域合作，让每一个项目主体都能在项目运营中全面提升国际办学水平。

（二）基于"岗课赛证"教学理念，建课程重评价强合作

国际项目的一大特点即为周期短、人员散，但又需充分保证教学效果，达成育人目标。为了解决这一矛盾，重电组建了由专任教师、企业导师、行政管理人员、中国学生（国际助教）共同组成的教学团队（项目主体环），每次项目开始前都充分调研国际学生学情及国外产业现状，根据岗位需求，结合当地企业，重构教学内容，基于"岗课赛证"的教学理念（教学理念环），设置了

四大课程模块——智能制造模块、企业实践模块、中华文化模块、素质拓展模块（课程体系环）。根据培训周期及学员水平，对标不同类别不同级别的“1+X”证书。在2020年南非公派留学生项目中，重电结合汽车运用与维修“1+X”证书（中级）考核标准为15名南非籍留学生设置了《机械制造基础》《现代制造技术》《汽车维修专项实训》等专业课程，用“课堂学习＋企业顶岗实践”的方式教学，用“理论考试＋证书考核”的方式考核，并制订毕业标准。在本国际项目中，留学生“1+X”考核通过率达100%，回到南非后对口就业率达100%，充分达成了“中文＋职业技能”的教学目标，也实现了“中国职业院校—外国高校—本地企业—外国企业”的合作共赢（共赢合作环）（见图3、图4、图5、图6）。

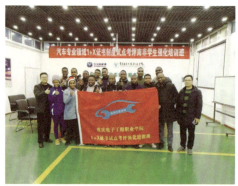

图3　汽车维修专项实训课堂学习

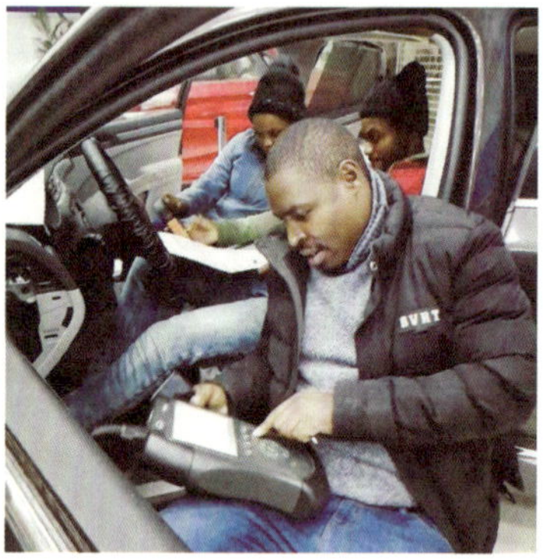

图4　汽车维修专项实训企业顶岗

图5　南非籍留学生“1+X”考试

职业技能等级证书

Certificate of Vocational Skill Level

2019年12月参加汽车运用与维修职业技能等级水平考核，成绩合格，核发汽车运用与维修职业技能等级证书（中级），学习成果已经职业教育国家学分银行认定。

Tshifhiwa Mugivhi

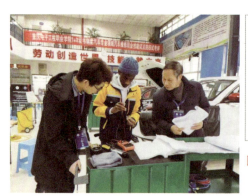

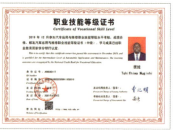

图6　南非籍留学生汽车运用与维修“1+X”证书（中级）

图 7　开展人文关怀，解决困难送温暖

（三）开展人文关怀，助推人文交流

面对不同的国家、不同的民族、多元的文化，重电充分关心来华留学生，帮助他们解决各类生活学习问题。在 2019 年市长奖学金丝路项目——重电亚龙（马来西亚）教师培训班中，部分来自马来西亚的学员信仰伊斯兰教，故有清真饮食习惯。学校充分考虑到民族问题，特为他们改建了小厨房，为来华学生解决了实际困难。同时，在国际办学期间，正值新冠疫情肆虐全球，来自南非的留学生们也与中国学生一样，经历了"停课不停学"的网课教学阶段，学院领导多次看望南非籍学生，开展座谈疏导焦虑，帮助部分贫困学生实地解决网络问题，送去温暖与关怀（见图 7）。

同时，为丰富留学生的课余生活，重电还牵头组织了各类文化、体育、艺术交流等活动。"中华文化模块"中设置了茶艺、象棋、剪纸等文化课程，强化了留学生对中华文化的理解与认同；"素质拓展模块"中包括参观三峡博物馆等活动，加深了留学生对川渝文化的理解；一年一度的传统文化运动会，留学生在牵钩、蹴鞠等项目中再次感受到中华传统文化的魅力。重电成立了 i-World 国际交流与应用服务工匠工坊，依托工匠工坊，国际学员与中国学生缔结了深厚的国际友谊，架设起"一带一路"友谊之桥（见图 8）。

图 8 组织文化交流，巴山蜀水谱真情

四、办学成效显著，国际影响提升

（一）双语教学资源库建设初具规模，海外学员技能水平显著提升

重电致力为"一带一路"沿线国家培养智能制造专业技术人才，与德国、马来西亚、南非、泰国等国家开展合作办学。重电依托中德职业教育汽车机电合作（SGAVE）项目、市长奖学金丝路项目——重电亚龙（马来西亚）教师培训项目、南非公派留学生项目、2020 年度教育援外项目"泰国智能制造领域人才专业核心能力提升培训"，建设教育援泰双语教学资源库 1 个，开发国际化课程标准 12 门，编写双语教材 4 本，建设双语课程 26 门，开发英文版培训课件 320 页，英文培训微课 46 个。合作办学项目共计培养国际学生 40 余名，累计国际课程培训量超 20000 人日，其中马来西亚学员 Tey、Hezir 于2019 年参加机械行业职业教育技能大赛"亚龙杯"高档数控机床和机器人技术应用赛项，南非学院 Bob、Kobe 等 15 人取得汽车运用与维修"1＋X"证书（中级），全体海外学生归国后就业率达 100％（见图 9）。

图 9　丰富双语教学资源，提升学员技术水平

（二）拓展渠道培养本土国际化人才，国际项目促学助力双高建设

2012 年至 2018 年，重电 SGAVE 项目机电班已招生 7 届，钣金班已招生 1 届，共计培养学生 200 余人；2018 年，机电一体化专业学生叶兆燏参加"一带一路"暨金砖国家技能发展与技术创新大赛首届工业机器人装调维修技术大赛获三等奖；2018 年，机电一体化专业学生蒋兆东参加牛津大学举办的中英 STEAM 国际创新大赛总决赛获一等奖；2019 年，学校啦啦操队参加国际技巧与舞蹈啦啦操锦标赛获银奖；2021 年，i-World 国际交流与应用工匠工坊学生蔡东宏担任世界技能大赛网络安全赛项国际友谊赛中国队翻译；2022 年，学生冉旕等 4 人担任世界技能大赛光电技术赛项英语助教等。重电实现了在专业技能、文体素质等多方面全方位的提升，促进本土国际人才的多维多元化成长（见图 10）。

图 10　培养本土国际化人才，项目
促学助力双高建设

（三）中外校企合作共建产学研基地，输出"中国标准"，打造重电品牌

目前，学院已获得教育部颁发的"2020年智能制造领域中外人文交流人才培养基地""教育部中德职业教育汽车机电合作（SGAVE）项目示范学校""德国2.0车身钣金项目建设学校"和重庆市人社局颁发的"世界技能大赛车身修理专用实训基地"等荣誉。重电与德国南图林根州手工业协会（HWK）签署了智能制造技术与汽车技术师资联合培养协议，并授予职业教育合作伙伴铜牌，共同建设中德智能制造学院，先后组织教师赴海外研修30余人次；与亚龙集团共建"亚龙教育国际培训西南基地"，并与马来西亚拉曼大学、敦胡先翁大学等达成长期友好合作意向，涵盖访问学者、留学生等多领域合作，承办了中马、中非职业教育论坛等多项国际交流活动。《全价值链校企联盟下的"3·3·3"人才培养模式创新与实践》被世界职业教育大会授予优秀案例证书（见图11）。

图11　校企共建办学基地，打造重电国际品牌

（四）建立海外校友群，讲好中国故事，传播中国声音

在华学习的课程结束了，并不代表项目和情感的结束。每期国际项目结束后，重电都会联合校友办，聘请学员代表担任"海外校友联络员"，并颁发聘书。重电建立海外校友群，形成长效联动机制。2020年初，新冠疫情席卷全国，武汉作为疫情高风险地区一度被西方舆论污名化，这也引起了海外校友的关注，通过校友群表达了对重电师生的关心，并了解到疫情局势的发展。国际项目管理团队依托海外校友力量积极发声，为武汉正名，为中国正名。小小的窗口，却也是大大的阵地，重电通过实际行动，进一步加强了与"一带一路"沿线国家人民的情感交流，向世界传递中国声音（见图12）。

五、开展国际办学，建设三大保障

（一）政策保障

政策保障是国际办学项目顺利推进的前提条件，以重电亚龙（马来西亚）教师培训项目为例，重庆市教育委员会、马来西亚青年和体育部、重庆电子职业学院与企业等各级各部门协同配合，均出台了相关政策，为项目的顺利实施保驾护航，也为"四环四驱"中"走出去、引进来、广交流、强根基"的项目驱动提供了原动力，更为国际办学的可持续发展与品牌化积累了宝贵的工作经验。

图 12　建立长效机制，架起"一带一路"友谊之桥

（二）团队保障

国际办学项目中的团队，绝不止师资团队，而是泛指整个实施团队。"四环四驱"中的第一环即为团队，即项目主体环，包括专任教师、企业导师、行政管理人员、中国学生（国际助教），这四部分各有分工，是项目顺利实施的必要条件。专任教师负责理论教学，企业导师负责岗位实习，行政管理人员确保留学生的日常管理，中国学生（国际助教）则拓展了第二课堂，让中外学生在课堂之外有更多交流之地，让文化与情感全方位流动起来。

（三）设施保障

为确保国际办学项目的顺利实施，"四环四驱"中的第四环共赢合作环即为设施保障，以"中国职业院校"为主，结合"本地企业""外国企业"与"外国高校"，集合全部力量，共建人培基地。目前，重庆电子工程职业学院已建有"中德职业教育汽车机电合作（SGAVE）项目"示范学校、智能制造领域中外人文交流人才培养基地等，可面向留学生开展智能制造领域教学活动。同时，重电也建设有重电留学生国际交流中心，更进一步方便留学生的饮食起居，也加强了中外学生的文化交流。

六、十年办学征程，任重道远求索

重庆电子工程职业学院作为西南地区首批开展国际化办学的职业院校之一，在十年办学征程中积累了丰厚的国际办学经验，总结出了诸如"四环四驱"国际办学模式等一系列可落地、可推广、可复制的办学理念，同时也取得了一定的国际办学成效。2012年起，重电先后与德国、马来西亚、南非、泰国等国家开展国际办学，专业方向涵盖汽车制造与试验技术、工业机器人技术等8个智能制造领域相关专业，培养国际学生40余名，本土国际化技术人才200余名，组织教师海外研修30余人次，累计国际课程培训量超20000人日。自2018年起，重庆电子工程职业学院先后被教育部授予"中德职业教育汽车机电合作（SGAVE）项目"示范学校、智能制造领域中外人文交流人才培养基地等荣誉，极大地提升了重庆电子工程职业学院的海外知名度，以及中国职业教育的国际品牌影响力（见图13）。

图 13　学院开展国际办学，十年建设征程

与此同时，在国际办学中仍存在诸多问题，比如身处后疫情时代，如何有效解决国际办学中的疫情防控管理问题等。目前，重电正积极建设国际教学资源库，通过线上教学的方式，坚持授课，共克时艰。但这些都也只是积极探索中的一小步，重电深知任重而道远，也立志在下一个十年，在国际办学的道路上继续求索，提升办学水平，打造重电品牌，赋能智能制造，助力"一带一路"建设。

作者：王姗，重庆电子工程职业学院智能制造与汽车学院专任教师；

叶勇，重庆电子工程职业学院智能制造与汽车学院院长；

刘影，重庆电子工程职业学院国际交流与合作发展处副处长；

宋丽莉，重庆电子工程职业学院智能制造与汽车学院汽车工程系副主任；

丁伟，重庆电子工程职业学院智能制造与汽车学院副书记

中国职业院校
国际交流合作
优秀案例选集

下册

Selected Collection of
Excellent Cases of International
Exchange and Cooperation
in Chinese Vocational Colleges

主编
中国职业技术教育学会
中国职业技术教育学会国际合作交流工作委员会
上海外国语大学国际教育学院
深圳职业技术学院新时代中国职业教育研究院

ZHEJIANG UNIVERSITY PRESS
浙江大学出版社
·杭州·

PART 5

第五篇

创办海外分校

Selected Collection of Excellent
Cases of International Exchange
and Cooperation in Chinese
Vocational Colleges

中国铁路技术的海外传播者
——陕西铁路工程职业技术学院助力中国铁路"走出去"纪实

摘　要：陕西铁路工程职业技术学院主动承担服务中国铁路"走出去"战略任务，通过构建校企校合作共赢长效机制，形成中国高职海外办学"陕铁方案"，在肯尼亚等"一带一路"沿线国家建设 2 个海外铁路培训中心，输出国际化专业标准，为肯尼亚等国家培养本土化铁路人才 869 人，擦亮了海外办学"陕铁品牌"，学校 2 次荣获全国高职"国际影响力"50 强。

关键词：长效机制；海外办学；专业标准；本土化人才

进入 21 世纪以来，中国铁路尤其是高速铁路建设取得了举世瞩目的成绩。截至 2021 年 12 月 31 日，全国铁路营业里程突破 15 万公里，其中高速铁路超 4 万公里。中国铁路"走出去"企业先后在"一带一路"沿线国家建成亚吉铁路、蒙内铁路、中老铁路、匈塞铁路等工程，为世界铁路建设做出了卓越贡献。

一、背　景

随着国家"一带一路"倡议的深入实施与推进，截至 2022 年 5 月 27 日，中国已经同 150 个国家和 32 个国际组织签署 200 余份共建"一带一路"合作文件。近年来，中国铁路"走出去"步伐不断加快，中国铁路"走出去"企业已经建成了蒙内铁路、亚吉铁路、中老铁路、匈塞铁路等涉外铁路，足迹已经遍布亚洲、欧洲、非洲和北美洲，成为"一带一路"建设和国际产能合作的一张靓丽名片，为全球铁路发展贡献了中国力量。当前，雅万高铁、中泰铁路、马来西亚东海岸铁路等一批采用中国铁路标准的铁路正在建设过程中。

中国铁路企业"走出去"过程中面临的主要问题是所在国本土化铁路技术技能人才匮乏，这是中国铁路"走出去"过程中急需解决的问题。与此同时，随着"一带一路"建设的持续高质量推进，沿线国家对技术技能人才的需求也极为迫切，需要大批高素质人才参与建设与运营。针对"一带一路"建设中的人才需求，陕西铁路工程职业技术学院（下文简称"陕铁院"）发挥国家"双高"校建设单位铁路技术技能人才培养高地优势，主动担当中国铁路技术的传播者和中国职业教育标准的输出者使命，积极服务中国铁路"走出去"战略。学校按照"建合作机制、制教学标准，育本土人才，树陕铁品牌"的总思路，构建校企校合作共赢长效机制，在肯尼亚、菲律宾等国家建设了 2 个海外铁路培训中心，为"一带一路"沿线国家培养本土化技术技能人才 869 名，受到中国教育报、肯尼亚旗帜报等 40 余家中外权威媒体广泛赞誉，打造了高职海外办学"陕铁品牌"。陕铁院获批全国首批"鲁班工坊运营项目"，两次荣获全国高职院校"国际影响力 50 强"，成为全国高职院校教育对外开放的排头兵。

二、目　标

陕铁院聚焦中国铁路职业教育标准输出，面向"一带一路"建设培养掌握中国铁路技术的本土化技术技能人才，服务中国铁路"走出去"，不断提升学校国际化水平。

一是做中国铁路技术的传播者。以服务中国铁路"走出去"战略，解决蒙内铁路、亚吉铁路等海外铁路工程建设与运营期间本土化技术技能人才匮乏为目标，学校与中国铁路"走出去"企业、外方高校共建陕铁院海外路培训中心，传播中国铁路技术，为沿线国家培养高素质技术技能人才。

二是做中国职教标准的输出者。发挥学校国家"双高"计划人才培养高地优势，牵头开发具有中国特色的铁路技能人才培养标准，在"一带一路"沿线国家推广应用，输出中国职教标准和教学资源，增强中国职业教育在"一带一路"沿线国家的适应性、影响力和国际传播力。

三、过　程

（一）制度赋能，构建合作共赢长效机制

为破解中国铁路"走出去"过程中面临的"一带一路"沿线国家铁路建设人才匮乏、技术标准差异大的难题，陕铁院探索建立了具有陕铁院特色的海外"鲁班工坊"建设模式。2018年，学校联合中国铁路"走出去"企业，与肯尼亚、卢旺达、菲律宾等"一带一路"沿线国家相关高校达成共识，校企校三方签署《合作培养本土化人才协议》，制定《陕铁院海外铁路培训中心建设与运行管理办法》，明确了三方的责权利。中国铁路"走出去"企业提出岗位需求，提供培养经费，接纳合格毕业生。外方院校根据岗位需求计划招收、管理学生，提供教学场地，共享中国一流水平的专业标准、课程标准及教学资源，获取管理收入。陕铁院负责制定培养方案，开发教学资源，开展人才培养，获得教学收入，提升学校国际影响力。

三方合作构建了校企校合作共赢长效机制（见图1、图2），形成了校企校命运共同体。陕铁院与中国路桥工程有限责任公司、中铁一局集团有限公司等企业合作，先后在肯尼亚、卢旺达、菲律宾等国家建设"陕铁院海外铁路培训中心"。学校按照国内专业建设标准改建智慧教室、新建铁路工程实训室和校外实习基地，为所在国培养铁路技术技能人才，实现了海外办学的实体化运行，为中国高职院校建设"鲁班工坊"提供了"陕铁方案"。陕铁院肯尼亚铁路培训中心获批成为全国首批"鲁班工坊运营项目"。

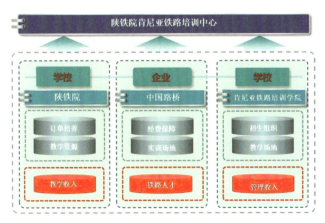

图1　校企校合作共赢长效机制

图2　陕铁院—肯尼亚铁路培训学院签署国际合作协议

（二）标准引领，制定铁路国际教学标准

从中国铁路企业"走出去"本土化人才岗位需求出发，依据中国铁路技术标准和职业教育教学标准，校企校三方联合制定铁道工程技术、铁道信号自动控制等4个专业教学标准，铁路桥梁施工与维护、铁路轨道施工与维护等22门核心课程标准，线路工、通信工等8个岗位教学标准，逐渐形成了集教学标准、培训教材、教学资源、中国文化于一体的双语资源包，通过全国铁道行指委铁道工程专指委认证，获得校企校三方认可，在海外铁路培训中心推广使用。学校联合西安铁路职业技术学院、昆明铁道职业技术学院等铁路类高职院校完成了蒙内铁路线路工、机车司机等岗位本土化人才培养。开发的双语资源包被蒙内铁路、中老铁路采用，实现了向"一带一路"沿线国家输出中国职业教育标准。学校制定和输出的教学标准案例入选《2021年中国职业教育质量年度报告》。

（三）模式创新，培养本土技术技能人才

新冠疫情发生前，陕铁院海外铁路培训中心人才培养采用教师"走出去"为主、学生"请进来"为辅的方式。新冠疫情常态化防控背景下，依托学校主

持建设的 6 个国家级、省级职业教育专业教学资源库和国家级"全真实体＋虚拟仿真"铁路智慧建造虚拟仿真实训基地,创新形成了"三方联动,五双实施"的高职海外办学教学模式(见图 3)。"三方联动"指校企校在招生、教学、管理、就业等全过程密切配合,通力协作推进本土化铁路技术技能人才培养。"五双实施"是指学生具有学生和准员工"双重身份",教学内容坚持理论知识与专业技能"双能并重";教学方式坚持线上教学和线下指导"双线运行";课程考核坚持过程考核与结果考核"双考结合";知识传播坚持铁路技术和中国文化"双头输出"。利用现代信息手段,通过线上授课、线下指导、实训基地演练等方式提供 24 小时不间断教学服务,确保疫情防控常态背景下海外办学教学不停、标准不降、质量不减。

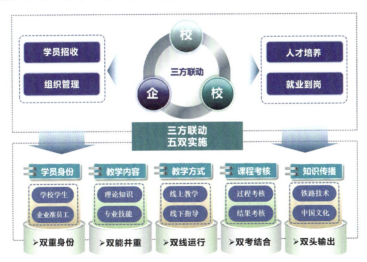

图 3 "三方联动,五双实施"教学模式

四、效　果

(一)培养一流技术技能人才

基于"三方联动,五双实施"的教学模式,学校开拓本土化人才培养项目 6 个,共培养铁路技能人才 869 名,全部被中国"走出去"企业聘用,10% 的毕业生走上管理岗位。合作企业高度赞扬海外办学人才培养质量,为海外办学提供了 650 余万元的培养经费，达成了在"一带一路"沿线国家继续合作的意向。肯尼亚铁路培训学院等外方院校对任课教师的工作态度和教学方法赞不绝口："感谢陕铁院提供了一流的技术，培养了卓越的铁路技术技能人才。"毕业生 TITUS 向学校老师汇报说："我已经被提拔为工电部部长助理，感谢你们的培养，使我熟练掌握了世界一流的铁路技术，有机会我一定到中国进一步学习。"

（二）输出中国职业教育标准

校企校三方制定的 8 个中英双语资源包在本项目实践后逐步完善，通过了全国铁道行指委铁道工程专指委认定，在老挝、肯尼亚、卢旺达等"一带一路"沿线国家推广，实现了标准输出。学校《国（境）外采用的教学标准稳中有升》案例入选《2021 年中国职业教育质量年度报告》。

（三）擦亮海外办学陕铁品牌

陕铁院海外办学事迹先后被《中国教育报》、肯尼亚《民族日报》等 40 余家中外媒体报道，入选"锻造大国工匠 奠基中国制造——新中国 70 年职业教育改革发展历程"案例，学校两次入选全国高职"国际影响力 50 强"，擦亮了海外办学"陕铁品牌"。

五、保障

通过海外办学实践，陕铁院逐渐形成了规范的保障机制。

一是组织和制度保障。基于校企校合作共赢长效机制，校企校成立了海外铁路培训中心管理委员会，联合制定了《陕铁院海外铁路培训中心教学管理规定》《陕铁院海外铁路培训中心学生管理规定》《陕铁院海外铁路培训中心实习安全规定》《陕铁院海外铁路培训中心线上教学规定》等制度，确保了海外办学规范运行。

二是经费保障。校企校三方拨付专项资金用于陕铁院海外铁路培训中心建设与运行。中国"走出去"企业从职工培训经费中划拨专项经费用于本土化员工培训。陕铁院将海外铁路培训中心建设与运营纳入年度预算，确保资源建设、教师培训和设备更新。境外高校承担派遣教师到中国培训的交通费用，负责陕铁院海外培训中心场地管理。

三是师资保障。陕铁院负责双语师资队伍建设与外方高校教师培训。学校已经建成了 49 人组成的双语教师队伍，通过线上线下两种途径为外方院校培养专业教师。

六、总结反思

（一）共建共享共赢，形成了海外办学"陕铁方案"

陕铁院在海外办学过程中坚持"合作共赢"的思想理念，积极与中国铁路"走出去"企业和国外高校沟通、交流，不断了解"走出去"企业和"一带一路"沿线国家对人才的需求。发挥陕铁院铁路建设人才培养高地优势，以"一带一路"沿线国家铁路建设人才需求为导向，以本土化技术技能人才为目标，创新"三方联动，五双实施"教学模式，校企校共建教学标准、课程标准和教学资源，共同开展本土化技术技能人才培养，成效显著。通过 7 年实践，陕铁院形成了海外办学"陕铁方案"，为中国职业教育"走出去"提供了样板。

（二）顺应发展形势，提升疫情背景下海外办学质量

自 2019 年 12 月新冠疫情在全球传播以来，中国高职院校海外办学受到了重大影响。线上教学、云端会晤成为海外办学普遍的方式之一。为了提升疫情背景下海外办学人才培养质量，应该从如下三方面着手。一是进一步打造双语教师队伍，构建一支外语水平高、专业能力强、教学经验丰富的教师队伍。二是完善数字化教学资源，融入中国铁路技术和中国优秀文化，推进专业教学资源库、精品在线开放课程中数字化资源的双语改造，为海外办学提供教学资源。三是提升海外办学硬件水平，对海外办学场地进行智能化改造，满足线上教学要求，确保教学质量。

作者：郝付军，陕西铁路工程职业技术学院国际合作与交流处副处长；

蒋平江，陕西铁路工程职业技术学院副校长；

李兵方，陕西铁路工程职业技术学院国际合作与交流处处长；

邵健，陕西铁路工程职业技术学院国际合作与交流处办公室主任；

王云波，陕西铁路工程职业技术学院党政办主任

服务"一带一路"倡议　建设电科院海外技术技能培训基地

摘　要：北京电子科技职业学院积极服务国家外交战略，将教育对外合作与交流作为学校的办学特色之一。该校积极与"一带一路"沿线国家开展合作，努力探索中国和首都职业教育"走出去"的道路，通过"内引外送"的方式，引入留学生，输出课程标准与技术服务，开办海外技术技能培训基地扩大学校国际影响，树立了中国和首都职业教育的良好国际形象。

关键词："一带一路"；海外技术技能培训基地；引入留学生；输出标准与服务

一、背　景

作为新时代高校的五大职能之一，国际化办学历来受到北京电子科技职业学院（简称"电科院"）党委的高度重视。电科院将教育对外交流与合作当作学校的办学特色之一，努力服务于国家外交战略和北京市"国际交往中心"的建设目标。学校积极与"一带一路"沿线国家开展合作，克服疫情影响，设立海外技术技能培训基地。通过中外双方的基地共建，打造教育交流、技术交流与人文交流的平台。通过"内引外送"的方式，电科院引入留学生，输出课程标准与技术服务，打造和提升学校在国际职业教育界的形象和地位。

二、目　标

通过海外技术技能培训基地的建设，电科院努力实现在国际化办学方面"提高质量、提升形象"的总目标。首先，提升学校留学生教育质量。打造高质量的课程体系与高素质的师资队伍，提升学校对留学生的吸引力。其次，扩大学校海外培训市场。通过与"走出去"中资企业的合作，实现"借船出海"，扩大学校的海外技术技能培训市场，提升学校国际形象。最后，输出电科课程与电科标准。通过海外技术技能培训基地的建设，让学校的课程和标准走出国门，在世界上树立电科院的职教形象，扩大电科院的国际"朋友圈"，擦亮中国职教的世界名片。

三、过　程

位于地中海南岸的突尼斯是最早和中国建交的非洲国家之一，中突两国是传统友好国家。近年来，中国和突尼斯一直是相互尊重、合作共赢的发展伙伴。特别是"一带一路"倡议提出以来，中突经贸合作在中非、中阿合作论坛等机制作用下实现跨越式发展，取得了实实在在的成果。有鉴于此，学校计划将第一个海外技术技能培训基地设立于突尼斯。通过前期的遴选与对接，学校选定位于突尼斯首都突尼斯市的自由大学作为合作对象，共同开展基地建设。

（一）克服疫情，积极与突尼斯自由大学对接

通过历时一年多的网络沟通（见图1），2021年底，电科院与突尼斯自由大学正式签署《合作备忘录》，正式成立了北京电子科技职业学院海外技术技能培训基地。双方合作培养模式为在突尼斯招收当地学生，录取后在中突两国同时注册，学生前两年在突尼斯学习当地大学的专业课程，其间电科院每学期提供一门对外汉语课程和一定数量的专业必修课程，学生第三年可根据不同专业课程要求，自愿选择来中国到电科院进行专业课程和实习实训课程。学生在完成所有课程，考核合格后，将获得由北京电子科技职业学院和突尼斯自由大学双方颁发的学历学位证书。

图 1　双方洽谈及专业对接

（二）联合宣传，当地学生踊跃报名

学生是学校的主体，海外基地虽然成立，但如何在疫情下做好宣传工作，扩大宣传范围，让有意向的学生了解电科院，成为基地建设中面临的又一难题。为达到最好的招生宣传效果，电科院尽心准备了双语的线上宣讲会，自由大学则在突尼斯当地联合多所院校，最大范围地宣传基地开设的专业。经过双方共同的努力，海外基地在突尼斯当地多所院校中全面宣传北京职业教育，累计共吸引230余名有兴趣的学生报名。为提高基地的生源质量，严把入口关，电科院进行了严格的线上面试（见图2）。由学院领导，对外汉语教师和专业教师组成的面试小组经过三轮筛选，最终确认招收127人成为基地首批学生，同时注册北京电子科技职业学院和自由大学的学籍。

（三）精心准备，开展双语课程教学

为做好基地首届学生的教学工作，四个专业二级学院前期与自由

图 2　学生面试筛选工作

大学相关学院积极对接，了解学生情况，制定课程标准，同时学院内组建了专门的留学生教学团队，由英语能力强，专业素质好的教师担任授课任务。各专业团队进行了集体备课，认真准备双语教学材料，在教学中融入中国文化元素，不但讲授知识，更注重传播中国的价值观。2022 年 4 月 13 日电科院海外技术技能培训基地 2022 级新生春季开学典礼在线上隆重举行（见图 3）。双方学校领导、教师以及全体学生参加了开学典礼。典礼后，各个专业课正式开始授课。

图 3　开学典礼

（四）人文关怀，帮助学生

突尼斯学生的生活习惯和言谈举止与中国有很大不同。学校在基地运行中不但重视对学生知识与技能的传授，更加重视对学生的人文关怀。学校在开始上课前，为所有承担基地教学任务的老师进行了突尼斯国情讲座，让老师能尽可能了解突尼斯社会人文情况，并据此调整授课内容。为了使学生尽早适应中国职业教育的授课模式，提高英语交流水平和能力，校领导带队，积极组织开展学生座谈会（见图 4）。通过多方面的准备和努力，学生顺利度过了适应期。目前课堂情况良好，师生关系融洽，自由大学的老师和学生对电科院的教学和管理团队给予了高度评价，对中国职业教育的水平给予了高度认可。

图 4　学生座谈会

四、效　果

在学校党委的领导下，各专业教学团队的共同努力下，海外技术技能培训基地克服疫情影响，发展顺利。通过海外技术技能培训基地的建设，学校摸索出了一套疫情下"内引外送"的国际化办学之路。"内引"即扩大学校海外招生，实施"留学电科"计划，吸引留学生来华，让更多的海外青年人有机会来中国近距离观察中国的发展，体验中国的职业教育；"外送"即输出电科课程与标准，将学校精品的对外汉语课程和双语专业课程输出至海外，打造"中文＋职业技能"的课程体系，一方面助力突尼斯职业教育发展，另一方面提升中国职业教育的国际影响力，在国际职业教育界发出中国声音。

五、保　障

（一）组织保障

学校不断完善基地管理体制机制、工作推进制度、质量监控体系、实践管理制度等。为确保基地顺利运行，学校制定了应急预案，成立了由校领导牵头的应急工作小组，同时随时关注并充分评估可能产生的问题，有效规避风险。

（二）制度保障

建立项目团队管理机制，在电科院和自由大学之间建立和完善切实可行的沟通机制，定期召开中突双方管理和教学团队建设研讨会和经验交流会，引导双方成员间加深了解，加强沟通，促进基地建设整体水平的提升，并组织专家组定期对基地建设和运行情况予以指导，提出意见，为基地建设提供政策及技术上的保证。

（三）人员保障

建立教学团队成员的准入与更替制度，以保证团队建设活力与持续创新。在保持总体队伍相对稳定的前提下，动态调整并积极吸纳新的成员，为双语教学团队的教学与科研能力的提升提供坚实保障。

（四）经费保障

学校为基地建设和运行提供充足的经费保障，并对经费的使用进行监管，确保资金能够充分、合理、高效地推动基地建设。

六、反　思

通过海外技术技能培训基地的建设，学校在双语教学团队建设方面的经验更加丰富，留学生教育管理的方法更加完善，双语课程资源也在不断积累。此外，以海外技术技能培训基地为基础，学校的国际形象有了提升，让更多人了解了中国职业教育，向往中国职业教育。在建设过程中，学校总结出一套疫情下国际化办学的经验和方法，涵盖项目遴选、学校对接、学分互认、双语教学、学生管理等内容。相关经验可以为兄弟院校"走出去"提供重要参考。同时通过双语课程的实施，学校培养了一支能够进行双语教学的专业教师团队。此外，在基地的建设过程中，学校也不断进行总结与反思，努力提高建设质量。

（一）如何做好后疫情时代海外办学

受疫情影响，基地的前期建设都是通过线上进行，目前的专业课程也采取线上教学的方式。虽然学校已经对线上教学有了比较充分的准备，也逐步完善了线上教学的资源和内容，但职业教育的特点决定了教学仍旧需要以线下实操为主。同时由于国际上不同国家防疫政策的差异，使得学生对线上授课的接受度有下降的趋势。针对于此，学校计划通过进一步优化线上资源，上线模拟操作平台，加强突尼斯师资培训等方式提升海外学生的学习参与度和体验性，保证线上与线下同等的教学质量。

（二）如何将学校优势转化为海外办学优势

北京电子科技职业学院现有 7 大专业群，32 个招生专业，在校生 7 千余人，但招收留学生的只有 4 个专业，留学生的招收专业和留学生数量，特别是学历留学生数量都显得不足。学校计划未来在确保基地安全运行和保证教学质量的前提下，依据自身办学能力稳步扩大留学生招生的专业数量，逐步提高学历留学生的数量。

（三）如何提高师资队伍水平

师资水平是学校海外办学持续健康发展的坚强后盾。目前学校双语教学团队虽然已经建立，并进入良好运行阶段，但总体而言，能够高质量完成双语教学任务的教师仍显不足。学校计划加大教师双语教学能力的培训，吸纳更多有双语教学基础的老师加入团队，不断充实教师团队力量。

（四）如何发挥基地的辐射效用

学校的海外技术技能培训基地除了培养留学生外，还要担负技术交流、人文交流的重任。目前受疫情影响，很多工作无法线下开展。学校计划待疫情好转后，第一时间组团赴突尼斯，就发挥基地的辐射效用与自由大学进行线下沟通，在科研交流、人文交流、师资互访等多方面，不断开拓。

作者：马峻，北京电子科技职业学院国际合作与交流处副处长

面向东盟服务"一带一路" 中泰合作打造"桂海"品牌

摘 要：为主动融入和服务国家"一带一路"倡议，落实国家鼓励高等学校和职业院校配合企业"走出去"、社会力量参与境外办学，参与建设具有国际先进水平的中国特色职业教育体系，服务西部陆海新通道，衔接"一带一路"建设，广西国际商务职业技术学院联合泰国北柳职业学院、泰国中部三区职业教育中心和北京唐风汉语教育科技有限公司共建了首个海外分校——"桂海商学院"泰国分校。该校通过"互联网+"形式开展中泰联合办学，走出一条"面向东盟服务'一带一路'，联合办学打造'桂海'品牌"的职业教育国际化交流合作特色之路，得到中泰教育主管部门的高度认可。

关键词："一带一路"；"桂海商学院"；职业教育国际化

一、实施背景

2018 年 9 月，习近平总书记在全国教育大会上强调，要扩大教育开放，同世界一流资源开展高水平合作办学。[1] 2020 年 6 月，教育部等八部门联合印发了《教育部等八部门关于加快和扩大新时代教育对外开放的意见》，提出中国将打造"一带一路"教育行动升级版。作为"一带一路"有机衔接的重要门户，广西全面实施开放带动战略，扩大和深化同东盟的开放合作，深度融入共建"一带一路"，专门设立了广西政府东盟国家留学生奖学金。2019 年东盟国

---

[1] 习近平出席全国教育大会并发表重要讲话，中国政府网，2018-09-10，http://www.gov.cn/xinwen/2018-09/10/content_5320835.htm?tdsourcetag=s_pctim_aiomsg，访问日期：2022 年 11 月 17 日。

家在广西的留学生首次超过一万人，广西已成为东盟国家学生出国留学的首选地之一，是中国接收东盟国家留学生最多的省区之一。

《教育部 2022 年工作要点》强调，要加强同东盟职业教育、学历互认等合作，办好中国—东盟教育交流周（见图 1），加快建设中国特色现代职业教育体系，主动融入和服务国家"一带一路"倡议，鼓励广西职业院校协同企业走出国门，帮助东盟国家发展产业和职业教育，输出职业教育中国方案和中国标准，推动职业教育国际化交流合作大有可为。

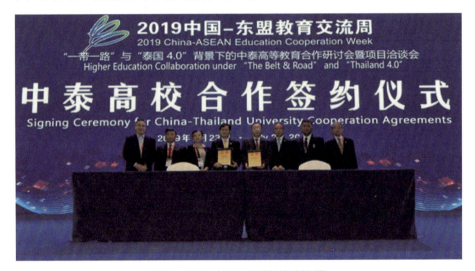

图 1　2019 中国—东盟教育交流周

二、项目目标

中泰合作办学项目"桂海商学院"下设汉语培训中心和商务技能培训中心。致力于构建"会中文、融文化、懂商务、精管理"的"CCBM"（Chinese＋Culture＋Business＋Management）中外职业教育国际合作"国商模式"，以"互联网＋"平台为技术载体，开展包括汉语教育、专业教学、技能培训、中外师生互派交流、海外实训实习、学历提升、学习商务知识、就业指导、提升管理能力等活动，实现国内国外、线上线下、双校园、双学历的合作办学。教育过程可追溯、可查询、可转换，保证国际人才培养的高质量，拟建设周期为10 年（2020—2030 年）（见图 2）。

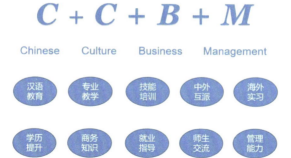

图2 CCBM（Chinese+Culture+Business+Management）

三、实施过程

（一）签订四方合作协议

2021年9月27日，中国—东盟职业教育联展暨论坛举办百校签约会，在广西壮族自治区教育厅厅长刘友谊、广西各职业院校领导及有关企业代表的共同见证下，广西国际商务职业技术学院（简称"广西国商院"）与泰国北柳职业学院、泰国中部三区职业教育中心和北京唐风汉语教育科技有限公司共建的中泰合作办学项目"桂海商学院"的云签约圆满完成，后续纸质版协议泰国两方现已签署完毕（见图3）。

图3 中泰四方顺利完成"桂海商学院"云签约

（二）举行"桂海商学院"揭牌仪式

2021年12月17日，在中国—东盟商科职业教育高质量发展论坛现场，广西国商院校长王国红与泰国北柳职业学院、泰国中部三区职业教育中心和北京唐风汉语教育科技有限公司进行线上联动，中泰首家"桂海商学院"泰国分校的揭牌仪式同步进行，取得圆满成功（见图4）。2022年，国际化师资培训基地和跨境商务海外实训基地挂牌成立（见图5）。

图4 "桂海商学院"正式挂牌成立

图5 国际化师资培训基地和跨境商务海外实训基地签约挂牌仪式

（三）搭建"互联网＋"国际教育平台

广西国商院与北京唐风汉语教育科技有限公司共同建设具有自主知识产权的国际化办学特色的"互联网＋"国际教育云平台（见图6）。该平台包含国际教育云平台（汉语课程资源、作业库、资源库、专业课程），海外分校国际教育云平台（学籍学分管理、教师管理、教学管理），智能课程生成系统软件（录播、在线授课系统），移动学习系统软件（手机app），HSK考教结合系统

（模拟网上HSK考试）五大平台。依托"互联网＋"平台支撑，"桂海商学院"泰国分校下设的汉语培训中心和商务技能培训中心正式运行。

图6 "互联网＋"国际教育云平台

（四）基于"互联网＋"开展国际合作办学

广西国商院与泰国北柳职业学院共同选定跨境电子商务专业为首个合作办学的专业，采用"2＋1"境内境外、线上线下相结合的混合教学模式，即学生在泰国北柳职业学院学习2年，在广西国商院学习1年，毕业后获得中泰双方双学历。广西国商院与泰国北柳职业学院共同开展国际化人才培养，输出广西国商院跨境电子商务等优势专业的课程标准、专业标准，通过中泰双校区办学、学籍双注册、学分互认、毕业发双学历的方式培养高水平强技能人才，实现"专业共建、人才共育、成果共享"，形成中泰CCBM中外职业教育国际合作"国商模式"，培养"一带一路"建设人才（见图7）。

图7 中泰人才合作交流活动

四、实施效果

（一）合作成效显著

2019 年 11 月，跨境电商教学团队赴泰国坦亚布里皇家理工大学工商管理学院开展跨境电商培训，共有 30 名泰国师生参加，受到泰方高度评价。2019年 11 月至 2020 年初，第一期 2019 面向东盟跨境电子商务培训班成功举办，共招收 30 名来自泰国、老挝、柬埔寨、越南、印度尼西亚五个国家的学员。2020 年疫情防控期间，受泰国教育部邀请，广西国商院委派 10 名教师以网络授课形式参与为全泰九百所职业院校的十万名学生提供汉语教学的大型教育援助行动，为中泰两国职业教育界所瞩目（见图 8、图 9）。

截至 2022 年 10 月，"桂海商学院"已招收了两批泰国学生，海外分校向泰国北柳职业学院和春武里职业学院对外输出专业课程标准 22 个，9 名国商院教师受聘于泰国北柳职业学院开展教育教学及培训工作。截至 2022 年 11月，"互联网＋"国际教育云平台上的教学资源包已达上百个，获得泰国教育部认证课程 4 门，6 门课程被广西教育厅遴选为面向东盟国家的国际化课程。国际化师资培训基地和跨境商务海外实训基地挂牌成立。该项目将成为中国职教体系在泰国获得良好本土化应用的典范，促进双方的国际化发展，培养一批优秀的泰国国际化技能型人才，同时也进一步促进中泰两国民心相通。

图 8　东盟跨境电子商务培训班学员

图 9　2020 中泰职业教育国际合作突出贡献奖

（二）开展跨境电子商务专业国际合作课程标准建设，输出中国标准

广西国商院的一门专业课——商务泰语专业信息化课程建设工作现已基本完成。目前，该课程建设项目已获泰国教育部颁发的泰国标准认证证书。广西国商院努力打造优势专业标准和课程体系，争取"做出中国特色，成为世界标准"，通过"桂海商学院"的建设向所在国家输出专业及课程标准，促进专业和课程国际化发展。同时，开展跨境电子商务专业等相关课程建设工作，建设和投放更多专业课程资源到"互联网＋"国际教育云平台。

（三）持续打造"桂海商学院"品牌，向"一带一路"沿线国家拓展

学校通过建设"桂海商学院"，在俄罗斯、越南、马来西亚、印度尼西亚、哈萨克斯坦、巴基斯坦等"一带一路"沿线国家建立海外分校，以伴随产业、服务产业为目标，面向国际产能合作和"走出去"企业开展学历教育与技术技能培训。该项目将成为中国职教体系在泰国获得良好本土化应用的典范，促进双方的国际化发展，培养一批优秀的泰国国际化技能型人才，同时也进一步促进中泰两国民心相通。

（四）推进SPADE商科标准认证，扩大国际影响力

学校扎实推进SPADE认证合作试点院校在专业建设、课程建设及人才培养等方面"把脉问诊"，共同描绘全球化视野下的商科职业院校教育新蓝图，服务国家战略，开创中国新商科人才培养的新时代。通过"桂海商学院"、海外实习实训中心、合作院校，学校在东盟国家推广及应用SPADE商科专业与课程认证，推进中国—东盟协同创新共同体建设，积极融入中泰"一带一路"国际化商业服务型人才教育合作项目创新发展，打造有影响力的国际认证品牌，助力中国职业教育改革腾飞（见图10、图11）。

图 10　校长王国红在中国—东盟商科职业教育高质量发展论坛作主题演讲

2022 年自治区级面向东盟国际化职业教育资源认定名单

序号	类型	层次	学校	资源/内容名称	专业大类	负责人
18	国际化课程	高职	广西国际商务职业技术学院	企业财务会计	财经商贸大类	徐爱菲
19	国际化课程	高职	广西国际商务职业技术学院	跨境电商运输实务	财经商贸大类	李向敏
65	国际化培训资源包	高职	广西国际商务职业技术学院	中国与东盟国家税制比较	财经商贸大类	李凌
66	国际化培训资源包	高职	广西国际商务职业技术学院	数字营销技能培训	财经商贸大类	梁曦
67	国际化培训资源包	高职	广西国际商务职业技术学院	跨境电商短视频运营	财经商贸大类	莫恬静

图 11　企业技术技能培训和学历教育获得东盟国际化职业教育资源认定

（五）服务"一带一路"中国企业"走出去"，积极推进产教融合

学校聚焦"走出去"企业需求，联合企业开展订单式人才培养。一方面，面向中国境外企业的当地员工开展技术技能培训和学历教育，服务国际产能合作和中国企业"走出去"，为中国企业解决人力资源本地化难题。另一方面，为海外分校当地企业培养中文与技能兼备的高素质高水平人才，深化中国境外企业合作，为海外学生搭建实习实训及就业平台。

（六）打造品牌化的国际商务型人才

学校引进海外名校优质课程体系，开展中国—东盟教育合作项目，加大来华留学生工作的力度，扩大规模发展招收短、长期留学生进行专业学习，同时积极开展暑期班、访问团等特色鲜明的短期交流项目，做到"走出去，引进来"的人才培养形式，树立学校国际化的形象，培养具有全球视野和较强可持续发展能力的高素质技术技能型国际商务人才。

五、实施保障

（一）机构保障

本项目的合作伙伴唐风国际教育集团（泰国教育部合作方，全球知名国际教育平台提供方）所研发的"互联网＋"职业教育国际合作平台，作为中泰职业教育交流的官方信息化平台，由国际教育云平台、海外分校国际教育云平台、智能课程生成系统软件、移动学习系统软件、HSK考教结合系统组成，形成云、端一体化的完善教学体系。

"桂海商学院"下设汉语培训中心和商务技能培训中心。由广西国商院相关部门牵头，配置专职人员负责国际学院工作，负责中泰国际教育交流与合作，与泰国合作院校及海外分校建立常态化的沟通交流机制，负责学校中泰合作办学、教师外派、专业输出等事宜。

（二）设施保障

广西国商院配置信息化的学习中心作为教学场地，使用智能课程生成系统生产国际合作课程资源；设置办公室用于中泰双方人员的办公、教学；同时配备留学生公寓等设施用于来华留学、国际合作办学。

泰国合作院校在广西国商院内设置用于双方国际合作的教室与办公室，并在学院授权下挂牌为"桂海商学院"。海外分校所需场地、设备、设施、信息化系统将由合作伙伴唐风国际教育集团投入。

（三）师资保障

中泰双方为项目实施提供有力师资保障。广西国商院将向海外分校派出汉语教师、专业教师，为在海外分校开展汉语教育及专业教育提供协助；合作院校也会协助我方外派教师办理赴泰法律手续，为赴泰教师提供免费、安全的食宿条件，并安排汉语授课任务，安排本土师资接受广西国商院专业教师的师资培训。

（四）经费保障

为促进双方国际教育合作，合作院校每年向学校推荐不少于 20 名中职毕业生或高职在读生赴广西国商院留学，不少于 10 名学生开展短期游学。为提升来华留学生生源质量，扩大来华生源规模，学校每年将为来华的部分泰国优秀学生提供全额奖学金（覆盖学费、住宿费）名额，同时合作院校对等提供学校学生赴泰长、短期学习的全额奖学金（覆盖学费、住宿费）名额。

六、总结与反思

（一）学习政策，融会贯通

学校深入学习贯彻国家和自治区国际交流合作、中外合作办学等相关政策，将政策与实际工作融会贯通，用政策指导实际工作开展。

（二）多方协同，强化沟通

通过校际、校政、校企多方协同，学校大力推进产教融合，广泛开展企业、行业需求调研，加强互通互联，提升合作效率与质量。

（三）过程管理，持续推进

学校全程跟踪项目协议拟定、招标、验收等各环节，及时敦促、适时推进，实现项目全过程管理。

作者：刘丽欢，广西国际商务职业技术学院国际交流学院负责人

共建海上丝路学院　助力国际产教融合

摘　要：武汉船舶职业技术学院开拓"以船为本、随船远航、走海上丝绸之路"的国际合作办学道路，充分发挥船舶特色专业群优势，积极探索多途径中外合作办学模式，开展船舶海洋类特色"中文＋职业技能"人才培养项目，配合职业教育与产业输出，推出中国职业教育方案，培养服务"一带一路"建设所需技术技能人才。

关键词：海上丝路学院；船舶特色专业群；国际产教融合

一、项目背景

"21世纪海上丝绸之路"愿景是"一带一路"倡议的重要组成部分，在高等职业教育领域构建与"海上丝绸之路"沿线国家的良好合作关系，探索出规范的、可行的、灵活的、可持续发展的多维度多途径的合作模式，对发展构建我国与沿线国家的良好关系、构建"一带一路"倡议下教育共同体、提升我国高等职业教育的国际影响力、助力"21世纪海上丝绸之路"愿景的实现等方面都具有举足轻重的意义。

"一带一路"倡议为推动区域教育大开放、大交流、大融合提供了大契机，武汉船舶职业技术学院（简称"学院"）与"一带一路"沿线国家的教育机构和企业加强合作、共同行动，服务构建高质量"一带一路"教育共同体，为"一带一路"建设培养国际化技术技能人才。学院结合"海上丝绸之路"沿线国家的办学政策、国情与人才需求，与当地国家教育部门、我国驻当地国使馆和国内外行业企业合作，全方位整合"政校行企"资源，从高等职业教育层面打造规范的、可行的、灵活的、可持续发展的学院特色合作办学模式。

二、建设目标

学院坚持"以船为本、随船远航、走海上丝绸之路"的国际合作途径，建设中泰国际学院暨武汉船舶职业技术学院海外分校（简称"海上丝路学院"）（见图1），开展船舶类特色专业群合作办学项目，辐射推广到其他专业的国际合作，培养"中文＋职业技能"双全人才。

海上丝路学院致力推动海上丝绸之路沿线国家职业教育发展，提升船舶制造、远洋运输、智能制造等行业的技术技能人才培养质量，共享中国职业教育改革发展的经验和成果。

图 1　中泰国际学院暨武汉船舶职业技术学院海外分校揭牌

三、建设过程

2017 年，学院与泰国廊开造船工业技术学院合作开展"中泰船舶类专业人才培养项目"，培养了首批船舶动力工程技术、船舶电气工程技术专业的泰国留学生，这是学院进入"以船为本、随船远航、走海上丝绸之路"国际化办学新时代的标志。

2021 年，在湖北省教育厅以及泰国职教委中部一区的指导与支持下，学院与泰国多所院校共同建立了海上丝路学院，开展了船舶类特色"中文＋职业技能"人才培养项目，为共建"一带一路"提供船舶行业技术技能人才支撑（见图2）。学院将船舶专业合作经验与模式辐射到远洋运输类、智能制造类等多个专业，推广合作经验。海上丝路学院就合作专业、合作场地、师资共建、教学资源共享等制定了科学合理的方案，有序建设海上丝路学院。

图2　中泰船舶类专业人才培养项目成果分享

（一）合作专业以点带面

海上丝路学院既发挥船舶技术类专业优势，又辐射带动其他专业，共同培养涉船涉海类行业的国际化人才。合作专业以船舶工程技术专业为核心，辐射远洋运输、智能制造等多个专业大类9个专业。

（二）实地建设虚实结合

海上丝路学院在场地建设方面虚实结合，既注重实地建设，又重视虚拟仿真场地建设。在合作院校内设置办公室与专用教室用于双方国际合作（见图3），并挂牌为中泰国际学院（海上丝路学院）暨武汉船舶职业技术学院海外

图 3　与泰国院校教师交流互访

分校，将船舶智能制造虚拟仿真实训基地等代表智能船舶制造先进技术实训基地、智慧跨境物流创新型技术实训基地等作为海上丝路学院综合训练场所；将学院舰船与航海博物馆设为海上丝路学院多模态感知数据教学场所。

（三）师资建设双管齐下

海上丝路学院重视师资队伍的建设，以由万人名师领衔的高素质、结构合理的国际化双语双师型教师队伍为主体，同时聘用 20 名楚天技能名师。

海上丝路学院定期组织中泰双方专业教师和培训师的交流活动。自成立以来，海上丝路学院共计组织培训与交流 6 场，涉及海上丝路学院合作院校在内的泰方院校 93 所，其他国家院校与企业近 40 所（家）。

（四）教学资源全面开发

学院建成了系列"工作场景式"特色实践教育平台，将平台资源投入海上丝路学院教学培训中使用，帮助海上丝路学院学生（员）开展自主学习。学院建成了国家级职业教育专业教学资源库网络平台"船舶工程技术专业教学资源库"，在线职业教育教学资源达到 10878 个；建设有涉船类专业 9 个虚拟仿真实训中心，含 59 项教学培训资源系统；开发了"船舶概论""荆楚文化"等系列"中文＋职业技能"多语种线上课程（见图 4）；制作了《船舶轴系安装与调试》等数十个实训操作微课视频。国家社科基金一般项目"服务'海上丝绸之路'战略的船舶工业职业教育教学标准体系建设研究"的研究成果，以及学院主持的教育部船舶工程技术等 5 个船舶类专业标准均已在海上丝路学院投入使用。

森大海外员工培训课　　荆楚文化系列课程八（...　　船舶概论

图 4　开发海外培训中心线上资源课

五）教学装备充分共享

除共享合作院校船舶类、轮机类教学装备外，海上丝路学院还建设了专用智慧教室，用于线下线上教育培训项目。

四、项目成效

海上丝路学院充分发挥船舶特色专业群优势，积极探索多途径中外合作办学模式，开展船舶海洋类特色"中文＋职业技能"人才培养项目，根据中资企业拓展海外业务的需求，制定差异化培训方案，在海外员工培训领域，持续扩大技能培训的国际影响力和覆盖面，助力形成以人才质量为核心竞争力的中

图 5　海上丝路学院船舶动力工程专业泰国留学生参加实训

国造船业和制造业国际竞争新优势（见图 5）。

（一）搭建湖北制造"走出去"和国际产能合作的桥梁，培养国际化人才

海上丝路学院构建了与中国船舶企业和产品"走出去"相配套的职业教育教学标准体系，配合湖北船舶与智能制造企业"走出去"。学院为中国船舶重工集团武汉船舶工业有限公司在泰项目提供通晓中泰双语、具备船舶轮机及电气设备安装调试、使用和维修等能力的技能人才，学生随着行业企业"走出去"，服务企业海外项目达 2300 余人次。

（二）助推中国企业拓展海外业务，服务当地产业国际化发展

海上丝路学院实现了与驻外中资企业在海外员工培训领域的深度合作，文化交流与技能培训的影响力和覆盖面持续扩大。以服务泰国工业 4.0 建设为起点，辐射推广到孟加拉国、越南、非洲等中资企业较为活跃的国家和地

区。截至 2022 年 5 月，已完成海外员工线上线下培训 2000 余人次，对接了驻外中资企业本地员工的技术技能需求，实现了企业发展与当地经济国际化发展的紧密结合。

（三）开拓教育培训新途径，全面提高育人质量和国际化办学水平

海上丝路学院开展了多种形式的境外合作培训与办学项目，与 12 个国家和地区的 58 所院校与机构建立了友好合作关系，依托海上丝路学院，拓展形成了多个海外培训中心、国际产业学院、国际精英工匠孵化中心，实现了国际合作点与面、广度与深度的有机结合。

五、项目保障

海上丝路学院通过建立长效、包容、前瞻的合作机制，确保合作项目可持续发展。

（一）合作具有长效性

学院组建了专门的管理团队，建立了长效合作机制，稳步有序投入资金，从制度上与经济上对场地、师资、资源形成保障；采用"一项目一方案"实施机制，充分调配产业学院、海外培训中心资源，合理安排后疫情时代教学培训本地化与远程化教育培训内容。

（二）合作具有包容性

学院关注当地职业教育政策与发展，坚持以包容开放的理念开展项目合作，让更多的当地员工，尤其是经济弱势青年，参加教育培训项目，截至 2022 年 5 月，已有超过 60 名经济弱势青年从中受益。

（三）合作具有前瞻性

借力泰国等国家经济发展的目标与政策，海上丝路学院秉持"共享技术技能变革经验、共迎技术技能发展趋势、共迈工业新时代"原则，为"一带一路"沿线国家培养船舶工程类、远洋运输类、智能制造类的国际化本土化人才。

六、总结与反思

武汉船舶职业技术学院开拓"以船为本、随船远航、走海上丝绸之路"的国际合作办学道路，充分发挥船舶特色专业群优势，携手中资企业与"一带一路"沿线国家教育机构，依托海外分校与海外员工培训中心等平台，开展多途径中外合作办学项目，推出中国职业教育方案，为"一带一路"建设提供具有国际视野的高素质技术技能人才。

（一）与船同行，校企携手培养远洋运输技能人才

海上丝路学院创新产教融合模式，依托产业学院，做好服务于湄公河沿岸、印度洋沿线国家等从事船舶驾驶、远洋运输等的人才培养工作，企业、学生、学校多方受益。采取"院校＋国际先进平台＋知名企业"强强联合方式，将国际先进管理方法、技术标准等引入教育与培训，孵化为国际认可的远洋运输类专业标准和人才培养模式，携手中国船舶集团产教融合学院建立"国际化人才培养基地"，培养国际船舶与航运人才（见图6）。

图6　海上丝路学院物流专业泰国学生到企业实训

（二）随船远航，产教融合培养驻外中企智能制造本土人才

海上丝路学院联合优质跨国企业，深化产教融合，根据企业发展的不同需求，成批量地开展境外员工岗前专业、语言、技能等全面培训，满足"一带一路"沿线驻外中资企业的发展需求。服务于国际船舶行业，同时为远洋运输、智能制造等行业培养本土人才。

武汉船舶职业技术学院国际化项目颇具成效，后疫情时代，学院将继续积极落实国家教育开放政策，配合职业教育与产业"走出去"，为驻外中资企业本土化发展提供人才支撑，助力高质量建设"一带一路"教育共同体，积极向世界传递中国力量。

作者：陈少艾，武汉船舶职业技术学院国际文化交流学院院长；

王嘉妮，武汉船舶职业技术学院国际文化交流学院副主任科员；

聂继德，武汉船舶职业技术学院国际文化交流学院副院长

中国职教"走出去" 中职学校服务国家"一带一路"倡议

摘　要："一带一路"倡议是党中央、国务院主动应对全球形势深刻变化，统筹国内国际两个大局做出的重大决策。"一带一路"倡议的提出，在带动沿线国家经济合作的同时，也带动其教育融合。中等职业教育作为与经济社会发展联系最紧密最直接的教育类型，服务于"一带一路"倡议的实施。青岛电子学校以为"一带一路"建设提供高素质技术技能人才为目标，建设青岛电子学校尼泊尔分校，让中国职教"走出去"，实现海外落地。

关键词："一带一路"；中国职教；中职学校

一、中国职教"走出去"的背景

青岛电子学校（见图1）是青岛市首批国家级重点职业学校，是青岛市教育局直属的一所开设计算机及应用、电子技术应用、电气技术应用类专业的中等职业学校。学校不断拓展办学层次，坚持"引进来"和"走出去"两步走，服务国家开放战略，努力打开现代职教迈向国际的新视野，培养国际化高素质技术技能人才。

悉达多·瓦纳斯塔利学院成立于1951年，是尼泊尔历史最悠久，声誉最好的学校之一，开设从幼儿园到本科学位的全部课程。该学校连续12年获得尼泊尔国家教育部颁发的最高荣誉嘉奖——Birendra Bidhya Shield。

在"一带一路"倡议中，青岛被定位为新亚欧大陆桥经济走廊主要节点和海上合作支点城市，是国内少数同时作为"节点"和"支点"的城市之一，青岛市委、市政府全力打造"一带一路"综合枢纽城市，当好"一带一路"建设的排头兵和生力军。作为唯一被教育部列入本次"一带一路"省部共建名单的

图 1 青岛电子学校

城市政府，教育部与青岛市人民政府于 2017 年 4 月签署了开展"一带一路"教育行动国际合作备忘录，青岛电子学校尼泊尔分校项目也被写入其中，是青岛市唯一一所被列入备忘录中的中职学校。

二、中国职教海外落地的目标

青岛的职业教育一直走在全国的前列，理应为"一带一路"培养大批共建急需人才，为相关"一带一路"产业培育更多的高素质人才，进而为区域教育大发展做出应有的贡献。

（一）立足本土、惠及沿线

针对中等职业教育的国际化人才培养与社会需求存在差距的问题，青岛电子学校始终坚持"以世界眼光谋划学校发展、以国际标准提升办学水平、以本土优势彰显办学特色"的战略规划，以培养面向世界，具有国际视野、通晓国际规则、未来能够参与国际事务和国际竞争的高素质国际化人才为目标，贯彻国务院《国家职业教育改革实施方案》，依托学校品牌专业"走出去"，主动服务"一带一路"倡议，建设青岛电子学校尼泊尔分校，培养和储备适应企业"走出去"的技术技能人才。立足本土经济，让中国标准、中国技术、中国职教落地海外，惠及沿线国家。通过文化实力软着陆的方式推广中国职业教育的品牌力量，进而以职教文化浸润"一带一路"建设。

（二）抢占职教制高点

青岛电子学校通过尼泊尔分校的建立创建国际合作与交流网，努力打造推进教育国际化的动态平台，及时传递学校目前推进教育国际化的前沿信息与状况；大力发展现代远程教育，充分利用网络技术，努力拓展教育的国际空间，抢占教育国际化制高点。青岛电子学校以分校的建立开辟尼泊尔电子电气类职业教育领域的国际化，通过中等职业教育这一切入口开拓中国同尼泊尔在中等职业教育领域合作的先河。

三、中国职教"走出去"探索过程

2016 年 4 月 22 日，尼泊尔共产党（联合马列）干部考察团访问青岛电子学校（见图 2），孕育了青岛电子学校建立尼泊尔分校的设想。同年，教育部印发《推进共建"一带一路"教育行动》，倡导学校与"一带一路"沿线国家开展教育互联互通、人才培养培训合作，区域教育开放、交流和融合迎来了新的发展契机。借此契机，学校充分利用国际市场的开放性和先进性，借鉴国外先进的教育理念、方法，推动学校职业教育国际化、"走出去"进程。

自 2017 年 1 月双方签署合作备忘录以来，青岛电子学校对尼泊尔开展了援建、共建、师资培训、联合办学等多种形式的合作。

2020 年 1 月 1 日，在尼泊尔首都加德满都，中国青岛电子学校分校——尼泊尔悉达多·瓦纳斯塔利学院技术学校正式挂牌（见图 3），标志着青岛电子学校的国际化办学取得历史性突破。

图2　尼泊尔共产党（联合马列）干部考察团访问青岛电子学校

图3　中国青岛电子学校分校——尼泊尔悉达多·瓦纳斯塔利学院技术学校正式挂牌

四、中国职教落地海外的实践成果

（一）解决了中等职业教育服务"一带一路"倡议"走出去"路径不明的问题

2020年1月1日，在尼泊尔首都加德满都，中国青岛电子学校分校正式挂牌成立。双方采取"1+2"模式，探索"国外中职＋国内中职"人才培养模式，服务于中国企业的产能输出和输入国的社会经济发展。具体包括：①依托政府间的战略合作；②建设"电子学校海外分校"；③依托中国企业和产品"走出去"。

（二）创建了"国外中职＋国内中职" 国际化人才培养体系

"1+2"模式，即在青岛电子学校尼泊尔分校学习一年课程后，在青岛电子学校本校学习两年课程。学习过程采用学分制，每门课程对应一定学分，成绩合格后可获得相应学分，学分满足170分即可毕业，在尼泊尔分校取得的学分在青岛电子学校本校有效。毕业时青岛电子学校和青岛电子学校尼泊尔分校同时颁发毕业证书。学生可以在国内就业，也可返回尼泊尔支援当地经济建设（见图4）。

**青岛电子学校中外合作办学
中尼电子技术应用专业人才培养方案**

The Talent Training Program for Electronic Technology
Application Major of QES-Vanasthali Cooperative Education

青岛电子学校

Qingdao Electronic School

尼泊尔悉达多·瓦纳斯塔利学院

Siddhartha Vanasthali Institute

二〇一九年七月

图4　中尼电子技术应用专业人才培养方案封面

（三）建设了"一带一路"中尼电子技术专业课程体系

青岛电子学校结合当地实际情况和自身特色专业进行对接，实现了强势专业与当地情况的结合。学校建设中尼电子技术专业课程体系，适应分校电子技术应用专业一年级新生培养的教学要求，结合中尼两国教育的具体现状，便于学生更好地适应"1＋2"中尼合作办学模式，使教学工作有计划、有组织，分校将按照一学年分为两学期，一学期 18 个教学周，一周 30 学时的教学安排。教学内容主要有三大类课程，分别是语言课程、通识课程和专业课程。

（四）国家化师资队伍建设

要想加强职业院校师资队伍建设，首先要培养一批具有国际视野和国际化思维的专业教师。为此，青岛电子学校组建了强大的师资团队，实施双轨并行制。在培养学校的双语教师的同时邀请尼泊尔教师到学校接受专业课的培训（见图 5），完成专业知识的学习，成为尼泊尔分校的教学骨干力量。

图 5　尼泊尔教师接受专业培训

五、中职学校服务国家"一带一路"的保障

（一）以政策为背书，"走出去"中外合作办学做法得到社会认可

2017年，青岛电子学校尼泊尔分校项目作为青岛市唯一一个中职项目被写入教育部与青岛市人民政府签署的开展"一带一路"教育行动国际合作备忘录。2020年，青岛电子学校尼泊尔分校项目被列入青岛上合示范区建设重点项目。各主流媒体近百次专门报道了学校中外合作办学的经验范例，对青岛电子学校中外合作项目做了深度报道与推广。

（二）以企业做推手，服务国家战略，助力企业走出国门

围绕国家"一带一路"倡议，配合中国装备"走出去"和国际产能合作，学校采用校企共建方式，借助鲁班工坊平台，助推优质教学装备和产品技术走出国门。中尼项目培养了10余名电子专业技能教师，为分校落地、学生培养、课程对接等提供人才基础。

六、中职学校服务国家"一带一路"的总结回顾

中国的职业教育迅速发展虽然只有短短几十年，但职教人迈向世界的脚步却从未停止过，对职业教育国际化的思考与探索也从未中断过。多年来，青岛电子学校始终坚持"以世界眼光谋划学校发展、以国际标准提升办学水平、以本土优势彰显办学特色"的战略规划，脚踏实地地推进电子学校职业教育教学改革，提升学校的教育影响力，建立分校的目的是让更多的尼泊尔学生接受作为青岛职教旗帜的高端、先进的职业教育，实现高端就业可持续发展。

作者：崔西展，青岛电子学校校长；

纪渊海，青岛电子学校副校长；

杜莉莉，青岛电子学校教师；

陈琪，青岛电子学校教师

实施高质量创新驱动 为"一带一路"沿线国家职教发展贡献中国智慧

摘 要：南京工业职业技术大学实施高质量创新驱动，为"一带一路"沿线国家贡献中国智慧。推动载体创新，建成全国首个"中文＋职业技能"国际推广基地；推进强强联合，成立全国首家职业院校共建孔子学院；完善教学资源，开发全国首套"中文＋职业技能"教材；构建标准体系，建立赞比亚学院。

关键词："中文＋职业技能"国际推广基地；孔子学院；系列教材；赞比亚学院

一、实施背景

随着教育对外开放的不断深入，"一带一路"倡议正引领新一轮全球化。推动职业教育"走出去"，是探索中国特色职业教育发展之路，为世界职业教育提供中国方案和智慧，不断提升我国职业教育的国际影响力和竞争力的重要举措，也是职业院校高质量发展的内在需求和主动作为。南京工业职业技术大学（简称"南工"）牵头中国教育国际交流协会职业技术教育国际交流分会、江苏美国高职教育合作联盟、中国—东盟职教合作联盟等高规格的国际交流平台，与世界职教院校与技术大学联盟（World Federation of Colleges and Polytechnics，WFCP）等40多个国家和地区的90余家境外组织和院校保持稳固联系，获得世界职教院校联盟2020卓越奖"应用研究与创新"金奖（见图1、图2）；国际化探索成果"高职国际合作教育范式探索与实践"获得国家级教学成果奖一等奖、江苏省教学成果奖特等奖（见图3、图4）；连续三年蝉联全国高职院校国际影响力50强（见图5）；有来自40多个国家和地区的600余名留学生在校学习（见图6、图7）。

图1　学校获全球职教界的最高荣誉
　　　——世界职教院校联盟卓越金奖

图2　世界职教院校联盟卓越金奖证书

图3　国家级教学成果奖证书内页

图4　江苏省教学成果特等奖

图 5 连续三年蝉联全国高职院校国际影响力 50 强

图 6 留学生参加学校运动会

图 7 中缅职教留学生合作项目（第一期）学生毕业合影留念

二、主要做法

（一）推动载体创新，建成全国首个"中文＋职业技能"国际推广基地

南京工业职业技术大学充分发挥学科优势，与教育部中外语言交流合作中心共建全国首家"中文＋职业技能"国际推广基地（见图8）。学校从师资培训、专业设置、教材编写、课程标准等多方面协同推进。2021年12月，教育部中外语言交流合作中心、柬埔寨王国柬华理事总会和柬埔寨皇家科学院与学校共同举办为期两周的柬埔寨本土"中文＋职业技能"师资培训班，对60名柬埔寨本土师资进行了培训（见图9）。

为推动国际中文教育与职业教育"走出去"融合发展，在海外实施"中文＋职业技能"教育，推进具有中国特色、国际先进水平的"职业标准建设"，2022年3月14日，印尼教育与文化部、印尼驻华大使馆、中国—东盟中心、中国教育部中外语言交流合作中心以及我校"中文＋职业技能"国际推广基地共同举办的"2022年印尼'中文＋职业技能'本土师资培训项目"正式启动。本次线上培训项目为期9天，课程方向涵盖"中文＋电子商务""中文＋计算机网络""中文＋物流管理"三大领域，旨在帮助印尼教师尽快掌握"中文＋职业技能"的教学能力。900余名来自印尼各地职教院校的教师参与此次线上培训（见图10）。

图8 全国首家"中文＋职业技能"国际推广基地启动

图 9　2022 年柬埔寨"中文＋职业教育"本土中文师资线上研修项目

图 10　印尼"中文＋职业技能"本土师资培训

（二）推进强强联合，成立全国首家职业院校共建孔子学院

建设职业教育孔子学院是学校推动国际化建设、打造改革试点和亮点的一项重要举措。为配合实施职业教育"走出去"战略，探索培养既懂外语又懂专业的复合型技术技能人才，2021年，南京工业职业技术大学与柬埔寨王国柬华理事总会、柬华理工大学合作建设的柬华理工大学职业教育孔子学院正式成立（见图11），成为中国首家由职业院校共建的孔子学院。

图 11　与柬华理工大学共建的全国首家职业教育孔子学院获授权

（三）完善教学资源，开发全国首套"中文＋职业技能"系列教材

牵头全国首套"中文＋职业技能"系列教材和教学资源库建设，选择海外急需急用的物流管理、汽车服务工程技术、电子商务、机电一体化、计算机网络、旅游六个专业进行研发，完成初、中、高级三个系列共18册教材编写并由北京语言大学出版社出版（见图12）。

图 12　全国首套"中文＋职业技能"系列教材

（四）构建标准体系，建立赞比亚学院

南京工业职业技术大学作为全国首批 8 所试点院校之一，承担中国—赞比亚职业技术学院机电学院的建设任务（见图 13），负责机电一体化、电气自动化等专业的建设工作。我校制定的机电一体化专业标准获得赞比亚技术教育以及职业和创业培训管理局（TEVET Authority，简称 TEVETA）批准成为 TEVETA 机电一体化专业课程中国教学标准（赞比亚国家教学标准编号：410）（见图 14），这是我国开发的职业教育教学标准首次进入主权国家国民教育体系。

图 13　中国—赞比亚职业技术学院机电学院落成

Ref.: TEV/DG/TIs/5.3

20th March, 2019

The Principal
Sino - Zam Vocational College Of Science and Technology
(formerly Luanshya Craft Training School)
PO Box 90456
LUANSHYA

Dear Sir

NOTIFICATION OF FINAL APPROVAL OF THE FIVE (5) PROGRAMMES SUBMITTED
Reference is made to the five (5) programmes that your training institution submitted to the
Technical Education, Vocational and Entrepreneurship Training Authority (TEVETA) for approval namely;

1. Diploma in Mechatronics
2. Diploma in Mechanical Manufacturing and automation
3. Diploma in Automation and Information Technology
4. Diploma in Maintenance and Management of Electrical Equipment
5. Diploma in Metal and Non – Metal Technology

TEVETA wishes to inform you of the **final approval** of the five (5) programmes that were presented for
consideration during the 38th **Occupational Standards, Curriculum and Training Systems Sub-
Committee Meeting** held from 11th to 14th February, 2019. The final approval is based on the corrections
made to the curriculum documents as recommended the Sub-committee.

The five (5) approved curricula are now ready for implementation upon your training institution meeting
the minimum training standards to offer the said programmes.

Kindly contact TEVETA for guidance on the accreditation process to run the programmes

We wish you the best in the implementation of these programmes.

Yours faithfully,

Cleophas Takaiza
**DIRECTOR GENERAL
TECHNICAL EDUCATION, VOCATIONAL AND ENTREPRENEURSHIP TRAINING AUTHORITY
(TEVETA)**

TABLE OF CONTENT

图 14　TEVETA机电一体化专业课程中国教学标准

三、成果成效

（一）为"一带一路"贡献中国方案

南京工业职业技术大学建成全国首个"中文＋职业技能"国际推广基地，推动"中文"与"职业技能"融合发展。"中文＋"教育理念最早在 2018 年第十三届全球孔子学院大会致辞中明确提出。"中文＋"教育理念侧重在语言学习的基础上进行其他专业的学习，有助于实现海外人才市场"需求侧"与国际中文教育人才培养"供给侧"的无缝对接，进而满足当地经济社会的发展需要，满足"一带一路"倡议的需求，更好地服务当地社会、经济发展。

（二）推动"中文＋职业技能"与"X等级证书"协同发展

南京工业职业技术大学成立全国首家由职业院校共建的孔子学院，职业教育孔子学院将开展形式多样的学历教育和非学历教育教学及培训活动（见图15），包括中文培训班，围绕HSK考试开展中文培训；职业等级证书班，主要致力于学习职业技能，考取相应的职业技能等级证书；定向培养或"订单式"人才培养，根据当地中资企业对于员工的需求，以及柬埔寨社会各界就业方面的实际需要，开展定向职业培训，推动技能证书在柬埔寨的推广。

图 15　全国首家职业院校共建孔子学院授权书

（三）推动"中文＋职业技能"课程高质量发展

南京工业职业技术大学为"一带一路"贡献了中国智慧：开发首套"中

文＋职业技能"系列教材。该教材选择海外急需急用的物流管理、汽车服务工程技术、电子商务、机电一体化、计算机网络、旅游等六个专业进行研发，每个专业包含初级、中级、高级三个系列。"中文＋职业技能"基地将依托移动互联、大数据、人工智能等新技术，设立融合线上线下的联合实训室、智慧教室等，统筹推进"中文＋职业技能"数字资源体系建设。

为庆祝第 13 个联合国中文日，推进职业领域里专门用途中文的学习，实现以中文为切入点，逐渐向其他领域延伸，打造出各类"中文＋"项目，为各国培养既懂语言又懂技术的专业人才，2022 年 4 月 20 日，教育部中外语言交流合作中心、国际中文联盟和我校"中文＋职业技能"国际推广基地为联合国中文日共同举办了"中文＋职业技能"立体式教材学习体验工坊活动。活动共分为三个篇章，分别是国际中文日寄语篇章、"中文＋职业技能"立体式教材学习体验工坊线上课程篇章和学以致用——汽车实训中心实操篇章（见图16）。参加活动的 200 名学员分别来自柬埔寨柬华理工大学、乌干达鲁扬子理工学院、马来西亚优诺雅中文工坊。

图 16 "中文＋职业技能"立体式教材学习体验工坊活动

（四）推动职业教育教学标准走出国门

为向"一带一路"贡献中国标准，学校以建设中国—赞比亚职业技术学院南京工业职业技术学院机电学院为起点，落实习近平主席在非洲建立能力建设学院的承诺，服务国家"一带一路"倡议，经教育部批准，有色金属行业以中国有色集团赞比亚企业当地员工的职业教育需求为立足点，探索与中国企业和产品"走出去"相配套的职业教育发展模式。南京工业职业技术大学作为全国首批8所试点院校之一，依托传统优势的机电类专业，承担中国—赞比亚职业技术学院机电学院的建设任务（见图17）。

图 17　中国—赞比亚职业技术学院开学

　　南工教师团队开发的机电一体化专业英文教学标准，获得赞比亚TEVETA（职业教育与培训局）批准成为赞比亚国家标准（赞比亚国家教学标准编号：410）（见图18），这是我国开发的职业教育教学标准首次进入主权国家国民教育体系，开启了中国现代职业教育国际化发展的新阶段。教学标准制定过程中，南京工业职业技术大学根据赞比亚实际情况，按每年三个学期、三年共3600多学时制定教学标准，内含基础课、技术平台课、专业课及实践课程等共计18门课程标准，共有26万多英文字符、285页。2016年到2021年，南京工业职业技术大学共选派7批次15人次赴赞比亚实地调研和开展专业教学，已培训赞方员工800余人。

图 18　机电一体化专业教学标准已获得赞比亚职业教育与培训局批准
（赞比亚国家教学标准编号：410）

四、经验总结

作为全国首家"中文＋职业技能"国际推广基地，学校从专业设置、教材编写、课程标准等多方面协同推进；按照统筹规划、试点先行的思路，不断完善体制机制，提高质量效益和职业技能等级证书影响力。

职业教育孔子学院顺应新时代国际中文教育发展方向，以服务当地社会经济发展为导向。随着职业教育孔子学院的建设，南京工业职业技术大学将同步推动师资"走出去"、教材"走出去"、课程"走出去"，满足"一带一路"建设的需求。

"中文＋职业技能"系列教材的推出将开创中文学习的新视野、新领域、新方向，推进"中文＋职业技能＋X等级证书"真正融合，助推"中文＋职业技能"课程高质量发展。

中赞职业技术学院以在赞中资企业当地工人技能培训为开端，开创了企业伴随式"走出去"的境外办学模式。

下一步学校将在更多"一带一路"沿线国家实施高质量创新驱动职业教育国际化发展，为"一带一路"沿线国家职教发展贡献中国智慧。

五、推广应用

"中文＋职业技能"教育实现了中文教育与技能教育的融合创新和协同发展。未来，将有更多的职业院校、企业和社会语言教育机构加入其中，大力培养"中文＋职业技能"复合型人才，成为整合国际中文教育和职业教育资源的典范。中赞职业技术学院是职业教育"走出去"试点项目的重要成果，象征着中国现代职业教育产教融合、校企合作的进一步深化，有力助推了职业技能教育的国际化，也将为"一带一路"沿线国家经济社会发展注入新动力。

作者：谢永华，南京工业职业技术大学党委副书记、校长

PART 6

第六篇

创建鲁班工坊

Selected Collection of Excellent
Cases of International Exchange
and Cooperation in Chinese
Vocational Colleges

从"天津实践"到"国家名片"的鲁班工坊

摘　要：泰国鲁班工坊是天津渤海职业技术学院和泰国大城技术学院合作创建的我国境外第一所鲁班工坊，2016 年 3 月 8 日揭牌，随后天津铁道职业技术学院加盟，共同完成了三期建设。泰国鲁班工坊揭牌以来，在技术技能人才培养培训、国际专业教学资源开发、国际产教合作协同育人、中外人文交流培训、国际技能赛项资源开发、国际产教融合校企合作、中泰师生交流互访、增进中泰两国人民友谊等多方面做出了卓越贡献，呈现了与众不同的特色，取得了令人瞩目的成就。

关键词：鲁班工坊；职业；技术；教育

一、项目背景

2013 年 4 月，泰国公主诗琳通访问中国天津，表达了泰方与天津在职业教育等方面加强交流、深化合作的意愿。2014 年 9 月 12 日，泰国隆财基金会主席、金佛寺副住持帕龙芒克拉赞·赵昆通猜携泰国教育部职业教育委员会副秘书长阿伽尼·康善及来自泰国各地的 11 所职业院校校长来到天津市，与天津市 11 所对口职业院校签署合作协议。天津渤海职业技术学院（简称"渤海职院"）和泰国大城技术学院（简称"大城学院"）签署合作协议，奠定了双方合作交流的基础。

二、目标定位

泰国鲁班工坊的发展定位是紧紧围绕泰国的产业和我国"一带一路"建设

对接要求，作为在泰国实施学历教育和技术培训的教育机构，建成中国职业教育国际合作的新支点，"一带一路"上的技术技能驿站，推动中国优质产品技术向泰国输出的桥头堡。以优质教育资源为支撑，以深入开展校企合作基础上的技术技能人才培养目标机构为载体，以国际化专业教学标准为依据，以工程实践创新项目为教学模式，将中国优质职业教育和中国优质产品技术与泰国分享，通过培训泰方师资组织实施工坊的日常教学，为泰国经济社会发展提供高素质国际型技术技能人才。

该项目的建设思路是依托职业院校校际国际合作创办鲁班工坊，在职业院校对外国际合作办学、合作交流的基础上，通过开展学历教育与技能培训、技能大赛与设备研发、师资培养与合作交流，服务泰国经济社会发展、辐射周边东盟国家。将其建成专业设置齐全、教学理念先进、技术装备精良、功能辐射广泛的优质境外办学项目。

三、建设过程

（一）合作筹备期

2014 年 9 月，天津市教委牵头组织天津 11 所高职院校与泰国 11 所职业院校进行了交流，这也为渤海职院和泰国大城技术学院搭建了合作交流平台。随后，双方多次进行了互访交流，于 2016 年 1 月明确了鲁班工坊的建设意向，签订了共同建设鲁班工坊的合作意向书。

（二）启动建设期

天津渤海职业技术学院与泰国大城技术学院落实鲁班工坊建设工作方案，双方通力协作，校企共同组建项目团队，奔赴泰国大城指导鲁班工坊建设，实施工坊场地装修、教学设备安装调试、相关师资培训等准备工作，呈现了具有中国职教特色风格的教学环境与氛围。双方设计完成了鲁班工坊 logo（标识）并进行了注册。

2016 年 3 月 8 日，天津渤海职业技术学院在泰国大城技术学院建设的中国境外首个鲁班工坊正式挂牌运营。泰国鲁班工坊一期建设面积 232 平方米，有 4 个功能教学实训区，分别是仿生机器人学习体验区、电脑鼠走迷宫学习竞

图 1　泰国鲁班工坊

赛区、POWERON创新套件实训区、自动化生产线教学区（见图1），开设机电一体化国际化专业。

（三）运营发展期

2017 年底，泰国鲁班工坊二期建设——渤海中心建设完成，新增物联网 EPIP实训区、数控车床实训区、新能源汽车教学实训区、新能源汽车维修区 4 个教学实训区，新增物联网技术、数控机床、新能源汽车技术 3 个国际专业。

2018 年 7 月，为服务中泰高铁建设项目，应泰国多所职业院校的强烈要求，为泰国培养本土化高铁类专业技术技能人才，渤海职院、大城学院与天津铁道职业技术学院合作，在泰国鲁班工坊完成了三期建设——建成了铁院中心，开设高速铁道信号自动控制、铁道交通运营管理 2 个国际化专业。

四、项目效果

（一）建立了"鲁班工坊"创新型高质量标准化建设体系

从方法论的角度，鲁班工坊阐述了其投资、招生、就业、国际竞赛、监控评价的管理评价体系；从系统论的角度，鲁班工坊通过设立统一的管理，增强了品牌的要素一致性，并且在此基础上建立起质量监控体系；从条件论的角度，确立了鲁班工坊三种建设模式、四个发展定位和五项基本原则的建设保障体系（见图 2），为中国职业教育国际合作发展的途径和模式提供了标准和依据。

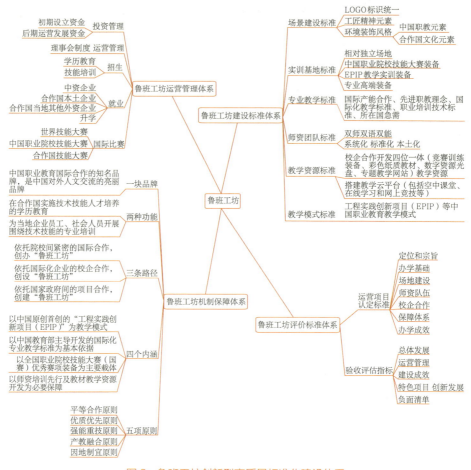

图 2　鲁班工坊创新型高质量标准化建设体系

（二）扎实开展技术技能人才培养培训，毕业生国际竞争力日益增强

截至 2022 年 12 月，泰国鲁班工坊学历教育已培养 1125 人，技能培训交流师生 8000 余人次。泰国鲁班工坊学生分别荣获泰国首届"职业教育宝石王杯"大赛金牌冠军，泰国首届铁道运输系统邀请赛冠军奖等 9 项奖牌。此外，还招收了留学生 200 多人，已毕业的 66 名泰国留学生中，27 人到本科院校深

造，其余均已就业，就业率达 100%。

（三）持续深化国际产教合作协同育人，助推中国企业国际竞争力提升

天津圣纳科技有限公司研发的新能源汽车成为泰国鲁班工坊的标准配置，该企业成为泰国大城的新能源汽车改造指定商；"729"创意文化体验中心也入驻泰国鲁班工坊。

（四）深耕国际专业教学资源开发建设，推动职业教育国际标准"走出去"

截至 2020 年 3 月，泰国鲁班工坊开设的 6 个专业，全部通过泰国国家职业教育委员会的认证（见图 3），为中国职教标准服务泰国经济社会发展，服务"走出去"中国企业奠定了基础。天津渤海职业技术学院报送的教改项目分别荣获 2018 年职业教育教学成果国家级一等奖、天津市职业教育教学成果市级一等奖、第六届中国石油和化工行业教育教学成果一等奖（见图 4）。

图 3　泰国鲁班工坊专业认证文件

图 4　教学成果证书

截至 2022 年 12 月，渤海职院已完成省部级以上国际化课题研究 4 项，参编出版了《鲁班工坊》《鲁班工坊核心要义》等书，编印教材 26 种，制作课件 232 个，视频资源 600 多分钟，训练题库 16 套涉及 1.6 万套训练题。

天津铁道职业技术学院基于 EPIP 教学模式开发了 13 门课程标准及教学设计标准，开发 13 本配套工学结合双语教材，开发了 7 本实训指导书，建设 3 门精品在线开放课程，正在建设 4 门课程配套资源，填补了泰国职业教育在动车组检修技术、铁道信号自动控制专业的空白。

（五）开展系统化标准化国际师资培训，为工坊日常运营提供坚强保障

泰国鲁班工坊的师资队伍以泰国大城技术学院的专业教师为主，项目建设前期师资队伍接受天津职业院校的专门培养培训。项目中期，天津选派教师赴泰国开展培训。截至 2022 年 12 月，累计培养泰国大城技术学院教师 100 多人次。

（六）积极开展中外人文交流培训项目，孵化外国留学生实习实践基地

天津渤海职业技术学院成为首批天津市外国留学生实习实践基地建设单

位。每年承担天津市 300 人次外国留学生的实习实训。两校对等互派优秀师生组成"百人团""百日行"互培交流，已经形成惯例。

（七）开发职业教育国际技能赛项资源，举办多个高水平国际技能比赛

鲁班工坊不仅是当地区域进行职业教育教学活动的场所，同时也是我国每年一度的职业院校技能大赛的延伸场馆。鲁班工坊承办了中泰鲁班锁大赛，承担了泰国"汉语＋职业技能"宝石王杯大赛四个专业赛项的命题工作。举办了 5 届 IEEE 电脑鼠走迷宫国际邀请赛暨世界 APEC 电脑鼠大赛中国选拔赛。

（八）鲁班工坊叫响中国职业教育品牌，中国职教国际影响力持续增强

渤海职院被泰国授予"诗琳通公主纪念奖章"，泰国十世国王在《暹罗早报》上寄语"铁院中心"，"努力为泰国高铁培养技术人才！"，泰国大城技术学院荣获"国王奖"。原泰国大城技术学院校长哲仁荣获 2020 年天津市"海河友谊奖"。渤海职院荣获 2016 年、2018 年高等职业院校国际影响力 50 强（见图 5）。《人民日报》《光明日报》，以及泰国等媒体都相继对其建设历程进行了深度报道。

图 5 荣获 2016 年、2018 年高等职业院校国际影响力 50 强

五、项目保障

（一）管理运营制度健全

认真贯彻落实《天津市关于做大做强做优职业教育的八项举措》《天津市人民政府办公厅转发市教委关于推进我市职业院校在海外设立"鲁班工坊"试

点方案的通知》《天津职业教育"鲁班工坊"建设项目和资金管理办法》《天津市鲁班工坊研究与推广中心建设方案》等文件精神，泰国鲁班工坊在建设初期就组建了建设工作领导小组，统筹协调各方力量，合力推进泰国鲁班工坊建设。建设院校就泰国鲁班工坊的建设规划进行多次研讨，制定实施方案和《泰国鲁班工坊章程》《鲁班工坊管理与监督方法》等相关文件与管理办法，对项目建设中的重大问题进行研究。

（二）配套机制持续完善

建设院校根据上级文件精神，制定了《外国留学生教学及管理各项费用的规定》《外籍教师管理办法》《学院鲁班工坊建设项目和资金管理办法》《学院留学生招生管理办法（试行）》《学生海外交流项目的选拔与管理暂行规定》《鲁班工坊校企合作管理办法》《关于疫情防控期间外事管理暂行办法》《学院因公出国（境）经费管理办法》《外事接待规定》等学校规章制度，编印了《外国留学生手册》，有效保障了鲁班工坊健康运行。

（三）协调运行机制顺畅

中泰双方还建立了相互信任的沟通机制，每周一个电话，每月通报信息，每季度开展一次远程交流活动，半年开展一次学生技能竞赛。鲁班工坊得到了中泰两国师生的热烈欢迎，两校对等互派优秀师生组成"百人团""百日行"互培交流，已经形成惯例。通过青年交往，中泰两国还联合培养留学生 200 多名，培训泰国院校教师近百人次。

六、总结反思

经过 6 年的发展，泰国鲁班工坊建设取得了巨大的成绩，积累了丰富的国际合作交流经验，形成了鲜明的特色与优势，为可持续发展奠定了坚实的基础。但是，用发展的眼光全面审视工作，以实现鲁班工坊旗舰店的建设目标来衡量，还有不少问题需要认真对待、积极解决。主要有：信息化教学水平还需进一步提升；空中课堂功能还需进一步拓展；教学资源开发还需进一步深耕；师资队伍培训培养还需进一步加强等等。未来我们的努力方向是：

（一）扩展泰国鲁班工坊功能

随着泰国鲁班工坊的蓬勃发展，推动了来华留学生数量稳步增加，师资教学能力水平急需提升，泰国鲁班工坊在中外人文交流活动中的服务功能要进一步扩展。泰国鲁班工坊将开展泰国鲁班工坊功能扩展建设项目，主要服务于来华留学生授课，鲁班工坊教师培训，以及人文交流活动。

（二）提升鲁班工坊信息化教学水平

受新冠疫情影响，短时期内留学生很难返回中国上课，所以空中课堂将会成为鲁班工坊授课的主要途径。提升泰国"鲁班工坊"国际化教育信息化水平，建设特色的智慧教学实训教室，以基于大数据、云计算、人工智能为引领的新一代信息技术，结合云录播、远程互动、智能物联等技术重新设计智慧教学空间，推进鲁班工坊技术与教育深度融合，充分覆盖教、学、管等场景，实现全面、科学、高效地开展鲁班工坊教学统筹与管理。

建设鲁班工坊智慧教学语言能力平台。鲁班工坊智慧教学语言能力平台，支持日常教学精华的全过程记录，提升鲁班工坊语言教学的信息化环境，形成鲁班工坊优质资源和特色资源。新型教学环境和特色教学空间可以实现语言教学的师生、生生互动，实现启发实践教学、远程互动教学、分组讨论协作教学、课程录制直播、大型演讲交流、开放空间交流协作，助力鲁班工坊创新课堂教学模式，建成"人人皆学、处处能学、时时可学"的鲁班工坊信息化学习环境。

（三）完善鲁班工坊教学资源开发

完善 EPIP 理论研究资源库建设，充实 EPIP 教学研究中心（泰国）理论研究基础。开展 EPIP 视域实习教学改革、建设"四层两段一贯穿"EPIP 课程体系。开展基于 EPIP 的国际化专业教材建设、信息化教学资源建设等。

（四）积极开展师资培训

依据泰国鲁班工坊建设协议，与泰国大城技术学院共建鲁班工坊教学团队，不断加强鲁班工坊教学团队建设，深化完善国际专业的课程建设和师资队伍的建设，以推进两国职业教育教学经验的交流与发展。开设师资云培训班，每年拟培训师资 20 人次。

　　六年来，鲁班工坊内生动力不断增强。从建设初期的 232 平方米发展为 2000 平方米，从 4 个教学实践区发展为 15 个教学实践区，从 1 个专业发展到 6 个专业，泰国鲁班工坊的内生增长动力依然可期，可持续发展势头依然强劲。下一个五年，我们将立足新发展阶段，贯彻新发展理念，构建新发展格局，面向未来，携手合作，共同谱写泰国鲁班工坊高质量发展新篇章。

作者：黎志东，天津渤海职业技术学院国际交流与合作办公室主任

工匠精神漂洋过海　职业教育授人以渔
——以重电中非（乌干达）ICT 学院为例

摘　要：在"一带一路"教育国际化倡议的背景下，重庆电子工程职业学院与乌干达麦克雷雷大学紧密互信合作，针对合作国本土化技术技能人才培养的目标，有效开发优质国际化课程标准和课程资源，打造优秀国际化教学团队，成功构建"工匠精神漂洋过海，职业教育授人以渔"的重电中非（乌干达）ICT 学院技术技能人才培养模式，切实输出优质职业教育资源与先进技能技术，服务在非中资企业。同时以重电中非（乌干达）ICT 学院为引领，探索中非（重庆）职业教育联盟"三共三享"境外办学模式，为重庆职业院校服务中非职业教育贡献"重庆智慧"。

关键词：鲁班工坊；"一带一路"；职业教育国际化

一、背　景

职业教育国际化是我国教育发展的新趋势，2018 年 9 月 3 日，中非合作论坛北京峰会宣布实施"八大行动"，明确提出"在非洲设立 10 个鲁班工坊，向非洲青年提供职业技能培训"。《中国教育现代化 2035》明确提出开创教育对外开放新格局，鼓励有条件的职业院校在海外建设"鲁班工坊"。"鲁班工坊"致力于在合作国家培养熟悉中国技术、了解中国工艺、认知中国产品的技术技能人才，是中国职业教育国际化发展的重大创新，已成为中国职教"走出去"和服务"一带一路"的重要探索。

二、目　标

重电中非（乌干达）ICT学院于2019年12月建立，国家示范性高等职业院校重庆电子工程职业学院（简称"重电"）聚焦"双高计划"建设目标（中国特色高水平高职学校和专业建设计划）。根据围绕"一带一路"建设有关要求，研究职业教育服务国际化发展战略，秉承向国外输出优秀职业教育服务，宣扬我国"工匠精神"，助力重庆其他高职院校对非洲合作快速推进，积极对接合作国经济发展需求，重电中非（乌干达）ICT学院旨在聚焦专业和课程建设，打造优秀教学团队，为跨文化语境下职业教育培养"精技术、通汉语、懂文化"的技术技能人才。

三、过　程

（一）紧密对接需求，发挥专业优势，探索国际人才培养模式

重电中非（乌干达）ICT学院由重电、乌干达麦克雷雷大学共建，致力于为乌干达至非洲培养电子物联网和通信领域的本土精英人才。学生经过3年学习后，获得重电和乌干达麦克雷雷大学的双学历证书。

在重电中非（乌干达）ICT学院的建设过程中，重电因地制宜，不断探索最适合的实施策略和路径、人才培养模式和管理政策，确定双方认可的国际化专业标准和人才培养模式（见图1）。

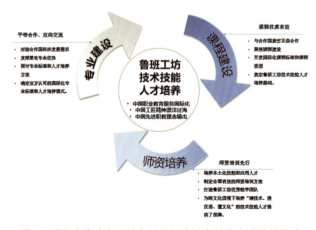

图1　重电中非（乌干达）ICT学院技术技能人才培养模式

2019年12月12日，重电中非（乌干达）ICT学院签约揭牌，标志着重电以跨境办学形式在海外实施学历教育和技术培训的开始（见图2）。重电中非（乌干达）ICT学院聚焦信息通信（ICT）领域的职业技能培训和学历教育，为乌干达以及非洲地区培养精通信息通信技术、了解中国文化的专业人才，提高本土信息通信技术水平，同时向华为、传音等驻非中国企业以及其他同行业企业输送技术技能人才。

图2 重电中非（乌干达）ICT学院签约挂牌仪式

为更好地因需而动、顺势而为，重电与乌干达麦克雷雷大学就建设物联网专业所涉及的专业课程简介、双方现有课程资源、教学实训环境等方面进行了交互式交流。疫情防控期间双方开展了多次国际连线，举行了人才培养方案和国际化课程线上研讨会。此外，还确立了物联网应用技术专业人才培养方案，敲定了8门专业核心课程。同时，双方就物联网专业的合作、学籍与学制问题进行了深入探讨并达成共识，即由麦克雷雷大学先提出学生培养方向和目标并选出课程，再由重电确认可提供的课程。如此，学校紧密对接需求，发挥专业优势，确立适合的人才培养模式，从根本上保证了教育教学的高质高效（见图3）。

图 3　非洲学生在重电愉快学习

（二）坚持优质有效，聚集课程建设，奠定坚实的人才培养基础

课程建设是促进人才培养质量提高的重要举措，特别是当学习主体发生变化时，更需要根据学习者的实际情况，进行符合学习者认知规律的课程建设。重电与合作国紧密互信合作，深入开发国际化课程标准和课程资源，取得了显著成果。

为促进重电中非（乌干达）ICT学院技术技能人才培养质量的提高，进一步推动国际化课程建设，重电成立了校内工作组，工作组下设工作领导小组、人才培养方案制定工作小组、课程资源开发与师资培训工作小组和留学生招生工作小组。工作组对照物联网应用技术专业人才培养方案，聚焦8门核心课的国际化课程标准和课程资源建设，顺利完成了"物联网工程导论""数据网组建与维护"等专业课程的教学资源国际化建设和验收工作（见图4）。同时开发"中国概况""中国传统技艺""匠铸山城"等文化课程，合力打造适合重电中非（乌干达）ICT学院的汉语语言课程学习的需求（见图5）。

为了优质有效地建设国际化课程资源，工作组邀请了ICT领域专家参与中乌合作办学课程资源开发研讨会，专家根据中乌合作办学课程资源的建设情况，对课程资源建设提出了专业建议：一是课程资源一定要结合乌方当地的学情，突出课程内容实用性，彰显国际化课程特色；二是对外输出的课程标准一定要具有行业引领性，虽然不断遇到困难和挑战，但重电中非（乌干达）ICT学院的工作从未停滞，这艘见证中非友谊、承载中国人民智慧和热情的航船，始终在踏浪向前！

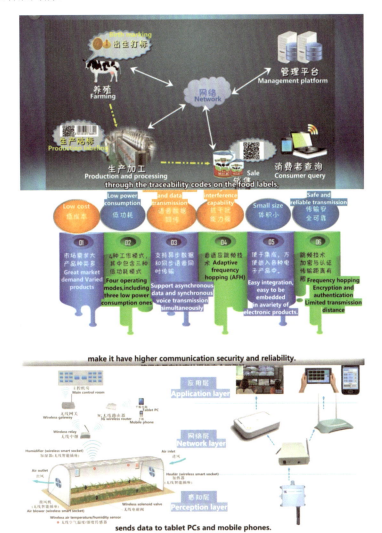

图 4 "物联网工程导论""数据网组建与维护"等国际课程资源

图 5 "中国概况" "中国传统技艺" 等文化课程

（三）师资培训先行，打造优秀团队，铸就坚实的人才培养保障

重电针对合作国本土化技术技能人才培养目标，坚持师资培训先行原则，制定合理有效的师资培训方案，打造优秀教学团队，为跨文化语境下培养"精技术、通汉语、懂文化"的技术技能人才提供了强大保障。为更好地为合作国培养本土化技术技能人才，2020 年 8 月，学校挑选乌干达参与专业建设和学习

的教师，根据对方提供的专业教师资料简介，征集各课程负责人、专业主任意见，根据专业建设、教学能力需求，将挑选人员的建议反馈给麦克雷雷大学。为了进一步做好专业核心课程的教学计划、师资培训方案编制，高质量完成对麦克雷雷大学累计 27 名教师的培训工作，顺利完成海外招生教学工作（见图 6）。

图 6　重电中非（乌干达）ICT 学院师生见面会及赠书仪式

2021 年 9 月 16 日，重电中非（乌干达）ICT 学院师资培训顺利开课，来自乌干达麦克雷雷大学电子信息工程的骨干教师参加了为期 3 个月的培训（见图 7）。围绕专业建设核心，重电中非（乌干达）ICT 学院将打造第一批 8 门专业课程，并分期对乌方教师开展培训，实现资源共享。学校各相关部门都非常重视此次培训，精打细磨教学课件。培训主讲教师由英语水平高，对外交流经验丰富，对非洲文化有一定了解的博士担任。到 2022 年 9 月为止，课程教学效果良好，受到乌干达麦克雷雷大学受培教师的一致好评。此次师资培训的顺利开班，是学校深入推进鲁班工坊建设，探索在非洲开展境外合作办学的一次重大突破。

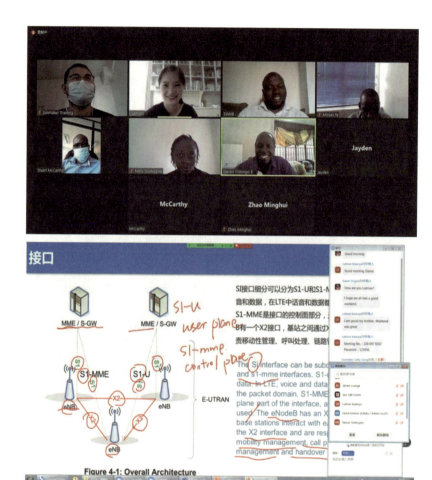

图 7　重电中非（乌干达）ICT学院国际化师资培训

四、效　果

（一）传播工匠精神，建立长效机制，扩大国际影响力

技术交流和人文交流并重的重电中非（乌干达）ICT学院建设，符合中乌两国高等职业教育发展的需求，麦克雷雷大学在电子信息技术领域有很强的学科优势，重电的5G和电子物联网技术也代表了中国全球领先的技术，双方以开放合作的姿态共享发展成果，造福乌方国家和人民，促进了中外职业教育协同发展，为今后的长久合作架起了一座桥梁，学校对非洲合作获得"中非教育

合作与人文交流优秀单位"（见图 8）。

学校与东非地区排名第一的乌干达麦克雷雷大学合作，积极参与国际教育规则、标准、评价体系的研究制定，扩大了学校以至中国职业教育的国际影响力。首次招生就收到了 200 余名学生报名，经过严格审核，遴选了 30 名学生作为第一届新生，通过

图 8　中非教育合作与人文交流优秀单位

"线上＋线下"召开了首届重电中非（乌干达）ICT 学院（中乌鲁班工坊）开学典礼（见图 9）。学校将加快研究和部署合作项目，不断扩大合作广度和深度，深入推进重电中非（乌干达）ICT 学院建设，以紧抓人才培养质量为核心，共建资源、共享经验，有效助力学校的"双高"建设和重庆其他高职院校对非合作的快速推进。

图 9　首届重电中非（乌干达）ICT 学院开学典礼

（二）资源共享互补，"抱团出海"，争当引领示范

2021 年 1 月，在中国教育部中外人文交流中心、重庆市教育委员会和东非共同体高等教育委员会指导下，由重电牵头，联合 70 余家重庆市内外和非

洲国家中高职院校、本科高校、行业协会及相关企业共同发起成立中非（重庆）职业教育联盟（见图10）。该联盟旨在整合优质资源，聚焦中非职业教育合作，探索境外合作办学新模式，建设一批高标准鲁班工坊，搭建中非职业院校与"走出去"中国企业的对接平台，助力中国产能"走出去"。

图 10　中非（重庆）职业教育联盟成立仪式

以重电与乌干达麦克雷雷大学共建的重电中非（乌干达）ICT学院为引领，结合重庆市"芯屏器核网"为重点的产业优势、当地信息通信产业发展和中资企业对技术技能人才的需求，以中国职业教育标准为蓝本，选择满足当地需求的专业方向，设立联合办学机构。中非院校、中资企业与非洲院校三方基于共同投入、共同建设、共同管理联合成立办学机构，基于互享资源、互享人才、互享成果展开学历和非学历教育，探索出"中非（重庆）职业教育联盟'三共三享'境外办学模式"（见图11）。该项成果成功立项重庆市国际化特色项目，国际化特色项目的立项实施，将有利于进一步推进学校服务中非职业教育发展，带动学校人才培养、科学研究、社会服务、国际合作水平和质量的提升，助推学校"双高"建设和内涵发展。

（三）促进中非融通，贡献中非职业教育合作"重庆智慧"

根据中方职业院校国际化基础和非洲对职业教育的不同需求，在中非（重庆）职业教育联盟指导下，重庆院校分批次、分类别推进与非洲国家的境外合

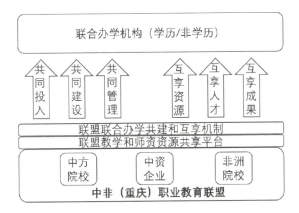

图 11 中非（重庆）职业教育联盟"三共三享"境外办学模式

作办学。截至 2022 年 9 月，已开展 6 项对非的境外合作办学项目，其中重电与乌干达麦克雷雷大学，重庆水利电力职业技术学院与埃塞俄比亚温盖特将军职业技术学院，重庆建筑工程职业学院与乌干达坎帕拉国际大学，重庆商务职业学院与乌干达技术管理大学，重庆医药高等专科学校与乌干达姆巴拉拉科技大学，重庆电力高等专科学校非洲海外分校项目已不同程度在顺利推进中。

同时，学校牵头联合重庆市 8 所高职院校参与坦桑尼亚国家职业标准开发，在对非洲职业教育合作中通过联盟形成合力（见图 12、13），实现联盟各单位分工合作，共建共享，动态调配，避免师资、课程资源的重复建设，打造"秀外慧中"的中非职业教育合作"重庆智慧"，实现境外办学的可持续发展，服务重庆市地方经济对外开放发展。

图 12 "坦桑尼亚国家职业标准开发项目"启动大会（重庆会场）

图 13　中非（重庆）职业教育联盟部分成员单位获坦桑尼亚国家职业标准认证

五、保　障

重电坚持从组织保障、制度保障、监督保障、资金保障多措并举，积极推进项目顺利推进落实：一是做好组织保障，重电专门成立了项目建设领导小组，学校党政主要领导任小组领导成员；二是做好制度保障，设置和完善中非（重庆）职业教育联盟的运行与管理相关制度、资源建设共享制度、师资培养与共享制度，出台《项目监督和质量评估办法》《项目资金和绩效管理办法》；三是做好监督保障，在建设过程中，对照建设方案和分年度预期建设成效，对年度的改革实施情况、建设目标和任务完成情况、资金管理使用情况等进行自评。建设完成后，发布整体自评报告；四是在重电中非（乌干达）ICT学院配套年度预算的基础上，投入充足的资金保障。

六、总结反思

（一）重电中非（乌干达）ICT学院的建设经验

一是集中优势专业，创新填补空白区域。学校针对信息通信技术专业等乌方专业紧缺领域和信息产业经济发展需求，发挥自身专业优势，坚持平等合作、双向交流原则，商讨专业标准和人才培养方案，解决了非洲想解决却一直解决不了的问题。在展示重电优势专业的同时，宣扬了我国的"工匠精神"，能使更多国外院校更好地了解中国的职业教育和先进的中国技术，了解和认识中国产品、中国企业，为中非职业教育共同体建设奠定了坚实基础。

二是将鲁班工坊发展的顶层设计贯穿始终。重电根据习近平主席在2018年中非合作论坛北京峰会上提出的"八大行动"精神，按照2018年全国职业教育活动周启动仪式暨全国职业院校技能大赛"关于办好新时代职业教育，培养高素质技术技能人才"的指示要求，以重电中非（乌干达）ICT学院的建设来践行"鲁班工坊"精神。作为牵头单位，重电联合70余家重庆市内外和非洲国家中高职院校、本科高校、行业协会及相关企业共同发起成立中非（重庆）职业教育联盟，以政策牵引形成靶向合力。

三是坚持党管外事原则，全力做好组织保障。重电高度重视该项目，成立了项目建设领导小组，设置和完善重电中非（乌干达）ICT学院的运行与管理相关制度、资源建设共享制度、师资培养与共享制度。同时，在建设过程中，小组对照建设方案和分年度预期建设成效，对年度的改革实施情况、建设目标和任务完成情况、资金管理使用情况等进行自评。项目建设完成后，发布整体自评报告。

（二）重电中非（乌干达）ICT学院建设中需要关注的几个问题

一是建设时间短，运行模式还在完善构建当中。重电中非（乌干达）ICT学院于2019年挂牌，2021年开始招生。整个建设的时间还比较短，缺少可供借鉴的历史经验，只能边行边试，摸着石头过河，这将增大试错成本，对重电中非（乌干达）ICT学院的可持续发展产生不利影响。

二是疫情原因导致师生交流渠道变窄。谨慎的教师签证政策，严格的隔离措施，航班限制等原因使师生跨境交流不畅，阻碍了师生内外线下交流活动，影响部分实训课程上课效果。

（三）重电中非（乌干达）ICT学院未来建设的策略建议

一是开发独有的教学方式及教学资源。从教学方式上，在后疫情时代，积极鼓励实施远程教学，提升教师的实践能力和双语能力。

二是合作方教师的语言能力和实践能力需要提升。重电中非（乌干达）ICT学院的特色之一就是师资培训先行，即合作院校骨干教师到中国接受系统培训，通过基本考核后，回国承担教学任务。可见，语言能力提升是前提，实践能力提升是根本。针对不同国别、区域教师的学习经历和教学习惯差异，根据其掌握技术技能的优势、难点差异，开展有针对性的培训。

三是中方教师的双语授课能力和实践操作能力需同步提升。一方面要提升中方教师的实践能力，另一方面要提升其双语授课能力，能够将知识和技术进行准确的表达和传授。

工匠精神漂洋过海，职业教育授人以渔，合作互信必将开创美好未来。重电将以重电中非（乌干达）ICT学院建设为依托，积极打造职业教育"走出去"的"重庆智慧"，进一步架起我国职业教育与国际沟通的桥梁，让中国智慧、中国精神走向世界，催生出更加绚丽夺目的教育之花！

作者：刘影，重庆电子工程职业学院国际交流与合作发展处副处长；

刘宏宇，重庆电子工程职业学院国际交流与合作发展处处长；

覃乔亦，重庆电子工程职业学院国际交流与合作发展处国际交流科科长；

丁锦箫，重庆电子工程职业学院教师

紧扣交通特色错位发展 职业院校携手"走出去"：
中资企业深耕国际市场创新与实践

摘 要：云南交通职业技术学院"缅甸鲁班工坊"建设项目高度契合国家"一带一路"倡议和云南省"面向南亚东南亚辐射中心"建设战略定位，携手优质中资企业"走出去"深耕国际市场，共建境外鲁班工坊。将企业先进施工工艺、境外资源等优势与云南交通职业技术学院交通类专业教学资源优势有效结合，助力《中国交通工程技术标准》和《中国交通专业职教标准》输出，解决"走出去"优质中资企业急需的既懂中国文化又通"中国标准"的境外本土技术技能员工匮乏问题。

关键词：鲁班工坊；校企合作；标准输出

一、项目实施背景

缅甸是中国传统友好邻邦。中缅山水相连，民族相通，人文相亲，两国人民互称"瑞苗胞波"，情深谊厚，源远流长。中国与缅甸于 1950 年 6 月 8 日正式建交，2020 年 1 月，国家主席习近平应邀对缅甸进行了为期两天的国事访问，两国发表联合声明共同打造中缅命运共同体，掀开了中缅关系的新篇章。缅甸地处亚洲"十字路口"，享有"三亚通衢""两洋陆桥"的美誉，地缘战略地位非常重要，是沟通中国与东南亚、南亚、印度洋地区的主要陆上通道，是推进我国"一带一路"建设的"重要支点国家"，对于我国破解"马六甲困局"保障能源安全、开发西南内陆落后地区和确保西南边境安全稳定，以及在北印度洋扩大战略影响具有重要作用和意义。

缅甸当前正处于交通基础设施建设的起步期，其国内交通运输方式主要以公路（部分高速公路，未形成网络）和铁路运输为主，航空运输和海运运输为辅，无高铁、地铁运输方式。道路桥梁建设还未采用我国普遍使用的先进半刚性基层及改性沥青铺筑沥青路面等道路桥梁施工技术，施工工艺落后、施工进程缓慢；特别是在桥梁施工技术上还以工梁为主，以梯梁、箱梁、钢混叠合梁、钢管混凝土梯构梁施工的桥梁较少，施工技术简单，施工工艺主要以人工控制为主；机场建设以刚性跑道为主，维修困难；高速铁路与城市地铁交通尚未开始建设。但缅甸城市人口密集，大城市间的人员往来和货物运输急需高铁、高速公路、大型桥梁等便捷公共交通基础设施。反观我国高速公路、大型桥梁、高铁建设技术领先世界，尤其在道路桥梁勘测设计、施工、检测维护等方面已建立起了一整套完备的中国交通工程施工工艺标准体系和质量控制规范。

随着"一带一路"倡议走深走实、"中缅经济走廊"建设全面铺开，以交通基础设施建设为代表的缅甸相关领域建设项目急需大量成熟的施工工艺技术和规范，尤其是以云南本土优质企业为代表的中资企业快速涌入缅甸市场，对缅甸本土交通技术技能型员工的需求呈现爆发性增长。但缅甸当前较为落后的职业教育水平与中资企业对本土技术技能型员工的用工需求存在巨大落差，学院以《中国交通工程技术标准》和《中国交通职业教育教学标准》输出为核心，面向以缅甸为代表的东盟国家本土交通技术人才提供专业知识培训，将先进的中国交通工程施工工艺标准、质量控制规范和项目管理经验向缅甸进行推介，助力"走出去"中资企业实现优质产能国际转移，担负起培养"一带一路"沿线国家本土交通高素质技术技能型人才、服务中国企业"走出去"的重任。

二、项目实施目标

云南交通职业技术学院（以下简称"学院"）以服务"一带一路"倡议和云南"面向南亚东南亚辐射中心"建设为己任，积极担当作为，携手云南本土优质企业云南阳光道桥股份有限公司（以下简称"阳光道桥"）赴缅甸开展校企深度国际合作，结合阳光道桥援建缅甸滚弄大桥项目建设需要，在缅甸建设"中国云南交通职业技术学院－阳光道桥－缅甸鲁班工坊"（以下简称"缅甸鲁班工坊"），为其培养培训急需的缅籍本土员工和缅方交通部门政府官员及交通工程技术人员，协同深耕缅甸市场，承建更多缅甸基础设施工程项目，造福缅甸民生福祉，把"中国云南交通职业技术学院－阳光道桥－缅甸鲁班工坊"项目建设成为人才培养特色最鲜明、专业配套设施最完善、核心课程资源最丰富，引领云南、辐射全国的中国职业教育高技术技能人才示范性海外培养培训中心。

三、项目实施过程

项目以"缅甸鲁班工坊"为载体，针对缅甸交通运输部、国家公路局的管理人员和技术官员以及"走出去"中资企业缅甸本土员工开展中国先进的交通理论、技术培训，搭建起契合缅甸交通基础设施建设需求、造福缅甸民生福祉的实体桥梁（见图1）。

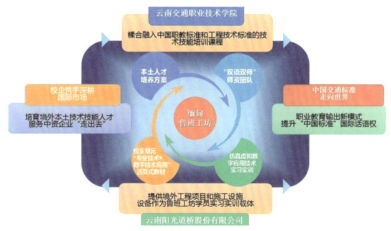

图1 "中国云南交通职业技术学院－阳光道桥－缅甸鲁班工坊"
交通职业教育技术培训项目实施路径

（1）搭建满足"缅甸鲁班工坊"建设项目的"双语双师"型师资团队。学院选派公路工程专业领域专家。

（2）研发"中国云南交通职业技术学院－阳光道桥－缅甸鲁班工坊"项目人才培养方案及配套专业课程。通过对缅甸社会经济发展、基础设施建设、工业发展水平等进行深入调研，分析缅甸相关产业对人员素质、岗位技能的需求，结合云南本土企业针对缅甸工程项目所开展的科研研发形成的创新成果，形成专门的"中国云南交通职业技术学院－阳光道桥－缅甸鲁班工坊"工程机械操作维护技能培训和公路工程专业技术技能培训 2 个适应缅甸本土人才的培养方案和课程标准；同时还针对云南本土企业派驻缅甸工程项目的中方人员，开发介绍缅甸风土人情的专门课程。

（3）配齐"中国云南交通职业技术学院－阳光道桥－缅甸鲁班工坊"项目教学资源。确定人才培养方案，规划教学内容、确定教学方法，组织教学实施，制定教学评价细则。根据道路桥梁建设工程"建、管、养"全过程及工程机械操作、维护保养等典型工作岗位需求特点，重点完成以下事项：

1）与阳光道桥联合开发适合缅甸鲁班工坊班的校企双元"专业技术＋数字技术应用"活页式教材 3 本：《缅甸鲁班工坊公路工程专业技术综合教程》（拟定）、《缅甸鲁班工坊工程机械维修综合教程》（拟定）、《缅甸民俗与文化》（拟定）。

2）提供"中国交通工程机械维修保养专业教学标准""中国交通公路工程技术专业教学标准"，为缅甸鲁班工坊量身定做融入中国公路工程专业和工程机械专业的基础理论培训课程并配备以仿真虚拟数字应用为核心的仿真虚拟实训课程 9 门，缅甸文化课程 2 门，推进"互联网＋职业教育（培训）"。

（4）依托中资企业在缅甸工程项目，建设鲁班工坊实习实训基地。

四、项目实施效果

项目契合国家"一带一路"倡议，根据中央对云南省建设"面向南亚东南亚辐射中心"的战略定位，将校企协同发展与服务企业优质国际产能合作有机融合，制定一套切实可行的"职业院校携手企业深耕国际市场，实施境外鲁班工坊建设暨交通职业技术技能培训"的实施策略，具有很强的时代感和实践价值。真正做到校企合作，优势互补，把企业所拥有的先进施工工艺、境外资源等优势与学院交通类专业教学资源优势有效结合，对于解决"走出去"中资企业急需的既懂中国文化又通"中国标准"的境外本土技术技能员工匮乏问题，提升交通职业教育服务国家"一带一路"倡议的能力具有现实重要意义（见图 2）。

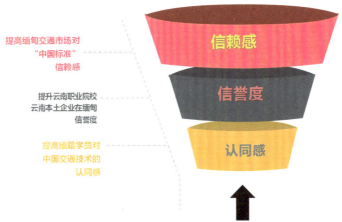

提高缅甸交通市场对
"中国标准"
信赖感 —— 信赖感

提升云南职业院校
云南本土企业在缅甸
信誉度 —— 信誉度

提高缅籍学员对
中国交通技术的
认同感 —— 认同感

图 2 "中国云南交通职业技术学院－阳光道桥－缅甸鲁班工坊"
交通职业教育技术培训项目成果

（1）通过分享中国现代交通发展成就以及交通基础设施建设对提高国家社会经济效益、生产力水平、GDP 增长所起的作用，该项目引导鲁班工坊学员理解中国"交通强国"的实质内涵，提高学员对中国交通技术的认同感。

（2）通过搭建学院缅甸实习实训基地，该项目做到以技术争市场，提升云南职业院校、云南本土企业在缅甸信誉度，为云南本土企业进一步深耕缅甸市场奠定基础。

（3）通过在培训课程中结合企业在缅所用"中国工程技术标准"以及在援缅建设项目中研发的"高温重载交通条件下沥青路面解决的方法和技术工艺"等研究成果，该项目帮助学员了解中国公路桥梁等交通基础设施建设成果和新材料、新技术、新工艺、新装备的应用，提高缅甸交通市场对"中国标准"的信赖感。

五、项目实施保障

作为云南省职业院校国际交流与合作领域排头兵，学院主动融入国家战略，立足云南区位优势，发挥交通类高职院校特色，错位竞争抢抓优势，引领云南职教走向国际输出，2018、2019 年学院两次荣获全国高职高专院校"国际影响力 50 强""亚太职业院校影响力 50 强"；2020 年入选首批"中国职业院校世界竞争力 50 强"。2016 年教育部田学军副部长到学院调研境外办学项目，对境外办学模式给予充分肯定；包括宁波职院、辽宁交专、南京交院、武汉船舶、浙江交院、四川交院、贵州交院在内的一大批"双高"职业院校特别是交通类院校多次到校调研学习。学院国际合作交流工作的骄人成绩，受到《光明日报》《中国青年报》、共青团中央官微、《云南日报》和云南电视台等权威媒体关注并给予高度评价，形成了业内认可、当地离不开、国际可交流的良好局面，领跑全国交通类职业院校的国际化。

（一）学校境外办学经验丰富，引领全国交通类职业院校

学院在云南职教领域率先实施境外办学，在泰开办"中国云南交通职业技术学院泰国邦帕空分校""中国云南交通职业技术学院班赛分校"两所分校。其中，"泰国邦帕空分校"于2016年获选《教育部与云南省人民政府开展"一带一路"教育行动国际合作备忘录》重点支持的四个境外办学项目之一；2018年该项目入选中国教育部委托中国教育国际交流协会评选的首批20所"中国—东盟双旗舰职业院校"；学院还面向南亚东南亚广泛开展技术技能培训，为老挝、马来西亚等国家交通工程人员按照中国标准开展公路技术服务、路政管理执法人员和丰田汽车T—TEP技术培训，进行职教师资培养。学院交通土木工程检测研究中心（甲级资质）结伴云南建投集团承建老挝"万万高速"，建设学院境外实习实训基地；学院骨干教师担任品牌企业在老挝、缅甸、柬埔寨等国的工程项目技术总顾问，为工程项目技术总把关，近年来，培训企业境外本土员工1559人次。

（二）企业缅甸项目基础稳固，校企深度融合有保障

伴随"一带一路"建设深入推进，阳光道桥在南亚东南亚有近10年的海外工程背景，积极参与省内外、国内外大量公路建设项目，在沥青路面的施工中具有多个发明专利（已申请）及专有技术；2020年1月，公司中标承建近年来中国首个援建缅甸的公路工程项目"援缅甸滚弄大桥项目"；并结合援缅甸滚弄大桥工程进行全过程施工控制及施工监测，验证理论研究的正确性和方法的可靠性，提出V形墩刚构桥全过程施工控制要求，完成省科技厅"缅甸大跨度V形墩刚构桥示范性施工关键技术研究"。

基于此，项目充分利用合作企业优质资源，校企共建交通职教资源协同共

享机制、交通职教国际合作信息共享机制、交通职教校企合作协调机制、交通职教国际合作质量保障机制，形成缅甸鲁班工坊的强大合力，为承接更多、更重的国际教育培训任务奠定坚实的基础。

六、总结反思

该项目创新性地建立起职业院校与中资企业"走出去"深耕国际市场相配套的双赢模式，形成了具有交通特色及南亚东南亚区域元素的鲁班工坊境外办学实操指导，促推中国标准、中国技术、中国企业"走出去"，促进中国（云南）与缅甸并辐射至南亚东南亚国家的双边职业教育合作与国际交通技术交流，但在项目推进过程中存在以下不足：

（一）师资队伍水平无法满足国际培训工作需要

在国际职业技能人才培训过程中，师资队伍的国际化水平至关重要。目前学校专业师资队伍国际化水平在一定程度上制约了国际人才培训工作的开展。第一，教师对于交流合作对象国和地区的教育、经济、文化等情况不了解，容易引发错位和不和谐；第二，学校大部分专业课教师队伍英语水平尚未达到可以使用英语授课的程度，而且近年来国际化发展涉及的"一带一路"沿线国家与地区所需要的小语种更不是在短时期内就可以为所有教师所掌握的，这种情况阻碍了学校优质职业教育资源的有效输出；第三，大部分专业教师未取得相关国际职业资格证书，业务水平无法得到国际认可。

（二）人员跨国流动将持续受限，国际交流困难重重

由于疫情的持续，包括我国在内的各国出入境限制政策和航班熔断机制等因素所导致的巨额的交通费用以及漫长的隔离时间，不断加剧了跨国流动的困难。关于项目的推进所有会议交流及培训课程的开展几乎通过线上会议形式举行，对外交流质量受影响。

（三）提升在线教学质量的有效措施不足

疫情防控期间，师生无法跨境，在线教学成为项目实施教学的必要手段。但鲁班工坊项目所开设的培训课程以理论实训和技能实操指导为主，线上教学限制课程推进；且当前通行的多个线上直播平台均时常出现系统卡顿和崩溃的

情况，使学习体验度大打折扣；由于线上教学模式进一步放大了学员的学习自由度和灵活性，线上教学成为对学员自律性的全面考验，教学效果的弱化使学员两极化的趋势越发明显。

下一步，学院将适时调整鲁班工坊培训计划，以开发完备线上理论课程资源库及虚拟仿真实训资源库为抓手，完善鲁班工坊培训课程体系建设；适时吸纳企业在缅资深高级工程师为项目兼职培训导师，为学员在工地提供实操指导。此外，学院将进一步加大师资国际化能力培训力度，打造一支语言水平达标、专业能力过硬的国际师资团队，将鲁班工坊交通职教技术技能培训打造成学院国际化名片工程，通过该项目建立起云南交通职业技术学院与优质中资企业"走出去"深耕国际市场相配套的双赢模式，有机地将校企协同发展与服务企业国际产能合作相融合，为"中缅经济走廊建设"培养一批交通专业技术过硬、认同中国文化的缅甸本土交通技术技能人才，续写"中缅胞波情谊"崭新篇章，助力"中国—东盟全面战略伙伴关系"升级，为"一带一路"倡议与RCEP协同推进贡献微薄之力。

作者：赵林平，云南交通职业技术学院对外合作交流处处长；

庞新虹，云南交通职业技术学院对外合作交流处教师

PART 7

第七篇

校企携手 "走出去"

Selected Collection of Excellent
Cases of International Exchange
and Cooperation in Chinese
Vocational Colleges

校企携手深入非洲，赋能非洲职教现代化发展

摘　要：福建船政交通职业学院自 2018 年开始，积极推进与中国航空技术国际控股有限公司的战略合作伙伴关系，双方互派研究人员，共同开展中外职业教育合作研究，携手共同开发"一带一路"沿线国家职业教育国际交流项目。近年来，福建船政交通职业学院与中国航空技术国际控股有限公司齐心协力，成功在肯尼亚、加蓬、乌干达、科特迪瓦等国实施新建、升级改造大中专院校项目，开发非洲职业教育系列标准，共同推进非洲职业技术技能人才培训，协助非洲各国完善职业教育管理体系，推进中非人文交流，探索构建协同创新机制，与国际伙伴一道互学、互鉴，共商、共建、共享，深化职业教育国际交流合作，输出中国职业教育"船政标准""船政模式"。

关键词："一带一路"；国际交流合作；职业教育；赋能

一、实施背景

2013 年 5 月，非洲联盟第 21 届首脑会议提出了非盟"2063 年愿景"发展战略，提出在包容性增长和可持续发展基础上打造繁荣的非洲，让非洲成为国际社会中强大、团结而富有影响力的行为体和合作伙伴等议程。同年，习近平主席提出"一带一路"倡议，"一带一路"倡议提出的合作领域，对于实现非盟"2063 年愿景"的总体发展目标具有十分积极、重大的意义。2015 年 12 月，在中非合作论坛上，习近平主席宣布未来三年将着力实施"十大合作计划"。其中，中非工业化合作计划、基础设施合作计划的实施都需要大量的非洲本土

化技术技能人才。2016 年国家有关部门出台了《关于做好新时期教育对外开放工作的若干意见》（以下简称《意见》），为落实《意见》，教育部印发《推进共建"一带一路"教育行动》，对"一带一路"教育互联互通、人才培训合作等方面提出任务。我国职业教育将以闻名世界的"中国制造"为先导，以技能培养和实用技术传授作为依托，致力于服务非洲当地经济发展，讲"中国制造故事"。

中国航空技术国际控股有限公司（简称"中航国际"）是一家面向全球、由中国航空工业集团有限公司控股的公司。该公司连续 3 年入榜世界 500 强，积极参与"一带一路"建设。自 2009 年起，中航国际以肯尼亚为起点开始策划和运作职业教育项目。通过不懈的努力，该集团根据不同国家地区的职业教育需求，为多个国家量身定制职业教育解决方案，提升当地职业教育人口数量与质量，宣扬中国制造文化，服务国家"一带一路"倡议。

为积极响应国家"一带一路"倡议，福建船政交通职业学院（简称"福建船政"）自 2018 年开始，积极推动与中航国际的海外职业教育合作，建立战略合作伙伴关系，中航国际充分发挥其全球网络和平台优势，而福建船政则充分发挥其职业教育能力优势，共同开发非洲职业教育，服务非洲经济发展。两强按照教育部《关于借鉴国外先进经验，开展职业教育部分专业教学标准开发试点工作的通知》要求，分批遴选了 24 个紧贴先进制造业、战略性新兴产业、现代服务业等重点领域的专业，在广泛调研的基础上，梳理专业岗位核心技能，确立了非洲特色的专业人才培养目标与专业课程体系，开发非洲特定国家职业教育的专业教学标准，打造"双语、双师、双能"的师资团队，完善非洲相关国家的职业教育建设标准体系与和评价体系，开展非洲职业教育交流合作项目，取得了可喜的成绩。

二、合作过程

福建船政与中航国际携手，依托中航国际大型央企海外资源，深入非洲开展职业教育国际交流合作，服务国家"一带一路"倡议。福建船政与中航国际共同实施的中非职业教育合作项目（简称"非洲职教项目"）是在教育部的指导下，紧贴非洲国家产业对技能人才急需，将福建船政专业教学标准、优秀教学模式、先进教学资源等多元素，集成于中航国际非洲职业教育项目之中，并在非洲落地（见图1），实现了中国职业教育"船政标准""船政模式""走出去"，服务国家"一带一路"倡议。

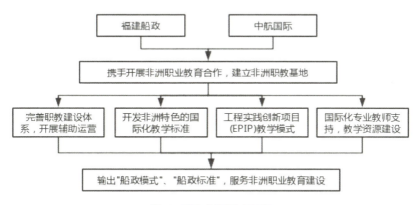

图1 服务非洲国家流程

（一）协助非洲国家完善职教建设体系，开展非洲职教辅助运营工作

非洲多数国家的职业教育办学方向模糊，机构之间协调联系机制薄弱，教师数量不足，整体素质偏低，职业资格证书体系尚未完全建立。在此情形下，福建船政与中航国际积极开拓非洲职教市场，协助非洲各国政府发展职业教育。在肯尼亚成立"福建船政交通职业学院—东非职业教育基地"；并且在肯尼亚升级改造职业院校，在加蓬、乌干达、科特迪瓦等国新建职业院校。福建船政房曰荣教授、高杰教授在充分调配非洲职教相关国家职教现状后，制定了培训学校机构设置方案、运营方案，完善相关职业院校的建设体系。建设标准体系是非洲职教项目运行的根基，运营管理体系是非洲职教项目的目标，机制保障体制是非洲职教项目建设的保障，在这些职教建设体系之上，开展了职业教育辅助运营工作（见图2）。

图 2　福建船政深入非洲开展职业教育技术服务

（二）根植非洲国家职业需求实际，开发非洲特色的国际化教学标准

福建船政与中航国际非洲职教项目所采用的国际化专业教学标准不仅体现了中国制造软实力，还体现了其教育效果的测量与评价体系具备效度、信度与稳定性，这些专业教学标准的实践操作要遵循"适度够用、循序渐进"原则，服务现代产业的国际化，使实践操作训练紧跟产业发展趋势，注重产教整合、校企合作。

福建船政、中航国际与非洲国家开展职业教育合作时，十分注重国际化专业教学标准的开发，按照非洲国家和我国教育行政部门的要求，精心设计了人才培养方案，制定了教学标准。在"肯尼亚教育部大中专升级改造培训合作项目"及非洲国家新建职业院校项目执行过程中，福建船政开发了《汽车维修专业教学标准》《制冷与空调技术》《建筑装饰工程技术》等 6 个专业建设标准和20 个课程标准、17 个实训条件建设标准，被肯尼亚、加蓬、科特迪瓦、乌干达等 7 个国家使用。在开发其他非洲国家职教项目时，福建船政将继续遵循国际化专业教学标准的开发要求，优化提升相关专业的国际化专业教学标准。

（三）在非洲职教项目中推进并实施工程实践创新项目（EPIP）教学模式

福建船政与中航国际的EPIP教学模式就是将真实的专业应用场景、核心技术、完整的专业项目融入专业建设与课程建设中，在真实的专业应用环境和条件下培养高水平技术技能型非洲职业人才。

宏观层面上，该教学模式就是以真实的专业应用工程为背景、以专业实践为导向、专业项目为统领，专业创新型人才为培养目标，来统筹专业教学标准、人才培养方案、课程、教师团队、实训室建设、教学考评等要素建设，构建一个真实完整的专业教学生态。中观层面上，该教学模式从真实生活的真实专业工程出发，明确核心技术与技能，规划理实一体的教学环境，创建基于专业工程实践导向、真实任务驱动的项目，构建专业建设体系。微观层面上，该教学模式要实现专业课程的工程化、实践性、创新型、项目式，围绕专业真实现场提取核心技术技能展开，激活学生已有的专业知识，让学生在真实的工程中"做中学，学中做"，激发学生创新意识，培养学生的创新能力，以核心技术技能为要素，构建完整的项目，以操作技能的循序渐进性组建项目群，让教师的教与学生的学在项目的实施中得到完整的呈现。

（四）师资培训先行及教学资源建设，培养非洲职业教育师资与职业人才

非洲职教项目建设要充分利用非洲相关国家的本土资源，依靠非洲合作院校资源以及本地教师。将中国先进的教育理论与教学模式融入非洲职教项目中，需要对非洲相关国家职业学院教学团队与管理团队进行系统化的培训，福建船政在近几年中非职教合作中，强化培训双语教师，统一国际化专业教师的教学标准，一支"双语、双师、双能"型优秀教师队伍建立并且日渐成熟。福建船政已经培养了一批富有经验的面向非洲教师培训的教师团队，累计选派12名专任教师赴国（境）外开展培训工作，累计技术服务时间1850人次。这将大大提升非洲相关国家职业学院教师的职教理念、教学模式、新技术新装备操作能力，实现非洲职教项目升级改造预期目标（见图3）。

图3　肯尼亚优秀教师国内培训班结业仪式

　　非洲职教项目的教学资源建设要紧密结合教学装备，注重基于工程实践导向、真实任务驱动的教学资源，共同开发编写中英、中法系列教材，使船政的优质教育资源得到充分共享。在非洲职教项目中，累计开发8门基于EPIP的中英双语汽修专业教材和11门中法双语汽修专业教材。

三、成果成效

　　福建船政与中航国际校企携手，依托大型央企海外资源，深入非洲开展职业教育国际交流合作，服务国家"一带一路"倡议。累计在非洲升级改造大中专院校177所，新建职业院校12所，建成项目每年可培训20000余师生；福建船政在非洲设立肯尼亚梅鲁国家公立理工学院汽车专业教学点、肯尼亚尼尔瑞国家公立理工学院道路桥梁与工程专业教学点、肯尼亚Koshin TTI学校电子电工专业教学点、加蓬汽车检测与维修技术、制冷与空调技术专业教学点等5个专业教学点，选派12名专任教师赴国（境）外开展培训工作，培训时间1850人次，培训国（境）外人员17134人次，输出专业建设标准、课程标准及实训装备标准等43个，共同开发教材19门。非洲职教项目成果得到了非洲各国政府的高度认可，受到非洲国家加蓬劳工部嘉奖（见图4）。

图 4　加蓬劳工部嘉奖令

（一）深耕国际专业开发，推动职教国际标准"走出去"

福建船政与中航国际紧密合作，在加蓬、科特迪瓦、加蓬、乌干达等国共同建设汽车维修、土木工程、电子电工、制冷与空调技术等国际专业，开展国际化职业教育标准体系建设，在中非职教项目建设中取得了丰硕的成果。

在专业教学标准建设方面，福建船政与加蓬、肯尼亚、刚果（金）及贝宁等国家共同开发《制冷与空调技术专业教学标准》《汽车检测与维修技术专业教学标准》等六个专业建设标准；和肯尼亚、刚果（金）等国家共同开发《建筑材料实训室标准》《混凝土实训室标准》等26个专业实训条件建设标准；和加蓬和肯尼亚等国家共同开发《发动机机械系统检修课程标准》《汽车发动机电控系统检修课程标准》等11门课程标准。

（二）服务国家战略，助推中国制造走向非洲

非洲职教项目的发展定位不仅在于为我国企业"走出去"培养人才，而且为中国企业开展国际合作提供了技能人才保障。福建船政与中航国际合作的非洲职教项目成功实施，提升了职业教育服务国家战略的能力与水平，培养了国际视野的技术技能人才，顺应了中国境外企业对技能人才的需求，另外，借助

非洲职业项目平台，助推优质教学装备和产品技术走向非洲。非洲职教项目的实践证明，通过在输入地开展广泛职业教育和技术技能培养培训，能为促进我国企业的服务输出和产品输出搭建平台。

（三）福建船政非洲职教项目获得同行的认可与推广

随着非洲职教项目在非洲各国的成功实践，提升了非洲职业教育的人才培养质量，得到非洲各国政府与人民的认可，福建船政"走出去"事迹得到当地电视台的广泛报道，广大同行来福建船政取经，丰富了职业教育国际交流的内容。

（四）依托中非职教项目平台，国内、国际交流与合作快速开展

福建船政非洲职教项目实施以来，迅速成为福建船政职业教育国际合作的新支点。随着项目辐射范围的逐年扩大，福建船政非洲职教项目已经成为我国中外人文交流的重要组成部分。

在福建船政非洲职教项目影响下，福建船政先后与巴拿马海事局、中德职业教育联盟、匈牙利德布勒森大学、摩根斯达集团合作，成立巴拿马国际海事培训中心、中德职业教育联盟福建省示范基地、通用航空产业学院，培养了多批孟加拉国籍船员、综合运输人才、航空人才，扩大了福建船政职业教育在海外的影响。

四、总结与反思

高职院校的国际交流合作是职业教育的重要组成部分，福建船政携手大型央企，依托大型央企海外资源，优势互补，大力推进职业教育国际交流合作。福建船政的非洲职教项目促进了中非人文交流，在国内外形成较大的影响力，成为促进中非合作，服务国家"一带一路"的重要载体。天津职业大学、金华职业技术学院、成都航空职业技术学院、泉州轻工职业学院等纷纷仿效该模式，开展国际职教合作与交流，并取得明显的成效。非洲职教项目增强了福建船政的国际职教影响力，实现中国职业教育"船政标准""船政模式""走出去"，大大提升了福建船政的国际化水平和国际影响力。

新冠疫情在全球范围内的多点暴发，对我国高职教育外向国际化产生了较大的影响，在新冠疫情发生之后，福建船政和非洲国家教育机构线下合作交流

受到影响，只能通过互联网教学或会议等方式保持正常交往与合作，部分正常的面授课程或教学计划被迫从线下转移到线上。在后疫情时代，福建船政正积极探索新的中非职教合作模式，促进和发展我国的国际化职业教育。

作者：伍小明，福建船政交通职业学院对外交流中心主任；

吴章光，福建船政交通职业学院信息工程系教师

践行"技能+文化""走出去" 构建跨境人才培养新范式

—— 摘 要：为推进职业教育服务国际产能合作，加快培养国际产能合作急需的跨境技术技能人才，杭州职业技术学院着眼于服务"一带一路"建设和中资企业"走出去"发展，依托校企合作的体制机制创新，构建"技能+文化"的校企双元协同育人培养模式，服务"走出去"企业海外经营，向国际职教界分享杭州职业技术学院办学理念，展示学校风采。

—— 关键词："一带一路"；国际产能合作；职业教育；"走出去"

一、实施背景

随着我国与"一带一路"沿线国家的合作提质扩面，国际产能合作中面临着严峻的跨境技术技能人才短缺问题，作为与产业、行业和企业联系最为密切的教育类型，高职教育"走出去"不仅是解决企业"走出去"过程中跨境技术技能人才严重短缺等问题的重要抓手，也是推进中国优质职业教育资源对外输出共享，提升中国特色职业教育国际影响力、促进中外文化交流的重要载体。

中国和非洲各国都是发展中大国和新兴市场国家，在重大国际事务和热点问题上有着广泛共识，在经贸合作和文化交流上有着深度合作。通过中非合作论坛和"一带一路"等合作平台，中国和非洲国家有着"同志加兄弟"的特殊情谊和共同的未来，双方职业教育合作大有可为。作为以技术技能培养为特色的公办高职院校，杭州职业技术学院（简称"杭职院"）主动融入国家发展，积极服务国际产能合作和国家"一带一路"建设。

二、主要目标

整合政府、行业、企业、学校多方资源，搭建"一学院一工坊一学堂"平台，推动杭职院优质职业教育资源面向南非等"一带一路"沿线国家输出，探索"技能＋文化"校企双元联合培养提升所在国劳动力素质的新路径，解决"走出去"中资企业、当地企业可持续发展对高素质技术技能人才的需求问题，向国际职业教育界发出"中国声音"，展示"中国形象"，输出"中国模式"。

三、实施过程

（一）开展留学生教育，打造就业"直通车"平台

杭职院实施南非留学生项目，招收 19 名电梯工程技术专业南非留学生，创新实施"技能＋文化"的校企双元联合培养模式，学生一半时间在学校学习专业和文化知识，一半时间在合作企业实习实践。留学生毕业后直接签约杭州海兴电力科技股份有限公司南非分公司，既有效解决了留学生的就业问题，也解决了南非中资企业境外员工用工难、文化融合难等问题。项目获南非高等教育与培训部工业和制造业培训署署长亚当斯的高度评价（见图 1、图 2）。

图 1　南非高等教育与培训部工业和制造业培训署署长亚当斯前往杭州西奥电梯有限公司检查留学生实习情况

图 2　南非高等教育与培训部工业和制造业培训署署长亚当斯致杭州职业技术学院的感谢信

（二）建设海外"丝路学院"，助力优质产能输出

2019 年 9 月，杭职院作为浙江省唯一一所陪同时任浙江省省长袁家军出访南非的高职院校，出席"一带一路"浙商行（非洲站）系列活动之中国（浙江）—南非（东开普）经贸交流论坛。在时任浙江省省长袁家军和东开普省长奥斯卡·玛布雅尼的共同见证下，杭职院分别同南非东开普中心技术职业教育培训学院和南非沃特苏鲁大学签订合作备忘录，启动"丝路学院"建设。双方高校围绕汽车检测与维修、机械制造、电气自动化、市场营销、旅游管理等专业开展合作（见图 3、图 4）。

2021 年，杭职院入选"未来非洲—中非职业教育合作计划"首批试点院校，与尼日利亚 YABA 职业技术学院合作成立"杭州职业技术学院中非（尼日利亚）丝路工匠学院"。丝路工匠学院采用"校校合作"模式，由杭州职业技术学院、YABA 职业技术学院合作共建，同时根据倬亿国际集团、中地海外集团公司等尼日利亚中资企业海外用工需求，实施"校校企"联合定向培养，为尼日利亚"走出去"企业和当地企业培养和输送高素质技术技能型人才。现已开展电气自动化应用型人才联合培养、非洲职业院校管理人员与骨干教师培训等项目建设。

图 3　在时任浙江省省长袁家军见证下签订共建"丝路学院"合作备忘录

图 4　南非共和国驻上海领事馆总领事何安娜为杭职院与南非东开普省的签约写来祝贺信

（三）承接援外培训项目，提升国际服务水平

杭职院积极承接商务部、国家国际发展合作署、浙江省商务厅等援外培训项目，制定相关管理制度，完善援外培训运行机制，逐步将援外培训打造成对

外服务品牌项目。杭职院面向肯尼亚、赞比亚等非洲"一带一路"沿线国家产业界、教育界官员和院校教师开展技能培训，累计培训人数达10000人次，广受好评。通过实施援外培训项目，杭职院为"一带一路"沿线国家经济社会发展和"走出去"中资企业培养了一批本土化人才。

四、项目成效

为积极服务"一带一路"建设，杭职院依托校企合作的体制机制创新、资源聚合优势，积极推进对非合作，加快属地人才培养，服务中国企业海外经营。杭职院培养的留学生中，3人获浙江省政府来华留学生奖学金，6人获杭州市政府来华留学生奖学金，80%被海兴电力科技股份有限公司南非分公司成功录用，真正实现了"留学＋就业"的项目目标，有效解决了在南非中资企业的招工难问题。杭职院开发电梯工程技术、汽车维修等专业英语/双语课程51门，开发高职教育课程国际标准2项，双语课程和教材面向"一带一路"沿线国家输出。积极向海外推荐学校办学优秀成果，分享和推广实践案例，南非电梯工程技术专业留学生培养案例入选"十三五"浙非合作经典案例。2020年学校荣获世界职业院校与技术大学联盟（World Federation of Colleges and Polytechnics，WFCP）卓越奖"促进学习与就业"项目铜奖（见图5、图6）。

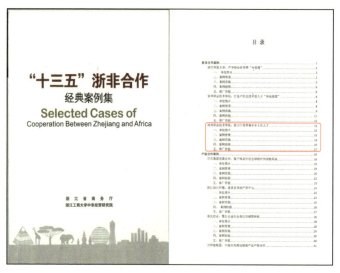

图5　南非留学生项目入选"十三五"浙非合作经典案例

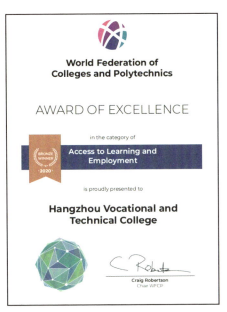

图 6　世界职业院校与技术大学联盟"促进学习与就业"卓越奖证书

五、条件保障

（一）组织保障

杭职院高度重视对外开放办学，始终坚持"引进来"和"走出去"双向提升协同发展的国际化办学思路，并成立以校党委书记、校长任双组长，分管领导任副组长，各相关职能部门、二级分院负责人为成员的教育对外开放工作领导小组，整合全校资源，以职业教育"走出去"为抓手，推动优质资源面向南非等国家输出，推动职业教育服务"一带一路"建设。

（二）制度保障

学校借鉴一流高校国际化工作管理机制和管理模式，先后出台、修订了《杭州职业技术学院南非留学生项目管理办法》《杭州职业技术学院留学生奖学金评定办法》《杭州职业技术学院学生出国（境）交流学习（实习）管理办法（试行）》等文件，不断完善职业教育"走出去"的相关规章制度，不断提高国际化工作的治理水平，以适应国际化建设需要。

（三）队伍保障

杭职院重视国际化师资团队和管理团队的建设，以各项国际化项目为载体，经过几年的积累，培养了一支具备国际视野、全英文授课能力的师资团队和政治素质高、业务能力强的国际化管理队伍，为深化"走出去"工作奠定坚实基础。

六、总结与反思

"一带一路"背景下，职业教育是率先回应国际产能合作保障需求的领域，在服务经贸合作和企业人才需求等方面承担着特殊的使命。杭职院通过探索"技能＋文化"的校企双元协同育人提升跨境技术技能人才培养新路径，搭建"走出去"办学新平台，既做到了"授人以渔"，也有效地解决了"走出去"中资企业对高素质跨境技术技能人才的需求问题，可复制并推广至更多"一带一路"沿线国家。

当前，众多"走出去"企业仍面临发展难题：缺乏高素质的、通晓中外文化的技术技能人才，尤其是缺乏本土化人才。而高职教育"走出去"是解决企业"走出去"过程中跨境技术技能人才严重短缺等问题的重要抓手，我国职业院校在"走出去"探索实践中虽然取得了一些成效，但整体来看仍处于起步阶段，受政策、制度、职业院校自身能力等因素影响，需进一步加强政府、职业院校、行业企业以及各界人士的交流合作，为职业教育"走出去"寻求更为广泛的支持。

一是紧密对接属地国产业发展需求。职业院校"走出去"要先了解属地国的经济发展趋势、产业结构和人才需求，区域的支柱产业以及新技术发展需求等，知己知彼才能减少发展阻力实现共赢，使中国职业院校成为他国发展不可缺少的助力。职业院校应与"走出去"企业开展紧密合作，有针对性地开设专业、设计培训项目，以自身优势专业群建设为基础，探索符合各方利益的跨境技术技能人才培养合作模式，系统输出中国职业教育服务国际产能合作的理念，打造中国职业教育国际化品牌。

二是着力建设"中国特色"的国际专业和课程标准。深入研究相关国家的特点，与当地的学校和企业开展合作，促进国家资格标准的互认和建设"中国特色"的国际化专业和课程标准对接。中外双方共同进行专业建设、学分互认、师生境外交流培训，开展国际职教会议、国际职业大赛、国际实训基地建设等，开设应用型双语和全外语课程，形成一系列中国特色的本土化课程、教材、人才培养方案和课程标准，为技术技能型人才的跨国培养和流动提供保障，成为"中国方案"传播的有效途径。

作者：陆颖，杭州职业技术学院国际交流合作处副处长

校企协同培育卓越海员　助力海洋强国建设

摘　要：武汉船舶职业技术学院改革创新卓越海员人才培养模式，"一个专业群、一个产业学院、一个职教集团"三一齐力，深化校企双主体育人成效，"在训海员、参训教工、二级学院、海运公司"四方协作，创新实践新型三明治"24·8·4船院模式"，"政、军、行、企、校"五方协同，五同并举，培育卓越海员人才。

关键词：三一齐力；四方协作；五同并举；卓越海员培养

一、实施背景

武汉船舶职业技术学院始终坚守"为国家工业化和国防现代化而奋斗"的初心使命，坚持"立足船舶、服务军工、面向社会"的办学定位，坚持"以人为本、质量立院、特色创优"的治校方针，不断探索"兴船报国育英才"的特色发展之路。2019 年，学院成为国家"双高计划"高水平建设学校，轮机工程技术专业群入选国家"双高计划"高水平专业群。

二、建设目标

武汉船舶职业技术学院以航海类专业为核心专业的轮机工程技术专业群，依托产业学院与职教集团，加强校企合作，促进产教融合，深化校企双主体育人成效，促进人才培养模式的改革创新，四方协作创新实践新型三明治"24·8·4船院模式"，"政、军、行、企、校"五方协同，五同并举，培育卓越海员人才，逐渐形成区域有分量、业内有特色、全国可借鉴、国际有影响的卓越海员培养新模式。

三、建设过程

（一）三一齐力，聚焦质量，推进双主体育人

"一个专业群——轮机工程技术专业群"，"一个产业学院——鑫裕盛产业学院"（见图1），"一个职教集团——湖北省国防科技工业职教集团"，深化校企育人双主体成效，齐心发力培养卓越海员。

图1　鑫裕盛产业学院成立暨揭牌仪式

专业群落实人培方案。轮机工程技术专业群围绕海员职业教育专业与企业岗位、专业课程内容与职业标准、教学过程与生产过程、学历证书与职业资格对接、职业教育与终身学习的"五个对接"，打造"岗课赛证融通"的专业课程体系，对照"船舶主机和轴系安装"国家技能大赛，将"1+1"学历证书、船员岗位适任证书与"X"适应专业群不同岗位需求的职业技能等级证书融入人才培养方案，实施"1+1+X"证书制度。

产业学院创新培养机制。鑫裕盛产业学院采用现代学徒制模式，实现海员培养、培训、就业三合一。从新生入学伊始，鑫裕盛产业学院就选拔学生组建卓越海员班，航海企业导师全程参与准海员培养过程，参与日常培训和海上实习具体执行，达到为企业量身定制人才的目的，确保实现学生零距离就业。

职教集团整合各方资源。湖北省国防科技工业职教集团全方位强化卓越海员班日常管理与航海文化及航海企业文化融合，强化海员英语培训和岗位特色项目培训，集团成员共同监督，构建了"政、军、行、企、校"五方资源共同参与的卓越海员人才培养模式，精准对接用人单位对高质量航运技术技能人才的需求，为海员可持续培养提供就业质量保障。

（二）四方协作，改革创新，实践新型三明治"24·8·4船院模式"

四方协作提思路。传统海员培养模式存在诸多局限。学校一贯式校内培养存在模拟训练不足，传统订单班无实际船舶操纵环境、无实船实践动手锻炼、无英语口语会话场景，以往"1学期学校＋0.5学期上船＋1学期学校＋0.5学期上船"四层准三明治培养模式存在船期派员、校企疲惫、学生困扰等方面的弊端，学生大证通过率不高、企业用人不足不顺等问题一直是海员培养面临的困境。"在训海员、参训教工、二级学院、海运公司"四方协作提供新思路，产业学院制定一揽子方案，校企共同改革培养方案，创新人才培养模式。

改革创新建方案。针对这些问题，学院创新提出"24个月校内学习培训＋8个月上船实习＋4个月返校强化"的新型三明治卓越海员人才培养模式，即"24·8·4船院模式"。通过这一改革，学生毕业前上船实习时间可认定相应职务的见习资历，极大缩短学生换证时间（见图2）。

图2　学生参加海上实习

集团认可促推广。学院是全国航海类院校第一家创建并践行"24·8·4船院模式"的院校。实践证明该模式的改革创新,为海员培养的高时效提供了有力保障。此项改革方案一经提出即得到长江海事局的大力支持,并依托湖北省国防科技工业职教集团推广新型三明治卓越海员人才培养"24·8·4船院模式"。

(三)五同并举,深化融合,海员培养出成效

校企"五同"促发展。校企共同组织卓越班组班宣讲活动,介绍培养模式和企业情况;校企共同开展有针对性的航海文化讲座和英语语言、专业技能培训,组织"企业文化+职业技能"拓展活动,企业选派经验丰富的船长老轨现身说法,学院选派培训师开展海员英语会话能力培训;校企共同研究人才培养方案、共同研制开发上船实习手册;校企共同跟踪学生船上实习情况,及时跟踪、及时反馈、及时处置,围绕学生成长锻炼开展密切沟通合作;校企共同为学生大证考试提供系列便利条件,共同开展过程督促。

三教改革出成效。专业群建成了1个国家级教学团队、1个省级教学团队、3个省教学名师(技能名师)工作室;承担国家自然科学基金4项、省级课题10余项,开发国家发明专利1项、实用新型专利12项;建成国家精品课程2门,国家精品资源共享课2门,省级精品课程9门,精品在线开放课程2门,国家级规划教材3部。学院获批国家船员教育与培训基地、湖北省高等职业学校实训基地,专业群联合中远海运集团、马士基航运等企业共建校外实训基地50多个;"船舶智能制造虚拟仿真实训基地"荣获2021年度职业教育示范性虚拟仿真实训基地培育典型案例项目。

海员培养高品质。学院连续五年为"船舶主机和轴系安装"全国职业院校技能大赛高职组赛项承办院校,学生多次荣获国赛奖项(见图3)。学生船员岗位适任证书获取率居长江辖区同类院校前列,雇主对毕业生满意度达90%以上,专业人才培养方案在多个国家(地区)得到推广和应用。学院打造"三化融合"特色育人新品牌,围绕卓越海员人才培养,以航海文化为主线将军工文化、企业文化、校园文化相融合,通过航海文化宣传周、企业宣讲会、精通艇筏比赛等载体的实践,逐步打造形成新的特色育人品牌。

图3　轮机工程技术专业学生参加中国海员技能大比武

四、项目成效

在实施深化卓越海员人才培养模式改革和实践中，学院积极响应"一带一路"倡议，发挥项目引领示范作用，搭建校企交流、合作共赢、融合发展的平台，为培养高素质的海员队伍贡献船院力量，携手企业共同服务于"交通强国""海洋强国"等建设。

（一）服务社会培训，当地离不开

学院作为长江辖区A级船员培训机构，积极为社会船员服务，定期开展船员合格证培训、合格证再有效培训，机工、水手、电子员过渡期培训，年社会培训达2000余人。积极接纳湖北地区本科高校船舶类专业学生，为其开展生产实习，年接待本科生达720余人。

校企协同建成了湖北省船舶协同设计创新中心和长江流域（湖北）信息化共享创新中心。学校连续多年承办"湖北工匠杯"技能大赛，"绿色节能类高性能船舶设计""智能创新类高性能船舶设计"等赛项，紧扣船舶行业发展新趋势，为船舶行业职工提供职业技能竞技平台。

（二）推出船院模式，业内都认可

新型三明治卓越海员人才培养"24·8·4 船院模式"创新实践校企深度合作、深化产教融合，引导企业参与人才培养的积极性、主动性，在行业企业产业发展、人才市场需求旺盛、学校人才培养质量提高、人才培养模式改革深化等多重内需推动下，"24·8·4 船院模式"促进了企业和学校间的良性互动，校企协同的育人双主体得到不断深化。

学院为海军士官生、武警士官生培养院校，为国防建设、大国重器培养了大批人才。支持珠海城市职业技术学院筹建船舶类专业，在该校推广应用"新型三明治船院模式"。

（三）培养卓越海员，国际可交流

自 2017 年起，学院与泰国大城船舶工业与技术学院等 6 所职业院校开展国际交流，共同培养了多批涉船类专业的泰国留学生。2021 年建成了中泰国际学院（海上丝路学院）暨泰国海外分校。同年，学院成立了卓越海员培养产教联盟（见图 4），年均培养国际海员约 200 人。2019 年开始，学院招收孟加拉国留学生（见图 5），开展轮机工程技术专业学历留学生项目。

图 4　校企共建卓越海员培养产教联盟

图 5　培养孟加拉国轮机工程技术专业学历留学生

学院已完成船舶工程技术、轮机工程技术等 9 个涉船类国家职业教育专业教学标准国际化开发；与泰国开展的船舶类特色专业留学生项目，荣获"中国—东盟高职院校特色合作项目"称号（见图 6）。

图 6　中泰船舶类人才培养项目荣获"中国—东盟高职院校特色合作项目"称号

五、项目保障

组织保障。鑫裕盛产业学院实施理事会下的院长负责制管理制度，成立了由校企代表组成的产业学院理事会，为卓越海员培养项目提供了组织保障。理事会由校企各自选派 2—3 名人员组成，理事长由企业选派的负责人担任，副理事长由二级学院院长、党总支书记、企业代表担任。产业学院院长负责协调政府、行业、企业间关系，对全年产业学院工作从行业企业方面规划设计。副院长负责产业学院校企合作、产教融合工作总体目标及建设任务制定，并向理事会开展月报制度和重大事项审批制度等工作落实。

制度保障。学院将卓越海员培养项目评价指标纳入教育教学质量评价体系，优化项目质量考核与评价机制，制定绩效激励制度。对项目建设过程中涌现出来的先进典型，加大宣传力度，激发奋勇争先的团队活力。制定了《产业学院章程》《产业学院发展规划》等一系列规章制度，构建了常态化对话沟通机制；编制了《国际海员手册》，为国际海员培养和管理工作的正常运行提供了制度保障。

六、总结与反思

学院创新提出并不断深化的新型"三明治"卓越海员人才培养"24·8·4船院模式"，创新工学交替各阶段模块设计和时长安排，实施"1+1+X"证书课证融通，船员培训课程全部通过国家海事局课程认证。

学院依托湖北国防工业职业教育集团，搭建"鑫裕盛产业学院"校企深度融合协同发展新平台，打造"三化融合"特色育人新品牌，已逐步形成区域内有影响、行业中有特色、全国可借鉴的卓越海员培养新模式。

作者：陈少艾，武汉船舶职业技术学院国际文化交流学院院长；

聂继德，武汉船舶职业技术学院国际文化交流学院副院长；

王嘉妮，武汉船舶职业技术学院国际文化交流学院副主任科员

高铁领航　文化同行
——打造面向东盟的特色职教品牌

摘　要: 柳州铁道职业技术学院响应国家职业教育对外开放政策，围绕东盟国家互联互通项目，面向东盟国家开展轨道交通建设、运营和维护等方面的本土化人才培养，从人才培养模式、教学组织形式、人才培养体系、师资团队建设、文化交流等方面开展探索与实践，服务本土铁路发展，助力中国高铁技术"走出去"提供有力的人才和技术支撑，取得了较好的实践经验和成果，得到国内外社会的广泛关注和认可。

关键词:"中文＋职业技能"；中国高铁；留学生培养

一、实施背景

（一）职业教育互联服务发展

2016 年中共中央办公厅、国务院办公厅印发的《关于做好新时期对外开放工作的若干意见》、2020 年教育部等八部门联合印发《关于加快和扩大新时代教育对外开放的意见》都提出实施"一带一路"教育行动、促进沿线国家教育合作，推动职业教育更加开放畅通，加快建设具有国际水平的中国特色职业教育体系。

（二）东盟互联互通建设

东盟各国于 2010 年通过了《东盟互联互通总体规划》，其中铁路互联互通是建设重点之一。2015 年以来，随着中老铁路、中泰高铁、印尼雅万高铁等项目的陆续开工和建成,东盟各国高铁铁路建设、运营和维护的技术人才需求急剧增加。目前,中老铁路已于2021年12月建成通车,全长922公里(包括中国国内段和老挝段)的中老铁路人才缺口高达2万多人;中泰高铁项目的一期工程已如火如荼开展,全长607公里的中泰高铁的人才缺口高达1.5万余人。此外,泰国城市轨道交通建设同样需要大量轨道交通人才予以支撑,仅曼谷市就规划了10条轻轨线及2条地铁线,而泰国开设铁路专业的院校却屈指可数。

二、主要做法

(一)创新人才培养模式,实施"三阶段"人才培养

柳州铁道职业技术学院将我国的职业教育标准、高铁先进技术和东盟轨道交通产业的发展实际相结合,制定服务东盟轨道交通发展的人才培养方案、课程标准、实训条件建设标准等,创新人才培养模式,开创"三阶段·联盟制·标准化"中泰创新型高铁人才培养模式,按"1+1.5+0.5"的方式分三个阶段实施人才培养(见图1)。依托柳州铁道职业技术学院首个海外分院——"柳铁职院天佑学院(泰国)",柳州铁道职业技术学院与泰国5所职业院校联合招收和培养高铁类专业学历教育留学生,按量身定制"三阶段"教学运行方式开展教学,既解决了留学生在中国铁路运维企业不能实习的困境,又使得他们能够更早接触本国企业岗位要求,学生毕业后可获得中外两所院校的毕业证书。

图1 中泰创新型高铁人才培养模式

2017年至2022年,学校面向泰国共招收和培养了148名泰国籍留学生,就读铁道信号自动控制和铁道工程技术两个专业。截至2020年已有两届毕业生,共计42人:其中首届毕业生28人,第二届毕业生14人。2021年,学校面向老挝继续招收铁道交通运营管理专业留学生20人。

（二）优化教学组织形式，提高人才培养质量

经过几年的实践，学校在"中文＋职业技能"项目基础上，逐步形成了以"专业汉语＋中国文化＋职业技能"为核心的国际人才培养模式。

一是针对本地学生学习特点，学校灵活调整教学手段和方法，在教学上以"理论＋实训"的标准化课程为主，在专业理论的教学基础上，结合东盟各国学生动手能力强的优势，注重培养留学生实践动手能力（见图2），将学校"学、训、赛、节、评"实践教学体系导入柳铁职院天佑学院（泰国）的实践教学中，强化学生职业能力，同时"以赛代考"精准对接"一带一路"东盟国家的个性化人才培养需求。

图2 注重培养留学生实践动手能力

二是在实用汉语的基础上，学校创新性开设《铁路专业汉语》课程，将中文和专业紧密结合，以专业带动语言，用语言辅助专业，覆盖留学生整个在校学习阶段，不断强化留学生汉语水平。

三是依托"铁道信号自动控制"国家级教学资源库，搭建多模态教学平台，打造"空中课堂"教学，使得中外师生能够时时联动。为了适应后疫情时代的教学课堂，创新"云端教学"，学校专业教师使用VR或AR全景教学、直播教学等多样化远程技术进行线上教学（见图3），向留学生展示实操场景和实操流程，尽可能确保学生在线上可以身临其境沉浸式学习。

此外，专业教师还将实训视频进行录制，投放在虚拟仿真平台，让留学生可以随时观看学习，巩固学习成果。

图 3　使用多样化远程技术线上教学

（三）重构人才培养体系，精准对接产业需求

学校依托国家级铁道信号自动控制专业教学资源库，结合中泰高铁、中老铁路等对当地铁路技术技能型人才的要求，与海外合作院校、企业共同制定标准化的人才培养体系（包含人才培养方案、课程标准、实训条件建设标准、标准化实训项目等）（见图 4）。学生无论在何地学习都严格按照人才培养方案确定的规格和课程体系执行，双方任课教师也须严格按照课程标准开展教学活动。2018 年至 2021 年，学校共牵头研发符合当地人才需求专业教学标准 4 套、人才培养方案 4 个，合作开发课程标准 61 个、理实一体化教学标准超 25 个，编撰理实一体化、模块化和新形态的双语专业教材 3 本，双语课程 4 门，共产出教学资源 468 个。

图 4　标准化人才培养体系

同时，根据不同专业实训要求，结合轨道企业生产实际，对接轨道交通产业链的建设、运营和维护环节，学校牵头制定各专业实训条件建设标准，指导海外合作院校建设专业实训中心，并协同企业援助部分实训设施设备，派出专业教师赴境外指导学生和本地教师开展实训，确保学生专业技能快速提升。2018 年已建成的实训中心位于泰国大城商业技术学院和唐恩技术学院内，占地面积 290 平方米，具备布局合理、设备齐全的理论与实践教学功能区，其中共建实训室 2 个，工位数 10 个，能实现理实一体化教学及线上线下混合式教学，符合职教教学模式要求。

（四）打造"四双"师资团队，提升国际教育水平

实施"援—交—引—培—挂—聘"工程，学校通过援外授课、交流访学、培训进修、行业引进、企业挂职、院校互聘等方式，建设一支"双语、双师、双聘、双国籍"，能胜任国际教育的"四双"创新型教学团队（见图 5）。

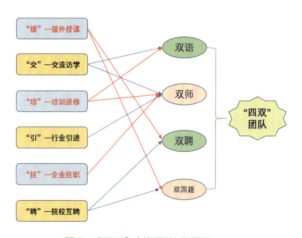

图 5 "四双"创新型教学团队

一是派出援外教师讲授专业课程。2017 年以来学校分批次累计向泰国、柬埔寨、老挝等国派出援外专业教师 17 人，参与学生第一年在海外的教学活动，使学生一入校就能接触到高铁专业知识，了解中国文化（见图 6）。二是举办外语培训班及出国交流。学校给国内的专业教师举办英语、泰语等培训班，提升教师语言能力，开阔其国际视野，2020 年已建立起一支 25 人的双语

图 6 援外教师讲授专业课程

图 7 对外轨道师资培训班

教学团队。三是举办对外轨道师资培训班（见图 7）。自 2016 年至 2019 年，学校累计面向东盟院校举办轨道专业知识和技能培训班 9 期，为马来西亚、泰国、印尼等"一带一路"沿线国家 14 所院校培养教师 139 人次。四是选派专业教师到企业挂职锻炼。学校除了从企业和本科院校引进高水平教师，还选派教师到中国铁路南宁局集团公司、中车浦镇庞巴迪运输系统有限公司等轨道企业挂职锻炼 160 人次，使教师能将书本知识与企业生产实际相结合，提升了自身的技能。五是中外合作院校互聘优秀教师。中外合作院校互相聘请优秀教师进行专业课教学，管理服务学生，共同制定互聘教师的管理细则，使得师资团队结构更为合理。

（五）搭建文化交流平台，讲好中国高铁故事

学校探索搭建中外学生文化交流的互动新平台，不断拓宽交流领域、深化交流层次，促成师生交流互鉴、美美与共。具体如下。

一是举办"中国高铁文化研学营"。学校邀请国外学子来华交流，让学员从多维度、多层次感受中国发展、理解中国文化、学习高铁技术。几年来，学校于线上、线下共举办"中国高铁文化研学营"6期，让百余名外国学子更客观地了解了中国历史文化、发展道路，与中国青年建立了深厚友谊，为推进社会进步和地区发展做出了努力。二是举办"优秀学生赴海外交流夏令营"活动。学校选送优秀在校生赴海外合作院校开展人文交流、专业技能交流等，鼓励在校生心怀包容的态度，做文明交往的使者。2017—2019年，学校共选派了65名学生赴境外交流学习，不仅开阔了学生的国际视野，也对外传播了优秀的中国文化。三是开设留学生中国文化体验课程（见图8）。以"第一课堂＋第二课堂""理论学习＋实践体验"的方式，让留学生沉浸式感受中国传统文化、中国高铁发展，讲述中国故事。

图 8　泰国师生中国文化体验活动

三、成果成效

（一）本地人才培养情况

2017年至今，学校共招收和培养168名泰国、老挝籍留学生。到2020年，已有两届泰国籍毕业生，共计42人：其中首届毕业生28人，第二届毕业生14人（铁道信号自动控制专业20人，铁道工程专业22人）。毕业生中有17人考取了泰国职业证书管理委员会颁发的"4级铁路信号工"技能证书，17

人获得了"3级铁路线路工"证书。两届毕业生中62%的毕业生在泰国当地的轨道交通企业就业。

（二）本地产生的社会效应

2017年至2021年，泰国国会体育与教育委员会、泰国私立职业教育委员会、泰国驻南宁总领事馆、老挝驻南宁总领事馆多次来学校访问调研，并予以高度关注和认可，曾得到泰国国家电视台、大城府电视台的专题报道。2019、2020年学校连续两年获得泰国教育部职业教育委员会颁发的"中泰职业教育贡献奖"。

四、经验总结

（一）树立品牌，打造特色

学校结合自身办学优势和人才培养特色，形成具有"柳铁特色"的国际化办学、国际化人才培养和国际化教学，并不是简单模仿其他同类型的院校。以产业的海外发展以及本土发展需求作为全局视野来规划特色发展，创新合作模式和建设，搭建合作交流平台，促进多边、双边的多类型的特色合作与交流。

（二）着眼需求，精准培养

学校着眼需求，紧密结合产业的"走出去"和海外落地发展，全面调研和分析产业海外发展需求、海外办学环境、本土岗位需求和本土人才需求等方面，不生搬硬套已有的教学策略，建立以行业和企业国际化需求为特征的国际化教学策略和人才培养模式，帮助提升产业海外发展、技术标准和技术人才的本土适应性。

（三）技术交流，文化互鉴

学校在国际化人才培养过程中，除了培养学生的技能外，还注重中外师资队伍的技术技能学习交流，开设东盟师资培训班，选派教师赴境外授课等。此外，学校还搭建中外学生文化交流平台，将"引进来"和"走出去"相结合，促进中外文化的交流互鉴。

五、推广应用

（一）区内推广，获得好评

2018 年，学校牵头成立中国—东盟轨道交通职业教育联盟（集团），共组织了 4 次联盟年会和人才培养发展论坛，向联盟成员推介留学生培养经验，2 次在广西壮族自治区教育厅和柳州市外事工作会议上作专题报告，广西农业职业技术大学、广西职业技术学院、广西电力职业技术学院等区内多所"双高"院校到校考察学习留学生培养和国际化办学经验。

（二）案例入选，全国推广

2019 年，"'三阶段·联盟制·标准化'中泰创新型高铁人才培养模式"入选教育部中国教育国际交流协会第二批"中国—东盟职业教育特色项目"；学校国际合作案例"留学生参与直播教学""中文＋职业技能"于 2019 年、2021 年两次入选中国职业教育质量年度报告"国际合作篇"案例。

（三）媒体关注，社会赞誉

自 2018 年起，学校留学生培养经验案例先后得到中新社、人民网、新华视点、《半月谈》、香港《大公报》、广西新闻网等多家国内主流媒体的关注报道，得到社会广泛认可。

作者：杨琳，柳州铁道职业技术学院通号信号学院党总支书记；

罗敏，柳州铁道职业技术学院国际教育学院对外合作科科长

多元协同赋能提质　国际合作创新培优
——高职院校服务"一带一路"探索与实践

　　摘　要：宁波职业技术学院积极响应国家"一带一路"倡议，以"产教融合谋发展、国际合作创特色"为宗旨，大胆创新实践，搭建政校行企协同整合资源的有效平台，形成国际交流与合作的"三机制、三平台、三特色"模式。该校以"国际培训""海外办学""职教研究"为抓手，服务"一带一路"衍生效应明显。

　　关键词：产教协同；标准引领；平台支撑；特色驱动

一、实施背景

　　习近平主席提出构建人类命运共同体，"一带一路"倡议获得世界积极响应，各领域合作不断深化，教育国际交流合作遇到重要战略机遇。职业教育国际合作作为人文交流的重要组成部分，作为人才培养的重要手段，作为企业"走出去"的重要支撑，基础好、需求强、呼声高，为教育开放和海外办学工作提供了良好环境。

　　在全面提升质量的新时代，宁波职业技术学院（简称"宁职院"）树立更高的发展目标，坚持以贡献求生存、以特色谋发展，以高水平专业建设为重点，以提高人才培养质量为核心，深化教育教学改革，提升教师育人水平，完善学校治理结构，增强社会服务能力，推动高质量内涵式发展，坚定走国际化发展道路，积极对接国家"一带一路"倡议，实施"引进来"与"走出去"相结合的国际化办学，搭建产教协同整合资源的有效平台，引领提升中国高职教育国际影响力。

二、具体做法

在国际交流与合作中，宁波职业技术学院积极发挥自身优势，立足产教融合，构建政校行企多元资源平台，服务国家"一带一路"倡议。

（一）打造国际培训品牌，"授人以渔"创特色

学校依托全国唯一的"中国职业技术教育援外培训基地"，开展包括援外培训、企业委托国际培训、国际组织合作培训等多类型的国际培训，涵盖职业教育、港口管理、汽车维修、产业技术等领域。截至 2022 年 9 月，宁职院已成功举办 165 期援外培训项目（见图 1），累计为 124 个发展中国家培养各领域高级官员、管理人员和技术精英达 3600 余人次。秉持"授人以鱼不如授人以渔"，通过职教国际培训，更好地服务受援国的人力资源开发，助力"走出去"企业优化合作环境，促进民心相通，为职教服务"一带一路"提供了强有力的实践支撑，打响了中国职教国际培训品牌，创出了中国高职教育国际培训特色。

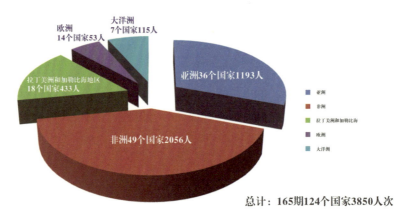

总计：165期124个国家3850人次

图 1　宁波职业技术学院 2007-2022 年 9 月援外培训国别、人数统计

（二）打造职教智库品牌，"职教研究"扩影响

依托教育部职业技术教育中心研究所、宁波市教育局与宁职院联合成立的"发展中国家职业教育研究院"（见图 2），宁波职业技术学院与国家发展和改革委员会—浙江大学西部发展研究院共建"一带一路"职业教育研究基地，致力于打造职教智库。该团队已率先发布"一带一路"职业教育研究蓝皮书系

列，定期召开发展中国家职教研究国际研讨会，推介中国职业教育发展特色和
宁波职业技术学院办学经验，为职教服务"一带一路"提供理论研究保障。

图 2 "发展中国家职业教育研究院"成立仪式

（三）打造海外办学品牌，"跨境培养"拓模式

　　宁职院与中国教育国际交流协会、宁波市教育局共同发起成立全国首个
"一带一路"产教协同联盟（见图 3）。在联盟协同机制下，深化国际产教融
合，与中航国际、中机六院、天时国际、乌干达创造太阳等单位联动，为当地
提供职业教育发展建设方案，优化技术技能人才培养方案，开发专业教学标准
和专业教材，探索跨国培养与跨境流动的技术技能人才培养新机制，为企业海
外经营发展所需人才提供精准培训服务（见图 4）。宁波职业技术学院先后成
立"中非（贝宁）职业技术教育学院""中斯丝路学院""中马职业技能与文化
中心"等海外办学点，创新海外办学模式，服务中资企业"走出去"，输出中
国理念和职教标准。后疫情时代，宁职院大胆创新"互联网＋"创跨境交流新
模式，依托海外办学点及创新成立的"中印尼云教学中心"，开展"语言＋"
云培养及线上研学项目，为新冠疫情下推进人文交流与跨境人才培养工作提供
新途径。

图3　中国教育国际交流协会、宁波市教育局、宁波职业技术学院共同发起
成立"一带一路"产教协同联盟

图4　宁职院在肯尼亚、乌干达等地实施海外培训

三、实施效果

宁职院在服务"一带一路"工作中不断探索与实践，逐步形成了自身的国际化品牌特色，成效显著，在国内外产生了广泛的影响力。

（一）创设了政校企协同的国际化办学模式

在政府的指导与支持下，宁职院与行业企业共同开展国际化人才培养方案的制定和实施，共同推进海外人才培养，开发国际化和本土化融通的技术技能型人才培养标准，实现了学校国际化工作全局性、跨越式、特色化发展，是金砖国家职业教育联盟中方执行秘书处单位、教育部"未来非洲——中非职教合作计划"首批试点院校、教育部"中非技能等级证书项目"秘书处单位和浙江省国际化特色高校。学校还连年蝉联"全国高职院校国际影响力 50 强"，荣获 2020 年世界职业院校与技术大学联盟（World Federation of Colleges and Polytechnics，WFCP）产教融合卓越奖。

（二）形成了"理论研究"与"实践运用"双轮驱动机制

宁职院发展中国家职业教育研究院（简称"研究院"）以海外办学、援外培训等实践为基础，开展海外办学的理论与方案设计，职业教育援外理论、培训绩效、培训课程开发等研究，总结提炼中国职业教育发展的经验和模式，实现了"走出去"实践、理论研究与中国职教发展经验推广辐射的有机结合。研究院成功申报各级各类课题 25 项，其中省部级人文社科类课题 13 项，出版专著 10 本，发表核心期刊论文 25 篇，完成了近 20 万字的专题研究报告和实践案例，获得各类科研成果奖 12 项，制定国际化办学保障制度 16 个，为提升高职院校国际化办学水平理论研究、质量保障、打造智库做出重大贡献。

（三）产生了广泛的国内外社会影响力

宁职院"一带一路"国际合作不断开创新局面，产生了广泛的国内外社会影响力。商务部、中共中央对外联络部等国家部委、东帝汶总理夫人伊莎贝尔阁下、柬埔寨洪森亲王及夫人奖学金协会会长洪马内等国外政要给予学校国际化工作高度评价。新华社、《人民日报》及其海外版、《中国日报》非洲版等众多主流媒体宣传报道学校国际化成效，引起国际社会的广泛关注。

受中国和东帝汶政府委托，宁职院为 45 名东帝汶学生开展为期一年的技能人才定向培养，定制电器维修、旅游行业服务的专业人才培养方案，开设理实一体、"中文＋技能"的递进式模块化课程体系，开展行业关键岗位实境式轮训，开发专业标准、课程标准和数字化教学资源（见图 5）。东帝汶总理夫人为此专程写来感谢信，感谢学校对东帝汶人才的精准培养。

图 5　宁波职业技术学院为 45 名东帝汶学生开展为期一年的技能人才定向培养

四、总结反思

宁职院探索形成了标准引领下的"三机制，三平台，三特色"，构建起跨境交流常态机制、产教协同长效机制和内涵提升倒逼机制三大机制，通过"商务部职业技术教育援外培训基地""教育部发展中国家职业教育研究院"和"一带一路"产教协同联盟三大平台，形成了"国际培训""海外办学""职教研究"三大特色，实现了"对接国际标准－优化本土标准－输出中国标准"的有机融通。

（一）创新机制，成功创建多维度国际化发展模式

为有效推进国际化建设，宁职院积极探索，进行体制机制创新，在内部联动机制上，宁职院特别设立"宁波职业技术学院丝路学院"（简称"丝路学院"），实现校内部门联动的机制创新。丝路学院院长由校长直接兼任，分管

国际化工作的领导担任执行院长，副院长由二级学院和相关职能部门负责人兼任，从而实现全校资源统筹与盘活，实现虚拟学院实体运作。外部运作机制上，宁波职业技术学院发起成立"一带一路"产教协同联盟，充分发挥高职院校、行业、企业优势，形成合力，开展海外办学、人才培养、人文交流和科研合作等。

（二）多元融合，有效构建国际化发展I3要素体系

宁职院积极探索多元国际化办学，招收来华留学生、聘请国（境）外优质师资，推动教师国际合作，优化教师发展路径，拓展学生双向交流，扩大国际视野，提升跨文化交际能力与水平，通过合作办学、本土化标准开发、跨境人才培养等工作，逐步构建了优质资源和多元文化交互（Interactive）、融合（Integrative）、创新（Innovative）的国际化发展I3要素体系，配合硬件建设，学校国际化水平整体得到了提升并实现跨越式发展。

（三）职教方案，助推提升中国职业教育国际影响力

作为中国高职战线大家庭的一员，宁职院牢记职教使命与担当，认真开展海外办学、国际培训以及职教研究等工作，把使命与责任化作行动指南与实践自觉。学校开展职教研究，为院校与发展中国家开展合作，助力企业"走出去"提供了强有力的支撑；学校开展国际培训及产教协同国际合作，全面参与中国政府职业教育援助项目整体规划的制定，以技术、服务、标准及理念的输出，推动职业教育顶层设计与整体解决方案的输出，为发展中国家职业教育整体提升发展贡献职教"中国方案"。

五、推广应用

宁波职业技术学院服务"一带一路"成效显著，为中国特色高水平高职院校建设提供了国际化办学的范例，近几年吸引不少单位前来学校实地考察调研，包括山东省教育厅、民盟福州市委、北京师范大学珠海分校等全国百余家单位和学校，均给予高度认同与积极评价。

学校努力探索服务中国企业"走出去"的职业教育国际化发展模式，推进职业技能人才培养模式与"一带一路"沿线国家间的交流与分享，已将高职人

才培养体系成功推广到 120 余个发展中国家，覆盖了亚洲、非洲、拉丁美洲、大洋洲、中东欧等地区，有效传播了新时代中国特色职教理念和思想，展现了新时代中国特色职教人才培养体系风采。

作者：李颖，宁波职业技术学院国际交流合作处处长

构建协同办学共同体　开拓国际合作新格局

摘　要： 在坚持和扩大教育对外开放政策及"一带一路"倡议引领下，中国职业教育"走出去"呈现蓬勃发展之势，构建职业教育"走出去"协同办学共同体，是拓宽职业教育对外开放渠道、提升对外合作水平的重要抓手，更是推动构建人类命运共同体的有效尝试。重庆工业职业技术学院与政府、企业构建协同办学共同体，通过功能耦合、资源融合、利益共享，创新合作模式，形成多方参与、共同建设的机制，为服务企业"走出去"提供动力和保障。

关键词： "一带一路"；协同办学共同体；"走出去"；人才培养

一、背　景

自 2013 年"一带一路"倡议提出以来，国家相关部委相继出台了支持职业教育国际化发展的政策。2020 年，教育部等九部门印发了《职业教育提质培优行动计划（2020—2023 年）》，2021 年，中共中央办公厅、国务院办公厅印发了《关于推动现代职业教育高质量发展的意见》，文件明确提出要加强职业教育国际化发展，打造中国特色职业教育品牌，提升职业教育国际影响力。自国家"双高计划"实施以来，很多职业院校将国际合作纳入建设任务，职业教育国际化步入了新的发展轨道。但职业教育对外合作的方式还比较单一，企业主动参与对外合作的积极性不高，职业院校对外服务的能力不足等现象还制约着职业教育对外开放的水平。构建职业教育"走出去"协同办学共同体，是统筹国内国际资源，拓宽职业教育对外开放渠道、提升对外合作水平的重要方式，是践行构建人类命运共同体的有效手段。基于人类命运共同体理念下的中国职业教育"走出去"，不仅是我国经济社会不断发展、国力不断增强的客观需要，更是职业教育自身发展的现实需要。

二、目　标

协调职业教育国际化发展体系中"政－企－校"各要素关系，构建职业教育"走出去"协同办学共同体，将企业市场需求转化为参与职业教育"走出去"的动力，可有效整合国际化办学资源，提升中国职业教育国际化水平。

三、主要做法

（一）制度协同，深化产教融合

制度协同共同体以政府为主导，带动学校和企业共同参与，为深化产教融合提供动力和保障。重庆工业职业技术学院（简称"重工"）实施的巴基斯坦信息技术学院教师来华技能提升项目、国际创新ICT管理人才培训项目是在教育部、重庆市人民政府配套的专项政策和资金支持下，积聚"双高计划"高水平职业学校和华为技术有限公司、长安汽车等顶尖企业优质资源联合开展的产教融合项目，以"技能－管理－企业文化"创新三位一体的培训模式（见图1），通过"项目分解－理论教学－技能实践"实现教学一体化，实现企业技术标准和管理规范、职业院校教学标准和课程体系的国际化推广，为中国职业教育标准的"走出去"提供了可参考和复制的模板。

图1　国际创新ICT管理人才培训项目

（二）生产协同，提高办学水平

生产协同共同体以企业为主导，学校、政府与其紧密合作，充分发挥职业教育服务功能。重庆工业职业技术学院联合长安汽车，围绕国家重大战略和区域支柱产业，立足装备制造业特色，同时在充分考虑合作国经济社会建设及企业发展需要的前提下，重点推出汽车检测与维修专业，打造沙特阿拉伯和巴基斯坦鲁班工坊，通过合作专业建设、场地建设、师资队伍建设、教学资源开发、标准建设等，更好服务企业"走出去"，培养通晓国际规则的国际化技术技能人才，提高企业的海外竞争力，促进周边国家当地的经济发展。

1. 校企共建标准，开发国际化教学资源，提升海外人才培养质量

校企双方在前期良好合作基础上，根据海外市场特点和需求，共同开发了《长安国际技术培训认证体系标准》和《双语课程建设标准》，开发了10余套相关专业英文版教材，建设在线双语课程2门，以克服疫情带来的不利影响。

2. 丰富国际交流内涵，打造国际双师型师资队伍

汽车检测与维修专业团队10余名教师多次赴境外或以线上形式开展境外企业人员的技术技能培训，累积培训850人次，技术支持300余台次。新冠疫情暴发以来，学校更是调整培训形式，对巴方企业人员开展整车调试检测在线培训项目，展现了良好的技术服务能力和培训能力，确保鲁班工坊的顺利运行。

3. 有效利用企业资源，促进项目可持续发展

以企业海外工厂或海外合作学校为中心，由企业或外方院校进行鲁班工坊的教学和实训场地及设备建设，国内职业院校提供教师和课程等轻资产，以降低办学成本，促进项目的可持续发展。

4. 依托工坊平台，拓展境外办学广度

鲁班工坊建设（见图2）为国内院校和海外院校提供了新的交流途径，也为国内院校境外办学提供了新的土壤。通过鲁班工坊建设，学校在巴基斯坦锡亚尔科特大学和巴基斯坦NED工程技术大学设立了境外办学机构，开展"中文＋职业技能"项目，为职业教育走出国门增砖添瓦，有力地提升了学校的国际影响力，为探索援助发展中国家职业教育的模式，打造中国职业教育国际品牌送出重工答卷。

图2　鲁班工坊技术培训

（三）知识协同，推进可持续发展

知识协同共同体以学校为主导，联动政府和企业，多维度进行知识、生产和制度的创造、转移和转化。我国职业院校在"走出去"的探索实践中虽然取得了一些成效，但还存在一些急需解决的问题，如缺乏相关政策制度和国别研究、"走出去"办学持续性较差等。重庆工业职业技术学院和老挝老德技术学院共同发起成立陆海新通道（中老）职业教育研究院（见图3），这是在重庆市教委和四川省教育厅指导下搭建的国际科研合作平台，旨在推进在职业教育研究、教育教学、科技创新与技术开发、科研成果转化等多层面合作，探索与"走出去"企业、陆海新通道沿线学校或国际组织合作开展科研、申请国际专利及学术成果发表的共建共享机制。研究成果为政府政策制定、院校项目开展、企业业务拓展提供决策参考和智力支持，全面促进陆海新通道沿线省市与亚洲及大洋洲相关国家和地区间的人文交流及科技进步。

图 3　重庆工业职业技术学院陆海新通道（中老）职业教育研究院揭牌仪式

四、成果成效

（一）持续助力国际产能合作，拓宽职业教育对外开放渠道

构建"政企校"协同的"走出去"办学共同体是职业教育国际化发展的目标，中外合作双方持续整合政府、企业和学校资源，搭建国际化产教融合平台，积极参与国际产能合作。2018 年至 2022 年 8 月底已完成开发专业标准、培训标准 2 套，境外企业人员培训 1950 人次，技术支持 300 余台次，企业初级技术认证课程 4 门，在线认证员工 200 余名，直播授课 21 次，授课 200 多课时，解决疑难故障 100 余起，为企业节省资金 200 多万元，有效推进了院校国际交流合作、产教国际协同、国际人文交流等，切实为共建"一带一路"沿线国家和"走出去"企业培养知晓现代生产技术和具有职业素养的国际化技术技能人才。

（二）拓展标准化职教国际化发展路径，提升对外开放水平

充分发挥鲁班工坊的服务属性，为企业和合作国解决人才培养问题，"政企校"协同探索开发国际通用专业标准和课程体系的有效途径，推进本土标准国际化，提升中国职业教育的国际影响力。

五、保障措施

（一）构建新机制，激发活力

学校成立专项工作组，配备必要资源，完善相关管理制度，建立长效合作机制，保障政企校三方的有机联动。

（二）搭建新平台，共建资源

充分发挥学校相关优势，搭建教育资源共享、国际产教融合、技术人才培养培训、人文交流、国际科研合作综合平台，充分挖掘政企校合作内生动力。

（三）树立新品牌，提升水平

以建设海外鲁班工坊为契机，立足产业特色，实现政府、学校、企业互联互通，人才、商业、文化互联互通，最终形成具有学历教育、技能培训、人文交流、汉语推广、文化研究于一体的中国职教品牌项目。

六、总结反思

当前，我国教育现代化全面提速，教育对外开放持续深入，加强与"一带一路"沿线国家的职业教育合作交流已成为重要方向，职业教育"走出去"正引起各界广泛关注。全面深入研究中国职业教育"走出去"的现实意义、实施路径及发展对策，对保障和推动中国职业教育"走出去"和高质量发展具有一定借鉴作用。

职业教育"走出去"不只是教育问题，还与外交、商贸、文化等领域存在融合交叉，只有明确协调、监管和推进机制，资源筹措和投入集中，才能实现效益最大化。因此，加强顶层设计和布局规划，协调职业教育国际化发展体系中"政－企－校"各要素关系，寻找共同发力点，合理调配资源，形成良性发展局面。同时通过优化师资培养、开发高质量专业标准、课程标准、教学资源等，不断提升办学质量。全球疫情暴发以来，国际合作受到巨大冲击和挑战。职业教育"走出去"急需探索新发展路径，积极应用前沿科技，搭建"互联网＋职业教育（培训）"一体化平台，同步推进理论教学与实训。

作者：茹蕾，重庆工业职业技术学院国际合作交流处项目科负责人

PART 8

第八篇

教学资源和文化国际输出

建设优质职业教育资源　开辟海外输出新航路

摘　要：为服务国家"一带一路"倡议，为"走出去"企业培养大批本土化技术技能人才，不断扩大中国职业教育国际辐射力，本案例以新的视野探索优质职业教育资源输出的新思路和新举措，在平台建设、标准建设、课程开发、师资培训、海外输出、机制创新等方面都做出了更深层次的实践和创新，为优质职业教育资源海外输出贡献了"山科方案"。

关键词：职业教育资源；海外输出；新航路

我国职业教育国际化长期以来以引进并借鉴德国双元制、英国现代学徒制、澳大利亚TAFE等西方职业教育发达国家的职教标准、职教模式为主，但是职业教育资源输出一直侧重"借船出海"，"造船出海"成效甚微。在"借"的过程中，过度依赖海外资源，甚至生搬硬套、南橘北枳；在"造"的过程中，普遍存在教育资源质量不高、特色不鲜明、与国际脱轨的问题；在"出"的过程中，普遍存在针对性不强、困难重重、运行机制单一的问题。职教"走出去"，核心是优质教育资源海外输出，"搭平台、建机制、建资源、走出去"，突出"优质"职教资源，强调"创新"海外输出方式，进而提升高职院校海外办学影响力。

一、优质职业教育资源海外输出的背景分析

（一）优质职业教育资源海外输出是国家职业教育高质量发展的政策导向

《教育部　财政部关于实施中国特色高水平高职学校和专业建设计划的意见》（教职成〔2019〕5号）明确提出要建设一批"中国特色、世界水平的高

职学校和专业群"，参与制订职业教育国际标准、打造中国职业教育国际品牌、服务中资企业"走出去"。2021 年，中共中央办公厅、国务院办公厅印发《关于推动现代职业教育高质量发展的意见》，强调推出一批具有国际影响力的专业标准、课程标准、教学资源，推动职业教育"走出去"，积极打造中国特色职业教育品牌。因此，建设优质职业教育资源，开辟海外输出新航路，是当前职业教育的大势所趋。

（二）优质职业教育资源海外输出是高职院校国际化办学必由之路

目前，国际化办学影响力已成为高职院校重点关注的焦点。但是，我国职业院校在主导或参与制定国际职业教育通行标准、国际资格证书等方面力度不够，推广中国职教成果的渠道层次不高、在优质资源输出过程中不够自信、品牌资源尚未形成。职业院校必须积极建设与国际对标的职业教育资源，推动我国职业教育标准"走出去"，提升国际职业教育领域话语权。因而，输出优质职业教育资源，开辟海外输出新航道成为高职院校国际化办学必由之路。

二、建设优质职业教育资源的预期目标

（一）建成高层次国际化职业资源平台

山东科技职业学院（简称"山科院"）与国际组织合作，积极加入国际联盟组织，牵头成立 2 个跨境联盟，搭建共商、共建、共享、共赢国际职业教育交流平台，建设山科院联合培养品牌。

（二）开发与国际接轨的课程标准和教学标准

山科院依托海外分校或海外培训中心，推进国际先进的专业教学标准、课程标准、教育模式等优质资源海外输出，提升学院国际影响力。

（三）建成高品质"中文＋职业技能"国际课程培训包

建成一批"中文＋职业技能"国际课程，形成特色鲜明的"拼盘"培训包，通过中国职业教育"出海"课程平台，山科院着力解决职业教育国际化进程中的"课程共建""人才共建"和"产教共建"三大问题。

（四）打造职业教育资源输出良港

山科院建设海外分校或海外培训中心，援助"一带一路"沿线国家职业教育，为"走出去"企业培养本土化技术技能人才，提高学院国际化服务水平；

三、优质职业教育资源建设及输出"二三五五"工作模式

本案例创造性地提出了"二三五五"的工作模式，即：两个核心、三个理念、五个模块、五个步骤。以服务国家"一带一路"建设、区域经济发展为宗旨，以高校和高水平专业群建设为抓手，紧紧围绕"建设优质职教资源"和"开辟海外输出新航路"两个核心目标，以"业内都认可、国际可交流、世界数一流"为理念，山科院把"搭建高能级国际化职业教育资源平台""开发与国际标准对接的课程标准和教学标准""开发高品质'中文＋技能'国际课程""打造高品质国际化师资队伍""打造职业教育资源输出良港"作为五个建设内容、通过"引进来、定标准、新开发、走出去、再提升"五个步骤逐步推进，使得国际化办学水平、国际化服务能力和国际影响力全面提升，形成高职教育"山科方案"，打造走向世界的"山科职教品牌"（见图1）。

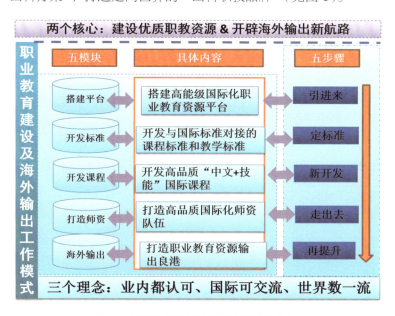

图1　职业教育建设及海外输出工作模式

两个核心：紧紧围绕"建设优质职教资源"和"开辟海外输出新航路"两个核心目标。针对"中国标准"在国际上认可度不高的问题，必须围绕"开发产品"和"拓展销路"开展工作。"开发产品"，即建设与国际标准接轨的优质职业教育资源，必须稳扎稳打，下好优质职业教育资源开发的真功夫。"拓展销路"，即开辟海外输出新航路，必须做到多维探索，拓宽职教标准输出路径。多措并举，方能保障职教标准输出成效。

三个理念：建设的职业教育资源"业内都认可、国际可交流、世界数一流"。"业内都认可"指的是坚持以"国际标准开发建设"为统领，以高能级国际化职业教育平台、海外培训中心或培训基地、中外合作办学项目为依托，对接"走出去"企业人才需求发展，推动跨国龙头企业深度参与国际课程标准制定，逐渐探索出一条"集团对接、多元融合、校企联动、协同开发"的校企合作之路，开发的国际标准和优质课程资源被境外友好院校采用，校企合作培育的国际化人才得到"走出去"企业认可。"国际可交流"指的是打造中国职教品牌，立足于智能制造特色，构建与国际接轨的课程标准和教学标准。重点做好国际课程资源建设和输出的顶层设计与系统规划，由熟悉标准研究制定的专家、国外职业教育专家、国际龙头企业和行业管理者、具有国际化视野的教师参与开发建设，将开发国际课程资源用于国际人才培养及培训。"世界数一流"指的是争取建设成一批世界一流职业教育标准和课程资源。依托山东智能制造公共实训基地，助力智能制造行业国际化发展，开发与国际接轨的课程资源，打造"中国特色职教品牌"。

五个模块："搭建高能级国际化职业教育资源平台""开发与国际标准对接的课程标准和教学标准""开发高品质'中文＋技能'国际课程""打造高品质国际化师资队伍""打造职业教育资源输出良港"五个建设内容。这五个建设内容分别是构建全方位、多维度、广渠道的立体化宣传和推广平台，积极牵头成立高能级技能平台和加入国际职教联盟等多元国际合作实践载体，开展在职业教育领域的务实合作，推动以职业教育标准为代表的成果输出；将西方发达国家的职业教育标准和理念本土化，确保标准的先进性和可推广度；坚持标准引领，建设形式多样、内容丰富的"中文＋"特色课程；注重国际化职业教育师资队伍的培养培训，实施骨干专业教师国（境）外专业技术技能培训和青年教师国（境）外专项培训两大工程；在国（境）外建立基于中国职业教育标准打造的人才培养基地，中国标准贯穿于人才培养的始终。

五个步骤："引进来、定标准、新开发、走出去、再提升"逐步推进的五个步骤。第一步，首先引进并借鉴德国双元制、英国现代学徒制、澳大利亚TAFE等西方职业教育发达国家的职教标准、以职教模式和管理经验为主，并结合区域经济发展的特色将其本土化。第二步，结合智能制造专业特色优势，组织国内外职业教育专家、国际龙头企业和行业管理者、具有国际化视野的教师参与课程标注和教学标准制定。第三步，坚持标准引领，开发与国际接轨的课程标准与教学标准。第四步，依托国际联盟、"走出去"企业、海外培训基地或培训中心带动职业教育资源出海，广泛开展国境外职业教育培训，以点带面产生集聚和示范效应，实现职业教育标准输出。第五步，针对输出的课程资源，积极进行调研，深入查找不足，补齐资源短板，进一步提升职业教育资源的质量。

四、优质职业教育资源海外输出所取得成效

（一）搭建了高能级国际化职业教育资源平台

山科院持续聚焦"国际化办学"特色的打造，不断拓宽与"一带一路"沿线国家和地区的国际合作渠道，牵头成立了"一带一路"纺织服装职业教育联盟（见图2），为国内外纺织服装职业院校、企业交流合作搭建国际教育资源交流平台；牵头成立海峡两岸智能制造职业教育联盟，共同开展智能制造职业教育资源建设，校企合作协同育人机制创新；积极加入"泰中教育联盟"（见图3）和中俄（山东）教育国际合作联盟，拓展了与泰国和俄罗斯的同类院校、行业协会间交流与合作。一系列高能级国际化职教资源交流平台的搭建，充分发挥了联盟群体优势、组合效应和规模效应，切实增强了优质职业教育资源输出能力，提升了联盟内各院校、企业整体水平和综合竞争力。

图 2 "一带一路"纺织服装职业教育联盟成立

图 3 泰中教育联盟

（二）开发了高品质的国际课程标准

山科院成立了国际课程研究中心，着力推进国际课程资源引进及本土化、国际课程的开发和推广。依托山东科技职业学院服装设计与工艺专业群等优势专业群，学校与"一带一路"沿线国家高等院校、国际行业协会、产业龙头企业等合作积极开发优质国际教育资源，形成了一批国际认可的"山科"专业教学标准及课程标准。与美国海湾州立大学、英国北安普顿大学、韩国岭南大学、德国北黑森应用技术大学、乌干达创造太阳乌干达石油学院、肯尼亚基苏木国立理工学院等学校或机构联合实现教学资源共建、共享，合作开发的 6 个国际通用专业教学标准和 30 个课程标准被国（境）外同类院校采用（见表 1、表 2）。

表 1　开发与国际标准对接的教学标准国（境）外同类院校采用情况

序号	专业教学标准	专业方向	采用院校
1	软件技术专业标准	新一代信息技术专业群	马来西亚新纪元大学学院、美国海湾州立大学 泰国格勒大学
2	物流管理专业标准	生产性服务专业群	马来西亚新纪元大学学院、德国北黑森应用技术大学
3	市场营销专业标准	现代纺织服装专业群	马来西亚新纪元大学学院、英国北安普顿大学 创造太阳乌干达石油学院
4	建筑工程技术专业标准	现代建筑技术专业群	韩国岭南大学、韩国诚信女子大学、韩国国立昌原大学、
5	服装设计与工艺专业标准	现代纺织服装专业群	创造太阳乌干达石油学院、台湾环球科技大学 肯尼亚基苏木国立理工学院
6	机械制造与自动化专业标准	现代智能制造专业群	德国北黑森应用技术大学、肯尼亚基苏木国立理工学院 马来西亚泰莱大学

表 2　开发与国际标准对接的课程标准国（境）外同类院校采用情况

序号	专业大类	课程名称	借鉴及采用院校
1	现代制造业	微机技术	德国北黑森应用技术大学、马来西亚泰莱大学、肯尼亚基苏木国立理工学院泰国索叻他尼技术学院
2		电气工程基础	
3		传感技术与控制器	
4		机械设计	
5		机械制造工艺与夹具	
6		逆向工程与快速成型技术	
7		数控铣床编程加工	
8		塑料工艺与模具	
9	现代建筑技术	AutoCAD	韩国岭南大学、韩国诚信女子大学、韩国国立昌原大学
10		Naviswork	
11		建筑力学与结构	
12		Revit Architecture	
13	生产性服务专业	现代金融实务	马来西亚新纪元大学学院、德国北黑森应用技术大学、英国北安普顿大学
14		跨境电子商务	
15		人力资源管理	
16		生产运营管理	
17	新一代信息技术	Android 开发	马来西亚新纪元大学学院、美国海湾州立大学、泰国格勒大学
18		C 语言程序设计	
19		Java 程序设计	
20		MySQL 数据库	
21		软件测试技术	
22		网页设计与制作	
23	现代纺织服装	服装款式设计	创造太阳乌干达石油学院、肯尼亚基苏木国立理工学院台湾环球科技大学
24		数字化设计技术	
25		服装立体裁剪	
26		纺织服装材料应用	
27		女装版型设计与工艺	
28		女装高级定制设计	
29		服装陈列设计	
30		服饰手工艺	

（三）打造了一批高水平"中文＋技能"国际课程

根据企业需求、地域特点、学院特色等因素，山科院探索打造形式多样、内容丰富的"中文＋职业技能"特色课程，课程采取中外合作培养、理论学习和实践相结合的方式，开发完成的中文双语技能课程共计16门，涵盖机电、机械、建筑、纺织服装、汉语言文化等领域，具有较好的可持续性及实践导向性（见表3）。山科院与创造太阳乌干达石油学院共建山东科技职业学院国际化办学综合管理平台，线上已完成开发"中文＋技能"国际课程。如在肯尼亚、乌干达开设"中文＋服装纺织培训"课程，在越南开设"中文＋机电"课程，在泰国开设"中文＋信息技术"课程，在韩国开设"中文＋建筑"，这些课程深受当地中文学习者的欢迎，既满足了个性化学习需求，又提升了学习者综合素质和就业能力。2021年学院成功获批教育部语合中心"'时尚霓裳'纺织服装课程文化体验之旅"课程和"鸢都潍坊，拥抱蓝天"汉语桥文化体验项目，获批教育部2021年"汉语桥"线上团组交流项目的"'时尚霓裳'中国纺织服装文化体验之旅"和教育部中外语言合作交流中心主办、山科院承办的"汉语桥"交流项目"鸢都潍坊，拥抱蓝天"分别向非洲肯尼亚基苏木国立理工学院和鲁泰集团越南分公司输出。这些丰富多彩的教学实践为下一步深入实施"中文＋职业技能"教育提供了有益借鉴（见图4、图5）。

表3 "中文＋职业技能"特色课程

序号	专业方向	课程名称	培训包
1	纺织制造专业	数字化设计技术	"中文+纺织培训"
2		服饰手工艺	
3		服装款式设计	
4		纺织服装材料应用	
5		服饰品设计	
6	机电制造专业	电工电子技术	"中文+机电制造培训"
7		工厂供电	
8	机械制造专业	机械制图	"中文+机械制造培训"
9		液压与气动技术	
10		钳工技术	
11	建筑制造专业	建筑力学与结构	"中文+建筑制造培训"
12		建筑工程技术	
13	现代生产服务专业	生产物流	"中文+物流培训"
14	对外汉语语言	印象中国：开启中国东方文化之旅	语言文化培训
15		实用汉语视听说	
16		对外综合汉语	

图 4　山东科技职业学院国际化办学综合管理平台

图 5　"中文＋技能"国际课程推进会

（四）打造了高素质国际化师资队伍

山科院注重国际化职业教育师资队伍的培养培训，结合"双高"建设的优质教育资源海外输出的重要任务，实施骨干专业教师国（境）外专业技术技能培训和青年教师国（境）外专项培训两大工程，先后组织 182 人赴国（境）外开展职业教育相关业务培训，出国（境）进修达到 235 人，占专任教师总数的30.16％。通过培训，教师的国际化视野更加开阔，教学资源开发和参与国际事务的能力大幅提高，国际优质教育资源开发能力持续提升（见图 6）。

图 6 山东科技职业学院与德国汉斯·赛德尔基金会国际课程开发师资培训

（五）打造了高标准的职业教育资源输出良港

山科院协同太阳乌干达石油学院、乌干达阳光地带印染有限公司共建了山东科技职业学院东非（乌干达）国际学院（见图 7、图 8），与泰国素叻他尼技术学院、肯尼亚基苏木国立理工学院、中国有色金属集团棉兰达瑞矿业集团分别共建了泰国、肯尼亚、印度尼西亚海外分院，与美国安博集团、海湾州立大学共建了山东科技职业学院 BSC 教学工作站（见图 9），与越南歌尔电子股份有限公司共建歌尔越南培训中心（见图 10），为职业教育海外输出打造了良港。依托境外办学机构、合作院，借助"云上山科"网络远程教学信息化技术，输出了具有学院特色的"线上＋线下"职场化混合式教学模式，输出专业教学标准、课程标准、教学管理模式和评价工具，输出学院开发的国家级或省级精品网络课程。山科院先后选派 10 余名专业骨干教师到乌干达、肯尼亚、印度尼西亚、埃及等职业院校开展援教（见图 11、图 12），赴"走出去"企业国（境）外指导和开展培训约 10000 人次，为驻外企业培养了大批本土化技术技能人才。

图 7　山东科技职业学院在东非（乌干达）成立国际学院

图 8　山东科技职业学院东非（乌干达）国际学院揭牌仪式

图 9　山东科技职业学院建立 BSC 教学工作站

图 10　歌尔越南培训中心揭牌

图 11　山东科技职业学院教师在乌干达企业指导服装技能

图 12　印度尼西亚海外职院（棉兰达瑞校区）建设校企对接会

五、优质职业教育资源海外输出的保障机制

积极完善国际化办学体制机制，保障优质资源海外输出的实施。一是要加强组织领导，成立以党委书记为组长的国际化办学领导小组，全面负责对国际化办学进行顶层设计，整合各方资源，设立专项经费支持。二是要强化制度保障，开发国际化办学量化指标体系，制定并完善国际课程管理办法、系部绩效考核制度、教师出国（境）研修管理办法等制度。三是要强化督导考核，制定完善国际合作工作绩效考核制度，加强对建设项目实施情况的动态监测分析与督导评估，建立科学完善的考核机制，全面保障优质教育资源的开发和海外输出。

六、优质职业教育资源海外输出的深刻反思

建设优质职业教育资源，开辟海外输出新航路给了我们很多启发，在推动现代职业教育高质量发展的时代下，学校专注打造一批具有国际影响力的专业标准、课程标准、教学资源。打造"中国职教品牌"需要在职教资源开发的质量和海外输出的路径上下深功夫，既需要与国际标准接轨，又要凸显中国特色。重点做好国际课程资源建设和输出的顶层设计与系统规划，还需要政府、行业协会、企业、职业院校四方联动，整体规划、系统推进，才能达到预定的成效，本案例采用的方法和形式实践证明其具有典型性、先进性。

虽然近些年职业院校向海外输出的专业教学标准、课程标准逐年提升，但未有国家或省级层面出台相关规则对其加以认定、检验和监督。随着建设优质职教资源建设的不断深入，开发中与国际对接的标准理念、形式和内容也会发生变化，这就需要对资源进行及时更新，需要时间、资金和人力的保障。尽管目前国际职教联盟、跨境培训基地建设如火如荼，但是受到疫情的影响，很多工作开展都难以落到实处、困难重重，为此职业院校需要深入思考如何突破困境，让"高质量、高标准的职教资源"顺着"新航道"更有效地"走出去"。

作者：李敬伟，山东科技职业学院；

董敬贵，山东科技职业学院；

胡兴珠，山东科技职业学院

政行校企四方联动　"1+X"证书走向国际

摘　要：江苏经贸职业技术学院建设电商谷（南京）区域中心及泰国、柬埔寨基地，发挥学校专业优势，在政行校企合作框架下研发证书标准框架、建设课程资源，连续开展中泰"中文＋职业技能"电子商务师资和学生培训，并推出"1+X"电子商务职业技能等级证书，得到泰国教育部职教委的共同签署，该项目得以在泰国推广，深耕泰国电商行业，辐射带动其他东盟国家的合作。

关键词：中泰；电商谷；政行校企；"1+X"电子商务职业技能等级证书

一、实施背景

在全国电子商务职业教育教学指导委员会的领导和支持下，江苏经贸职业技术学院（简称"学院"）建设了电商谷（南京）区域中心，该项目以"电商谷＋郑和学院"为载体，依托南京区位优势和产业优势，汇集优质教育资源、行业企业资源、人才资源、技术资源，承担海内外电商职业教育对外展示、联合服务、教师发展、远程教学及教学督导等功能，促进国内外教育体系和产业体系的人才、智力、技术、资本、管理等资源要素集聚融合、优势互补，打造立足南京、面向江苏、辐射长三角、对接海外的电商职业教育服务平台和国际交流与合作平台。

为进一步落实"电商谷"建设愿景，2019年，在全国职业教育教学指导委员会和泰国教育部职教委统筹指导下，由清迈大学孔子学院和北京博导前程信息技术股份有限公司协同江苏经贸职业技术学院等中泰双方职业院校，共同实施中泰合作"中文＋职业技能"项目。2020 年和 2021 年，江苏经贸职业技术学院连续开展中泰"中文＋职业技能"电子商务师资和学生培训，并推出"1＋X"电子商务职业技能等级证书在泰国推广（见图 1）。

图 1　薛茂云院长出席 2021 年中泰合作"1+X"电子商务职业技能等级证书培训开班仪式并代表中方 15 所院校和企业发言

二、主要做法

（一）打造电商谷—中心两基地国际空间布局

以"电商谷＋郑和学院"为载体，突出"国际化"特色，将电商谷（南京）区域中心打造成为学校国际化办学中心和集中展示窗口，学院遵循国际化人才产教融合培养模式，开展全校师生国际化能力培养和认证，提升学校国际化办学水平；此外，还搭建了职业教育国际交流互联互通平台。与中外政行校企合作，着力打造柬埔寨（金边）电商谷基地和泰国（清迈）电商谷基地。

（二）全方位扎实推进"中文＋职业技能"项目

中泰合作"中文＋职业技能"项目自启动以来，按照六个阶段稳步推进。已经完成了工作机制建立、证书标准框架开发工作，培训课程和资源正在持续开发中。2021 年 10 月，如期进入师资培训阶段。中泰合作开展"中文＋职业技能"项目。根据项目任务设置综合协调组、标准开发组、教材开发组、培训与管理组、考试与管理组，由各小组承担具体项目执行工作。项目试点工作以"1＋X"电子商务数据分析职业等级标准为基础，开发适合泰国发展的电子商务数据分析职业技能等级标准和培训体系。本项目已开发了 7 本系列教材，证书教材由北京博导前程公司编写，中国高等教育出版社出版及发售。

（三）依托中泰"中文＋职业技能"项目，助力中泰专业和人文交流

2020 年 11 月，中泰合作"中文＋职业技能"项目"1＋X"电子商务数据分析职业技能等级证书师资培训开班，江苏经贸职业技术学院派出五名教师投入首期师资培训班的教学工作，并在为该项目专门部署的"清云电商"国际在线培训平台上线了由本校开发的"数据分析工作流程分析"课程，面向全体泰国师生推广学习。

7 月 24—28 日，2021 年中泰合作"1＋X"电子商务职业技能等级证书培训在线上顺利举办。针对泰国学生开展的中泰合作"1＋X"电子商务职业技能等级证书培训，自泰国教育部职教委下发通知启动报名以来，吸引全泰 82 所职业院校 982 名学生报名。为保证培训质量和效果，项目合作委员会最终筛选出 28 所院校的 80 名优秀学生参培。泰方项目官员和项目考核处官员全程跟踪培训过程，对课程内容、授课形式、学员互动等效果给予高度赞扬。江苏经贸职业技术学院贸易与物流学院电子商务教研室主任冯宪伟老师参与了培训指导工作，为学生创业项目路演进行指导和评价。

三、成果成效

（一）政行校企合作，成功推动中国职业技能证书出海

"1＋X"电子商务职业技能等级证书在全国电商行指委指导下，由国内院校与北京博导前程信息技术股份有限公司共同研发推出，面向"一带一路"沿线国家，提供以电子商务为代表的数字经济发展和人才培养整体解决方案，证书得到泰国教育部职业教育委员会的认可和共同签署，推动中国职业教育专业标准在泰国电商行业落地（见图 2）。

图2 中泰合作"1+X"电子商务职业技能等级证书

（二）师资和学生培训同步推进，取得显著推广效果

截至 2021 年，江苏经贸职业技术学院已经开展 2 期中泰"1+X"电子商务职业技能等级证书师资和学生培训，通过中泰"中文＋职业技能"培训，参加培训的 77 名专业教师和学生 80 人中，64 人获得"1＋X"电子商务职业技能等级证书。师资和学生培训同步推进，增强了培训的传播效果。

（三）对接国际需求，培训方式得当，培训效果显著

中泰"1＋X"电子商务职业等级师资和学生培训后的满意度调查结果显示，超过 70％的学生认为本次培训对团队协作、路演展示、思维方式等能力提升效果明显，81％以上的学生表示培训结束后会立即尝试做电商。中文电子商务等级证书也获得了学员的认可，"我们就是要拿中国证书"成为泰国学员的学习目标。

四、经验总结

（一）集结政行校企资源

项目推进过程中集结了大量行业资源，凝聚了来自院校、产业力量，精心筹划，打造培训内容，分别是：江苏经贸职业技术学院、广西经贸职业技术学

院、北京市商业学校、北京博导前程信息技术股份有限公司等 15 所院校和企业。泰方有 43 所职业院校加盟该项目。

（二）发挥学校专业特色

江苏经贸职业技术学院拥有国家级电子商务专业教师教学创新团队和 2 个国家级职业教育专业教学资源库，为项目贡献专业师资团队和教学资源，开发双语综合实践项目，推广电子商务核心课程，开展课程推广和境外培训，保证了项目的顺利推进和良好成效。

（三）找准"一带一路"沿线国家需求脉搏

调查数据显示，2020 年东南亚互联网交易总额超 1000 亿美元，并且随着数字化的普及和应用升级，有望在 2025 年突破 3000 亿美元，东南亚是具有很大潜力的市场之一。泰国作为东南亚第二大经济体，是东盟地区电子商务的重点发展地区。"1＋X"电子商务职业技能等级证书找准了"一带一路"沿线国家需求脉搏，解决了产业发展过程中的人才痛点。

五、推广应用

（一）发挥示范引领作用

2018 年，江苏经贸职业技术学院与柬埔寨工业技术学院合作电商谷及培训中心项目入选中国教育国际交流协会首批 20 个"中国—东盟高职院校特色合作项目"。电商谷项目体现了中国—东盟互学互鉴、互利共赢的职教合作精神，其创新性、实效性得到认可，并且具有可复制性和示范引领作用。

（二）扩大中泰院校合作

在"中文＋职业技能"试点工作顺利开展的基础上，项目合作委员会机制下，协调项目参与中方院校，学校组织在"中文＋职业技能"项目中表现优异的泰国学生继续到中国交流、深造。另外，项目对接中泰相关企业、院校，策划组织中泰数字经济相关交流和比赛活动等，推动中泰在数字经济领域的多层次、多类型合作。参与方的中方院校包括江苏经贸职业技术学院、广西经贸职业技术学院、北京市商业学校等 15 所院校和企业；参与方的泰方院校包括曼谷商贸旅游管理职业学院、素林职业学院、乌汶职业学院等 43 所院校。

（三）辐射带动东盟其他国家

"电商谷"项目构建特色的创新创业教育体系，形成可复制可推广的体系化创新创业研究成果。对中国与东盟各成员国之间在其他领域的人才培养、师资培训、技术研究等方面的深度交流与合作起到示范、辐射和带动作用。对于江苏经贸职业技术学院在柬埔寨的教学标准输出也具有较好的带动作用。

作者：祝井亮，江苏经贸职业技术学院教务处副处长；

张之简，江苏经贸职业技术学院国教院综合办主任

陕西职业技术学院"中文＋职业教育"国际化实景侨裔课堂

摘　要：讲好中国故事，传播好中国声音，展示真实、立体、全面的中国，在于加强国际传播能力建设，陕西职业技术学院整合校内优质课程资源，以互联网远程直播的形式，让我校的优质课程"走出去"，向全球华文学校及海内外学子传播中华文化、企业文化，使海外华裔学生对华文教育、职业教育的接受度大幅提升，增强文化自信。

关键词："中文＋职业教育"；国际中文；侨裔实景课堂

一、项目背景

（一）职业教育国际化是时代要求

2021 年 10 月 12 日，中共中央办公厅、国务院办公厅印发了《关于推动现代职业教育高质量发展的意见》（简称《意见》），《意见》指出职业教育是国民教育体系和人力资源开发的重要组成部分，肩负着培养多样化人才、传承技术技能、促进就业创业的重要职责。在全面建设社会主义现代化国家新征程中，职业教育前途广阔、大有可为。2021 年 5 月 31 日，中共中央政治局就加强我国国际传播能力建设进行第三十次集体学习。习近平在主持学习时强调，讲好中国故事，传播好中国声音，展示真实、立体、全面的中国，下大气力加强国际传播能力建设，形成同我国综合国力和国际地位相匹配的国际话语权，为我国改革发展稳定营造有利外部舆论环境，为推动构建人类命运共同体作出积极贡献。

（二）"中文＋职业教育"是学校使命

2021 年 9 月 13 日陕西省商务厅、陕西省发展和改革委员会关于印发《中国（陕西）自由贸易试验区"十四五"规划》的函，指出鼓励建设行业性数据资源平台。加强"一带一路"语言服务及大数据平台对企业"走出去"的语言服务、数据信息的支撑作用，拓展平台服务功能。陕西作为丝路起点，更要弘扬丝路精神，发挥西部桥头堡作用，分享整合项目资源，推动职业教育国际化向纵深发展。

陕西职业技术学院（简称"陕职院"）立足陕西西安，作为"一带一路"职教联盟单位和西安一鸣实景教育科技有限公司合作开发的"中文＋职业教育"国际化实景侨裔课堂，推动中国职业教育走向国际化，打造以陕西为代表的重点产业企业"走出去"，是把握好"十四五"时期重大战略机遇的重要举措，符合《中国（陕西）自由贸易试验区"十四五"规划》的要求，也是陕西职业技术学院的使命。

二、建设目标

（一）探索"中文＋职业教育"新模式，实现远程实景教学

"中文＋职业教育"实景课堂模式以"一带一路"职教联盟单位陕西职业技术学院和西安一鸣实景教育科技有限公司为开发主体，依托陕西职业技术学院优质专业课程，整合陕西省重点产业企业，联系国内外知名企业，开展课程合作，利用实景课堂新模式，依托互联网平台，为职业教育院校师生和国内外知名企业搭建桥梁。

（二）推动中国职业教育国际化

陕西职业技术学院整合校内优质课程资源，以互联网远程直播的形式，面向全球华裔进行线上授课。通过互联网平台让学校的优质课程"走出去"，向全球华文学校及海内外学子传播中华文化、企业文化，加强文化交流，使海外华裔学生对华文教育、职业教育的接受度大幅提升，增强文化自信。同时，陕西职业技术学院通过平台搭建，拓展中外校企合作交流渠道，开拓国内职业教育院校视野，也向外国学生多角度展示和宣传国内职业院校，推动中国职业教育"走出去"。

三、实景课堂实施过程

（一）实景课堂《古都万象》

1. 授课地点

授课地点为小雁塔、西安博物院。

2. 授课地简介

西安博物院以著名唐代建筑、全国重点文物保护单位小雁塔为中心，整体按文物鉴赏、旅游观光、综合服务三大功能区设计，形成集博物馆、名胜古迹、城市公园为一体的历史文化休闲场所。

3. 课程简介

该课程通过镜头带领学生前往全国重点文物保护单位小雁塔、西安博物院等地，感受长安城市民的日常生活。在西安博物院，老师介绍了唐代历史以及唐长安人民的衣食住行，同时我院旅游与文化学院任家瑶老师展示了中国古代首饰，带领学生感受中国古代首饰文化，并了解其制作工艺（见图1、图2）。

本节课程有来自44个国家54649个登录点的师生参加，跟随镜头实景探寻古城万象，老师也通过互联网平台向海外华裔青少年发出了邀请，欢迎他们日后来西安博物馆共同了解博大精深的中华文化。

图 1　授课老师在小雁塔、西安博物馆授课

图2 陕西职业技术学院老师任家瑶与实景课堂老师蔡雪授课

统计数据可知：该课程登录观看人次 54649 人（见图 3），登录人次排名前三的国家有中国地区 12822 人，访问占比 23.46％，西班牙地区 3987 人，访问占比 7.30％，意大利地区 3194 人，访问占比 5.84％。

排序	区域	人次	访问占比	排序	区域	人次	访问占比
1	中国	12822	23.46%	23	瑞典	485	0.89%
2	西班牙	3987	7.30%	24	比利时	393	0.72%
3	意大利	3194	5.84%	25	新加坡	386	0.71%
4	美国	3095	5.66%	26	菲律宾	351	0.64%
5	英国	2679	4.90%	27	希腊	323	0.59%
6	法国	2544	4.66%	28	芬兰	294	0.54%
7	巴西	2311	4.23%	29	越南	265	0.49%
8	葡萄牙	2309	4.23%	30	巴拿马	191	0.35%
9	印度尼西亚	2152	3.94%	31	爱尔兰	186	0.34%
10	日本	2008	3.67%	32	印度	158	0.29%
11	德国	1871	3.42%	33	老挝	98	0.18%
12	泰国	1797	3.29%	34	乌克兰	98	0.18%
13	荷兰	1648	3.02%	35	瑞士	97	0.18%
14	韩国	1592	2.91%	36	南非	97	0.18%
15	加拿大	1466	2.68%	37	卡塔尔	96	0.18%
16	澳大利亚	1104	2.02%	38	阿尔及利亚	92	0.17%
17	马来西亚	981	1.80%	39	埃及	92	0.17%
18	缅甸	722	1.32%	40	多米尼加共和国	92	0.17%
19	新西兰	638	1.17%	41	哥斯达黎加	84	0.15%
20	奥地利	631	1.15%	42	文莱达鲁萨兰国	83	0.15%
21	柬埔寨	561	1.03%	43	斐济	41	0.07%
22	丹麦	513	0.94%	44	俄罗斯	21	0.04%
	总计：					54649	

图3 《古都万象》课程观看人次统计

（二）实景课堂《影迹中国》

1. 授课地点

授课地点为西安市明清皮影艺术博物馆、西安电影制片厂。

2. 授课地简介

西安市明清皮影艺术博物馆展出的皮影以陕西东路皮影为主，还有部分灰皮影精品，包含头茬、身段、神怪动物、桌椅家具、中景大帐、剧本、皮影箱等。在这里，除了欣赏皮影，还可以了解到古代的服饰、建筑、风俗文化等。

西部电影集团，简称西影、西影集团，原国有西安电影制片厂。西部电影集团是中国六大电影集团之一，是国家电影产业布局的四大集团之一。坐落于古都西安曲江新区巍峨的大雁塔脚下。其前身是成立于1958年8月的西安电影制片厂，是中国以生产故事片为主的电影企业。

3. 课程内容简介

课程带领学生前往西安市明清皮影艺术博物馆，为同学们详细讲述了中国皮影这一影像艺术的起源与发展。接着为同学们介绍了西部电影的发源地——西安电影制片厂（见图4、图5）。课程对以西安电影制片厂为代表的优秀企业做了介绍，并邀请著名导演赵思源为海外华裔青少年详细讲述了台前幕后的光影故事，和以西影集团为代表的中国电影人为了中国电影事业的不断发展而做出的努力。本节课程有来自42个国家55074个登录点的师生跟随镜头徜徉在光影世界，让学生了解了中国电影的发展，并邀请海外学生到中国来参观西安电影制片厂。

图4　学院老师在西安电影制片厂授课

图 5　陕职院祁敏老师在西安市明清皮影艺术博物馆授课、宣传

通过统计数据可知：该课程登录观看人次 55074 人，登陆人次排名前三的国家有中国地区 11833 人，访问占比 21.49％，意大利地区 4257 人，访问占比 7.73％，巴西地区 3785 人，访问占比 6.87％（见图 6）。

排序	区域	人次	访问占比	排序	区域	人次	访问占比
1	中国	11833	21.49%	22	比利时	651	1.18%
2	意大利	4257	7.73%	23	丹麦	622	1.13%
3	巴西	3785	6.87%	24	文莱达鲁萨兰国	505	0.92%
4	西班牙	3663	6.65%	25	瑞典	489	0.89%
5	美国	3600	6.54%	26	爱尔兰	413	0.75%
6	泰国	2114	3.84%	27	越南	296	0.54%
7	日本	2020	3.67%	28	缅甸	294	0.53%
8	德国	1944	3.53%	29	斐济	268	0.49%
9	葡萄牙	1903	3.46%	30	哥斯达黎加	214	0.39%
10	加拿大	1805	3.28%	31	卢森堡	188	0.34%
11	澳大利亚	1774	3.22%	32	俄罗斯	187	0.34%
12	韩国	1678	3.05%	33	瑞士	185	0.34%
13	英国	1643	2.98%	34	阿根廷	182	0.33%
14	法国	1553	2.82%	35	希腊	107	0.19%
15	新加坡	1244	2.26%	36	卡塔尔	97	0.18%
16	印度尼西亚	1195	2.17%	37	菲律宾	97	0.18%
17	新西兰	916	1.66%	38	老挝	94	0.17%
18	荷兰	876	1.59%	39	以色列	93	0.17%
19	奥地利	749	1.36%	40	柬埔寨	91	0.17%
20	马来西亚	703	1.28%	41	波兰	64	0.12%
21	挪威	672	1.22%	42	印度	10	0.02%
总计：						55074	

图 6　《影迹中国》课程实时观看人次统计

（三）实景课堂《陶瓷艺术》

1. 授课地点

授课地点为陕西省富乐国际陶艺博物馆、陕西南山陶舍陶瓷文化创意有限公司。

2. 授课地简介

陕西省富乐国际陶艺博物馆位于陕西省富平县乔山路1号，2004年由富陶产业集团投资2000余万元兴建，隶属于富乐国际陶艺集团公司。该馆是国内首家世界现代陶艺博物馆，占地1.2万平方米。

陕西南山陶舍陶瓷文化创意有限公司位于西安市长安区，是一家致力于陶瓷工艺品的设计、技术推广、技术研发；雕塑、工艺品、文创产品设计的企业。

3. 课程内容简介

该课程带领学生前往陕西省富乐国际陶艺博物馆欣赏精美的陶瓷作品艺术，聆听陶瓷艺术师讲述自己的创作心得。在陕西南山陶舍陶瓷文化创意有限公司，陕职院张倩老师向同学们介绍了陶泥青花瓷的手工制作（见图7），和学生们一起了解了陶瓷的制作方法和艺术价值。

图7　陕职院张倩老师在陕西南山陶舍陶瓷文化创意有限公司授课、宣传

排序	区域	人次	访问占比	排序	区域	人次	访问占比
1	中国	14983	24.55%	24	比利时	622	1.02%
2	西班牙	4290	7.03%	25	荷兰	574	0.94%
3	美国	3589	5.88%	26	越南	537	0.88%
4	意大利	3308	5.42%	27	芬兰	378	0.62%
5	日本	2679	4.39%	28	缅甸	317	0.52%
6	韩国	2459	4.03%	29	挪威	287	0.47%
7	葡萄牙	2398	3.93%	30	阿根廷	256	0.42%
8	法国	2307	3.78%	31	希腊	232	0.38%
9	加拿大	2148	3.52%	32	文莱达鲁萨兰国	201	0.33%
10	英国	2081	3.41%	33	哥斯达黎加	195	0.32%
11	巴西	2063	3.38%	34	柬埔寨	189	0.31%
12	澳大利亚	1947	3.19%	35	波兰	177	0.29%
13	德国	1825	2.99%	36	斯洛伐克	177	0.29%
14	马来西亚	1514	2.48%	37	菲律宾	140	0.23%
15	新西兰	1367	2.24%	38	巴拿马	116	0.19%
16	泰国	1178	1.93%	39	斐济	110	0.18%
17	瑞典	1031	1.69%	40	尼日利亚	104	0.17%
18	丹麦	861	1.41%	41	白俄罗斯	98	0.16%
19	新加坡	842	1.38%	42	埃及	85	0.14%
20	印度尼西亚	842	1.38%	43	伊朗	79	0.13%
21	爱尔兰	806	1.32%	44	俄罗斯	49	0.08%
22	奥地利	787	1.29%	45	苏里南	37	0.06%
23	瑞士	763	1.25%				
总计：						61029	

图 8 《陶瓷艺术》课程实时观看人次统计

本节课程有来自 45 个国家 61029 人次跟随镜头体验了陶瓷艺术（见图8），使海外学生了解了中国陶艺制作和相关文创产品，也推动中华非遗文化走向世界。

三、良好成效

（一）探索"中文＋职业教育"新模式，实现远程实景教学

一方面，该课程带领学生前往陕西省富乐国际陶艺博物馆、陕西南山陶舍陶瓷文化创意有限公司、西安电影制片厂等企事业单位，展开课程合作，探索职业教育校企合作的新模式。另一方面，学校与西安一鸣实景教育科技有限公司合作，利用互联网平台，开发出"中文＋职业教育"线上直播实景课程新模式，打破了时间和空间的限制，把我校优质课程推广给了来自世界各地的留学生，得到了海外师生一致好评（见图9、图10、图11、图12）。

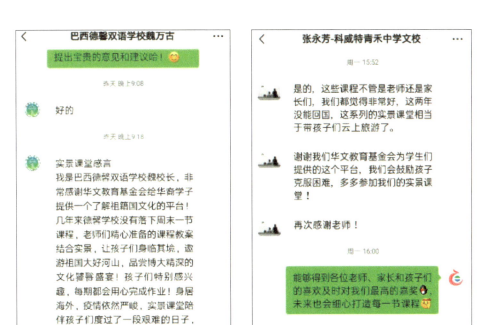

图 9　巴西德馨双语学校的课堂反馈　　　　图 10　科威特青禾中学的课堂反馈

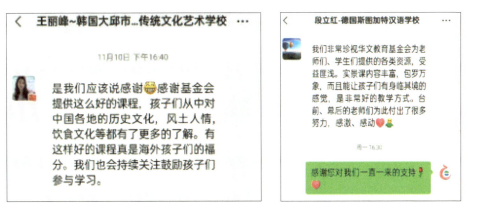

图 11　韩国大邱市传统文化艺术学校的　　　图 12　德国斯图加特汉语学校的
　　　　课堂反馈　　　　　　　　　　　　　　　　课堂反馈

（二）推动了职业教育和重点产业企业"走出去"

"中文＋职业教育"实景侨裔课堂依托"一带一路"职教联盟，陕西职业技术学院作为联盟理事单位整合校内优质资源开发国际课程，将中国优秀企业与职业院校课程相结合，面向全球华裔进行线上授课。课程以互联网远程直播的形式，将中国的优秀企业立体化呈现在国外学生面前，多角度宣传了中华文化、中国院校和企业。

同时，陕职院通过平台让国内知名企业和海外优秀院校合作，拓宽了国际视野，不仅促进了中国职业教育的国际化，也推动了重点产业企业"走出去"。

（三）促进线下旅游资源流动发展和经济增长

实景课堂前往西安博物院、西安市明清皮影艺术博物馆等地，依托线上老师与线下博物馆展开课程合作，形成移动的博物馆，促进文化传播，线上教学宣传无形中对线下资源进行了统筹协调，形成线上线下文旅互动。授课实景地通过实景课堂的介绍、相关网络平台的推广，获得了更多的关注，扩大了知名度。在将中国优秀的社会、自然资源立体直观地呈现给海外华裔学生及其家长，提升学生学习兴趣的同时，扩大了当地的影响力，吸引了更多人关注实现中国梦的建设过程，也促进了当地文化旅游事业发展。在推进城市建设发展的过程中，不仅促进经贸合作不断深化，还加强了人文交流，更为经济增长提供潜在助力。

四、支持保障

该项目整合学校教学资源，依托"一带一路"职教联盟平台，与国内外优秀企业建立合作关系，所授课程建立在学校特色专业优质课程的基础上，教师教学能力和课程质量有保障。

"中文＋职业教育"国际化实景侨裔课堂通过线上形式向全球学生开放，由学校和西安一鸣实景教育科技有限公司开发，该公司具有成熟的互联网运营经验和技术支持，技术平台有保障。

学校工作人员对课堂数据进行检测，并从多角度了解师生的反馈和建议，能够根据实际和学生需求动态调整，制定更加合理的课程设置和教学方式，及时反思总结，机制有保障。

五、启发与反思

"中文＋职业教育"国际化实景侨裔课堂项目的开发和实施给了我们很多启发，在当今世界国际化发展的大趋势下，职业教育走出国门，中华文化传遍全球，正是顺应了时代的潮流。我们要坚定不移地走职业教育的国际化道路，弘扬丝路精神，发挥西部桥头堡作用，推动职业教育国际化向纵深发展。

该国际化实景课堂的授课内容目前主要集中在旅游与文化学院的课程，学生对此有较大兴趣且侨裔容易理解和接受。但生活在不同国家、不同文化、不同年龄等的侨裔学生会有不同的兴趣和条件，为此学校需要深入了解学生想法和变化，开发出更丰富更多样的课程来满足侨裔对于"中文＋职业教育"的需求。

作者：张红，陕西职业技术学院国际交流合作学院执行院长；

马筱筱，陕西职业技术学院国际交流合作学院外事干事

"一带一路"背景下中国文化对外传播的苏旅财实践

摘　要："一带一路"倡议意在构建一个人类命运共同体，人心相通是"一带一路"建设得以成功推进的社会基础。高职教育作为我国职业教育体系中重要组成部分，肩负着促进区域经济发展、服务地方经济社会发展的历史使命，其人才培养质量直接关系到"一带一路"倡议能否落地并获得响应。职业院校要以"政策沟通、设施联通、贸易畅通、资金融通"为抓手，强化国际化人才培养支撑，用中国文化传播中国声音，服务于沿线国家发展大局。苏州旅游与财经高等职业技术学校自立校以来，始终秉持开放视野，坚持走国际化办学之路，发挥旅游职业院校独特的课程优势，对中华优秀传统文化的国际传播进行系统化实践，并在传播机制、文化课程体系建设、文化课程教材建设、对外传播师资团队建设和中国文化国际传播路径探索五个方面均取得较好的成效。

关键词："一带一路"；中国文化；传播；实践

一、实施背景

国家"一带一路"倡议和教育部等八部门《关于加快和扩大新时代教育对外开放的意见》（以下简称《意见》）的出台，要求职业教育必须参与国际化人才培养和中国传统文化向外传播等工作。目前，我国已初步建立了以中等职业学校为主渠道、高等职业院校为辅渠道、普通高等院校和社会力量共同参与的多层次国际人才培养体系，并取得显著成效。职业教育是提升我国综合实力的重要途径之一，也是传播中国文化的重要主题，但在传播中国文化中依然存在四个方面的问题。

（一）传播渠道狭窄

截至 2021 年 10 月，目前中国文化传播主要渠道为在世界 159 个国家设立的 1500 多所孔子学院和孔子课堂、文化系统交流活动和点对点友好学校校际交流等，此外，以职业学校为传播主体，进行中国文化传播的渠道较少。这与近年来海外汉语、中华文化学习者人数不断增加的现象是背离的。

（二）传播内容单一

几乎所有职业院校所进行的中国文化的国际传播都停留于对外汉语教学的这一阶段上。当然也有部分院校注意传播的有效性和趣味性，会适当增加一些文化体验活动，最常见的文化体验活动包括剪纸、毛笔字书写、中国戏曲脸谱等内容。这些内容缺少成系统的中国文化要素，特别是缺少职业院校所在地域的本土文化内容。

（三）传播教材缺乏

随着我国对外文化交流事业的发展，越来越多的外国友人来到中国学习交流。职业院校进行中国文化国际传播时，除成熟对外汉语教材之外，针对国际学生等国际群体的文化教材很少。

（四）传播队伍单薄

除国家培养出一大批对外汉语教学师资之外，非常缺乏其他掌握中国传统文化学识并能进行国际化教学的教师队伍。

二、过程与做法

针对以上问题，苏州旅游与财经高等职业学校（简称"苏旅财"）积极响应"一带一路"倡议，勇敢担负起国家赋予职业教育对外交流与开放的任务，在建立中国文化国际传播管理机制、构建中国文化国际传播课程体系、编著中国文化国际传播教材、培育中国文化国际传播专业教学队伍、开拓中国文化国际传播的各种途径五方面给出了实践性探索与答案。

（一）建立中国文化国际传播管理机制

苏旅财于2011年创办中外旅游文化交流中心（以下简称"中心"）（见图1），其功能在于全面挖掘该校那些中国传统文化精髓中的特长与技能课程并将之系统梳理与语言转化后形成一个又一个国际课程包以吸引留学生，特别是"一带一路"沿线国家的留学生到该校学习汉语，身临其境地感受中国文化。

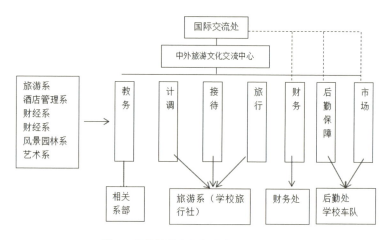

图1　中外旅游文化交流中心组织结构

（二）构建中国文化国际传播课程体系

苏旅财以苏州的历史文化为背景，以学校的旅游、园林和传统工艺为特长，创建对外汉语、中式烹饪、点心、热炒和冷拼、茶艺和花艺、盆景和插花、书法与国画、剪纸与核雕、篆刻与苏扇、评弹与苏式旗袍和古韵赏析、昆曲与古琴、江南丝竹与太极拳、中国舞与园林、中国历史与文化等共20门文化课程包。在教学过程中，教师采用"理论＋实践"相结合的教学模式，将课堂教学与课外实训有机结合起来，使学生既能掌握专业知识又能提高专业技能（见图2）。

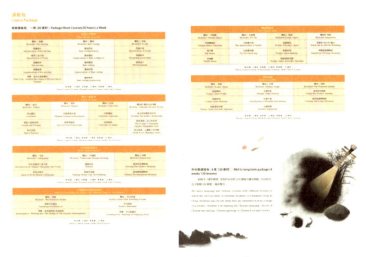

图2　学校开设的文化课程包

（三）编著中国文化国际传播教材

为了便于广大国际学生能切实学好中国文化这门课程，苏旅财本着"中英文对照，图文并茂，通俗易懂"的原则，编写出"游学苏州　体验文化"系列教材1套10本。这套教材荣获苏州市校本教材一等奖，被列入江苏省"十四五"职业教育第一批规划教材（见图3）。

图3　"游学苏州　体验文化"系列教材

（四）培育中国文化国际传播专业教学队伍

2015 年至 2020 年，苏旅财通过选派专业教师赴美国、英国、澳大利亚、芬兰等国进行 1—12 个月的培训或招聘，引进海归教师等各种形式，已经培养形成了一支 60 余人的双语教师队伍。

（五）开拓中国文化国际传播的各种途径

1. 在合作办学项目的推动下，实施来华留学

苏旅财因具有合作办学项目渠道优势，每年都有数十名"一带一路"沿线国家和地区学生到该校就读 2 年。

2. 在交流项目的帮助下，在中国进行短期研修培训

自 2007 年以来，芬兰职教联盟的学生每年都会到该校进行一个月的文化研修，而德国考夫曼学校的学生自 2013 年开始每年都会到学校进行为期一周的文化体验。在此过程中，他们不仅学到了专业领域内的专业知识和技能，还获得了多元文化背景下人们共同认可的价值观和生活方式等方面的熏陶。其中文化研修班是最主要的形式之一。除此之外还不定期有境外友好学校来苏旅财学习考察。

3. 在市场运作的推动下，进行中国文化的传播

苏州是一个外向型开放的城市，每年都有大量的外籍人士到苏州旅游观光或到苏州学习和居住。他们来自不同国家和地区，文化水平参差不齐，对汉语的掌握程度也各不相同。为了满足这些人学习与交流的需要，苏旅财开设了专门为此类人群服务的对外汉语班，通过旅行社和其他市场渠道吸引他们到学校研修培训。

4. 在友好院校的帮助下，送中国文化上门

学校每年选派老师到澳大利亚蓝山国际酒店管理学院，针对澳大利亚院校师生的特点，因地制宜开展中国文化课程进澳大利亚的本土校园活动；同芬兰职教联盟（FinnVET）内各个高职院校也保持密切合作，以网络课堂、小型研讨会等多种形式，开展汉语教学与中国文化传播。

四、成果与成效

（一）培养了大批能够服务中国企业和公民的留学生

自 2008 年招收和培养第一批留学生以来，苏旅财已经为"一带一路"沿线国家培养了 200 多名留学生。他们毕业后，大部分都回到自己国家从事着与中国事务紧密相关的工作。毕业留学生跟踪数据显示，83％的学生认为，中国文化课程非常有吸引力；72％的学生认为，中国文化课程对自身的职业发展很有帮助，81％的学生表示在日常工作中经常会使用到所学的中国文化知识。

（二）"职教走出去"得到了深入实践

除向"引进来"的国际学生开展中国文化传播外，还要进一步"走出去"，苏旅财在海外设立办学平台，传播中国文化。在前期实践积累基础上，2018 年，苏州旅游与财经高等职业技术学校同老挝新东盟教育中心在老挝国家教育与体育部副部长孔习－萨曼尼的见证下，签署了合作协议。两校共同响应"一带一路"倡议，以"汉语＋职业技能"为主要内容，构建了针对老挝当地学员的以苏州园林交化，非遗文化为特色的中华优秀传统文化及旅游职业技能国际化课程体系。项目成立了由中外方校长为组长的协调小组，协调推进每年常规的双向交流活动开展，就重大议题进行商讨。2021 年两校共同制定培训课程标准，举办云端汉语课程班，为来自老挝不同省份的 20 名学员提供汉语培训课程。未来两校继续优化汉语课程，并尝试将苏帮菜烹调等相关职业技能课程以线上与线下结合的方式，在老挝当地进一步推广和传播，为老挝带去更多优质的职业技能课程资源。

2022 年 3 月，在顺利举办第一期汉语云端课堂并获得成功的基础上，中老两校对去年的课程内容、教学进度、教学方式等进行了认真总结，并决定利用老挝中小学暑假时机，将第二期的目标学员定位在老挝本地中学生群体，并据此展开了针对性的招生宣传。来自老挝万象及其他省份的 15 名中学生聚集在云端，开始了新一期的汉语及中国文化基础课程的学习。2022 年 5 月，苏旅财中国—老挝"汉语＋职业技能"交流项目成功入选江苏省教育厅"十四五"职业教育对外合作交流重点建设项目。"十四五"期间，学校将按照重点项目计划书中所设计的建设目标，稳步推进同包括老挝在内的"一带一路"沿线国家的职业教育国际交流，做好对中华优秀传统文化对外传播工作（见图4、图5、图6、图7）。

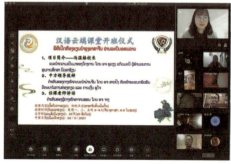

图4　汉语云端课堂开班授课

图5　老挝学员顺利获得结业证书

图6　老挝学员手写汉语作业

图7　老挝当地中学生阅读招生宣传材料

图8　苏州市教育教学成果二等奖

图9　江苏省教学成果二等奖

（三）获得了教学成果奖

基于学校在中国文化对外传播方面的不断探索，苏旅财也获得了各级教育主管部门的肯定与嘉奖。"一带一路"背景下中国文化对外传播的实践这一项目，先后获得市级教学成果二等奖，省级教学成果二等奖（见图8、图9）。

五、保障条件

一是组织保障。苏旅财已经建立并将继续健全学校国际交流与合作的组织架构和协调工作机制，形成在校党委领导下，以国际交流处为牵头单位，各相关系部、处室共同统筹、协调和推进的工作机制。各系部成立相关工作小组，并设立相关外事工作联络员，打造一支专兼职结合的外事工作队伍，形成对外统一管理、对内统筹协调的外事工作管理模式。

二是制度保障。苏旅财已制定并将完善《中外合作交流项目管理办法》《招收和培养国际学生管理办法》《外籍专家和外籍教师聘用管理办法》等多项校级管理制度，并将各系部对外交流项目、文化传播等工作方面纳入学校绩效考核指标。

三是经费保障。苏旅财在年度经费预算的编制过程中，建立对外合作交流与合作专项资金，形成基本经费保障机制，并在今后的实践过程中，以"提早规划，保证绩效"的原则，规范使用资金，推进学校国际交流与合作工作的顺利开展。

六、总结与反思

在教育对外交流开放的实践过程中，苏旅财始终坚持以习近平新时代中国特色社会主义思想为指导，响应国家"一带一路"倡议，勇敢担负起国家赋予高职院校的社会责任，以"汉语＋职业技能"为主要内容，构建以苏州园林文化、非遗文化为特色的中华优秀传统文化及旅游职业技能相结合的课程体系；坚定走国际化办学发展路径，积极开展对外教育交流，同时坚定保持"文化自信"，从而形成了中国文化国际传播的有效机制。

与苏旅财类型的高职院校，也可以在坚持自身办学特色的基础上，充分利用各种教育对外交流的机会和平台，广泛接触"一带一路"沿线国家与地区的教育机构，了解他们的实际需求。双方在平等交流的基础上，要设置短期与长期相结合的交流规划，并在遭遇实际困难时，充分保持沟通，共同解决问题。

后疫情时代，在中华优秀传统文化对外传播的道路上，还应该进一步探索新技术与文化传播更好的结合方式。比如互联网技术、VR、AR技术与文化对外传播的有机融合发展。

作者：曹彬，苏州旅游与财经高等职业技术学校国际交流处处长

四维融合，构建高职国际理解教育实践模式

摘　要：国际理解教育秉承人类命运共同体的核心价值观，是教育对外开放的基础环节，更是培养具有家国情怀和全球意识的技术技能型复合人才的重要载体。浙江商业职业技术学院通过课程开发赋能、第二课堂促进、国际化平台打造和"中国方案"践行等系列探索，推进和深化了国际理解教育，总结和提炼出"四维融合、课内外联动、校内外融通"的高职国际理解教育创新育人模式，通过不断提升国际文化平台的内涵建设，扩大了国际影响力，实现了高职国际化品牌建设的阶段性目标。

关键词：高职国际化；国际理解教育；四维融合；实践模式

一、背景

教育部等八部门《关于加快和扩大新时代教育对外开放的意见》明确我国将扩大教育对外开放，在互鉴、互容、互通中主动增强同世界各国联系，进一步推动形成全方位、宽领域、多层次的教育对外开放局面。国际理解教育秉承人类命运共同体的核心价值观，呈现多元共生的内涵特征；人类命运共同体视域下的国际理解教育既契合了职业教育"引进来"和"走出去"的时代发展诉求，又呼应了世界范围内人类文明互鉴的跨文化交流需求。因此，加强国际理解教育是高职教育对外开放的基础环节，也是培养具有家国情怀和全球意识的高职国际化人才的重要载体。

二、高职国际理解教育的目标

为进一步推进和完善国际理解教育，推动建设人类命运共同体，高职教育应革新体制机制，完善人才培养方案，加强校园文化建设，创设国际理解氛围，继续深化国际合作，积累国际理解教育实践经验与成果。

为培养具有国际理解和跨文化沟通能力的高职国际化人才，浙江商业职业技术学院（简称"浙江商职院"）构建了"四维融合"的高职国际理解教育创新育人模式（见图1），即从课程开发、二课活动、国际化平台和社会实践四个维度加强高职学生国际理解教育，创新课内外联动、校内外融通的实践模式，着力提升高职人才培育的质量。

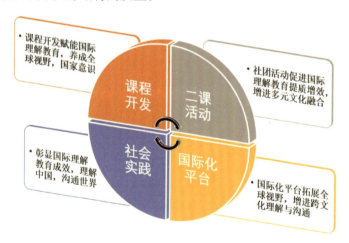

图1　高职国际理解教育"四维融合"实践模式

三、"四维融合"高职国际理解教育创新模式的实践过程

为培养以全球共生力为核心，促进多元文化互鉴共融，具有开放包容精神气质的高职国际化人才，浙江商职院从课程开发、第二课堂活动、国际文化活动和在线海外培训四方面进行了实践探索。

（一）开发课程项目赋能国际理解教育，助推全球视野和国家意识养成

浙江商职院在课程教学中加强人类命运共同体核心价值观教育，厚植家国文化，并从"三教"改革入手进行创新实践，推进国际理解教育进程。

1.遵循"三教"改革强化校本课程与教材开发建设

浙江商职院积极推进市场营销、电子商务、物流管理等专业全外语核心课程群本土化建设,加大融专业、技能和学校"百年商教"商科特色文化的课程链开发;进行《国际理解教育读本——感知世界》校本教材编制,选择国际理解教育的热点话题进行主题式学习或小组讨论;课堂上遵循"做中学"的教学理念,基于不同主题组织包括演讲赛、辩论赛、模联(模拟联合国)赛、外事接待活动等交际任务。

2.注重国际优质资源引进并根据本土需求打造

浙江商职院编制双语教材,打造双语课程,体验双语文化,逐步融入国际化教学范式,助力培养具有全球视野和国家意识的国际化复合型人才。

3.立足服务大国外交战略高度,推进"留学浙江行动计划"

浙江商职院建设《图说商文化》《中国传统文化关键词》《浙江地域文化赏析》等10多门留学生特色课程,推行"现代学徒制"留学生培育模式,培养通晓中文,理解中国文化,同时专业技能过硬的国际化通用人才,做强"留学商院"品牌。

4.扩大"一带一路"沿线及交通集团境外项目留学生招生规模

浙江商职院通过制定"一带一路"沿线国家汉语培训项目方案,研发汉语教学课程包,借助智慧教育大环境,运用大数据、云计算、智能交互等现代信息技术开展长、短期培训和学历教育相结合,打造"汉语＋职业技能"双语双轮驱动教学模式,吸引有汉语学习需求和职业技能发展的海外留学人员参与云端教学,充实并完善国际理解教育实践体系。

(二)开展第二课堂活动促进国际理解教育提质增效,增进多元文化融合

第二课堂作为高校重要育人阵地,是开展国际理解教育的必然途径。浙江商职院持续建设多元共融的第二课堂,开展国内外双向互动交流,实现国际理解教育提质增效。

1.致力于创建精彩纷呈的第二课堂组织活动

先后成立飞扬英文戏剧社、侃蛙口语俱乐部、E视界英文报社和樱花日语俱乐部等一批校园精品社团(见图2),推广校园文化品牌活动,促成课内课外联动效应。

图 2　第二课堂实践活动

2. 致力于打造留学生"第二课堂"品牌工程

浙江商职院在留学生课堂开设制作中国结、剪纸、书法、太极拳、茶道等中华优秀传统文化课程，培养知华、友华、爱华的民间外交使者，推进"留学生之家"校园文化国际化品牌建设。

3. 致力于国际理解视域下的多元文化融合

为促进中外文化互融互通，浙江商职院举办了"跨越山海，相遇商院"中外学生文化交流活动，"讲中国故事，传中华文化"中英文朗诵比赛，"我和诗画浙江"留学生中华经典诵读比赛等，引导中国学生强化家国意识，帮助留学生了解中华优秀传统文化，成为传播中国文化和跨文化交流的使者。此外，学校还举办了"各美其美，美人之美"的留学生国别文化分享会，共有埃塞俄比

亚、冰岛、哈萨克斯坦、乌拉圭等 11 个国家文化在这里碰撞交汇，60 多名中
外学生共聚一堂，开启了一段充满启迪的跨文化之旅。

（三）打造国际化平台拓展国际视野，增进跨文化理解和沟通

浙江商职院始终把提升国际理解教育作为国际化办学水平的加速器。历年
来，浙江商职院开展了不同主题的"中西文化系列讲座"、举办"国际文化节"
暨国际嘉年华、"我带外教游浙江"等系列活动，旨在拓宽中外学生的国际视
野，锻炼跨文化沟通和交往能力。截至 2021 年 11 月 17 日，浙江商职院"国
际文化节"（见图 3）已连续举办 14 届，来自 32 个不同国家和地区的留学生及
外教齐聚一堂，已然成为提升校园国际化氛围、增进国际理解教育、融通中外
文化、促进文明互鉴的重要平台。

图 3　国际文化节开幕式

（四）以汉语为媒介，架设云端技能直通车

浙江商职院一直在践行国际理解教育的"中国方案"，并对其进行不断发展与创新。"汉语桥"线上学习项目（见图4）是首次面向海外学员组织的线上"语言＋技能"培训项目，包括"一带一路，美食起步""中国电商文化体验之旅"和"体验冷暖世界，感受智造中国"三期课程。活动吸引了来自俄罗斯、日本、巴基斯坦、埃及、越南、尼泊尔、柬埔寨等33个国家和地区的130余名学员。项目的开展增进了海外学员对汉语语言文化和职业技能的深入了解，搭建了理解、沟通和分享中国文化的平台，探索了后疫情时代汉语国际教育的新模式，为世界眼中的中国提供鲜活案例，为构建国际理解教育的"中国方案"提供价值参考。此外，依托职业技能，浙江商职院将进一步拓展赴中国香港、韩国、泰国、日本等地的长、短期培训项目和海外夏令营活动。

图4 "汉语桥"线上"春令营"项目

四、实践效果

基于全球共生核心价值观，浙江商职院通过制度建立、资金保障举措，营造内外共融的开放新格局，搭建了国际化双向交融平台，组织了校内外系列社会实践，彰显了国际理解教育成效，理解中国，沟通世界。

通过校本课程开发建设和推进"留学浙江行动计划"，完成了本土化国际课程 20 余门，全外语、双语课程比例高达 38％。截至 2023 年，浙江商职院的留学生规模突破 1000 人次。

通过拓展第二课堂活动，创建英语俱乐部、樱花日语俱乐部、"留学生之家"等多个校园文化品牌。筹备成立国际性学生组织，如国际学生社团联盟、最美中国公益组织等。

通过构筑"两基地·三中心"多维交互的国际化平台（"两基地"为中国华侨国际文化交流基地和烹饪技术传承教学基地，"三中心"为国际商科职教联盟、杭州—德累斯顿联络办和中荷旅游人才培养研究中心），浙江商职院国际化办学水平持续提升，连续三年跻身"高等职业院校国际影响力 50 强"。

通过资助出国境交流学习、实习、参加国际赛事，创建海外实习实训基地等系列举措，浙江商职院为国家"一带一路"倡议和浙江省"浙菜走出去"战略贡献力量。来自 50 多个国家和地区的 900 余名中式烹饪大厨、侨领回炉深造，感悟浙菜文化，传讲浙江故事。该培训项目得到了社会和媒体的广泛关注，《人民日报》两次刊发报道了浙江商职院海外中餐培训项目。浙江商职院每年暑期举办的赴美带薪实习、赴法专业研修等中外合作与交流项目，是浙江商职院进一步完善国际化人才培养模式的典型实践案例。

五、保障条件

作为国家优质校和国家"双高计划"建设单位，浙江商职院重视国际化办学水平提升，先后与澳大利亚西澳洲 TAFE 学院、美国东北州立大学、泰国易三仓大学等 10 多所高校开展交流合作，是省内最早具有留学生招收资格的 6 所高职院校之一。一直以来，学校主动适应高职教育国际化新形势的发展，从政策、资金、师资和办学条件方面予以大力支持，投入大量人力、物力、财力推进学校国际化发展和建设，自上而下十分重视加强国际理解教育和跨文化沟通能力培养。

六、总结与反思

浙江商职院通过课程开发赋能、第二课堂建设、国际化平台搭建及"中国方案"探索实践等，推进和深化了国际理解教育，总结和提炼出"四维融合、课内外联动、校内外融通"的高职国际理解教育创新育人模式。该创新模式在提升国际化内涵建设，传播中国优秀文化、扩大国际影响力，实现高职国际化品牌目标方面成效显著。

但与此同时，我们也应看到加强国际理解教育是一个错综复杂、循序渐进的课题，几乎包括与全球化相关的所有重要教育问题，如全球公民教育、多元文化教育、环境问题、可持续发展教育等等。目前国内对国际理解教育的研究，主要侧重于学校实践领域，如国内和国际课程设计、双语教材开发、跨文化教学方法研究等方面，对国际理解教育的理论问题研究不足。从浙江商职院国际理解教育实践探索来看，以下几方面仍显不足：第一，国际化体制机制建设还不够完善，国际化课程标准体系尚未建立；第二，国际化师资团队与师资国际化培训有待进一步加强和完善；第三，留学生特色课程、双语课程开发建设等国际化资源建设不够完备，亟待充实。随着后疫情时代职业技术教育发展的新变化、新趋势，数字化赋能、产教融合、促进公平和终身学习等议题也是深化国际理解教育背景下全球职业教育改革发展的方向。

综上所述，坚持推进国际化资源建设和平台内涵提升，形成国际理解教育的"中国方案"，可以进一步扩大国际影响力，实现高职国际化品牌建设新目标。

作者：诸葛霄，浙江商业职业技术学院教研室主任

中外人文交流视域下"空中课堂"赋能留学生汉语教育的创新与实践

摘　要：随着我国中外人文交流的深入开展，提升教育对外开放内涵建设，推进职业教育国际传播能力建设，提升"讲好中国故事"及中国职教优质资源输出的能力成为衡量高职院校国际化办学水平的重要指征，培养知华、友华的国际留学生亦是高职院校国际化办学能力和育人实效的重要标尺。在新冠疫情期间，九江职业技术学院面向"一带一路"沿线国家留学生依托"空中课堂"开展"互联网＋汉语"教学赋能创新汉语国际教育教学模式、教学手段、教学资源等，其立意、过程和成效都具有典型性、可借鉴及可推广性。

关键词：中外人文交流；空中课堂；"一带一路"；教学赋能

党的十九大报告强调："加强中外人文交流，以我为主、兼收并蓄。推进国际传播能力建设，讲好中国故事，展现真实、立体、全面的中国，提高国家文化软实力。"教育部等八部门《关于加快和扩大新时代教育对外开放的意见》指出："借力'中国教育云'，建立中国特色国际课程推广平台。优化汉语国际传播新形态，支持更多国家将汉语纳入国民教育体系。"2020 年全球新冠疫情暴发，中外教育主管部门同声倡导"停课不停学"，中外齐心构筑国际教育交流协作共同体。在这样的形势下，探究创新国际留学生教育培养模式路径，不仅是提升我国高等教育国际化水平的重要契机，也是推进"一带一路"倡议和构建人类命运共同体的重要助推器。

九江职业技术学院（简称"九职"）立足中外人文交流基点，紧扣"一带一路"沿线国家社会与教育发展需求，构筑基于"文化引领—载体协同—平台互动"的多维交互中外人文交流平台，依托"互联网＋海外学院"境内外双办学实体，构筑政校行企留学生汉语教育服务协作供给体，创新了"云技术＋订制化"的留学生汉语人才培养方案，充分借力中国现代信息技术，圆满实现汉语教育"空中赋能"。

一、"空中课堂"产生的背景内涵

中国教育进入新时代，教育教学理念、师生互动模式、网络媒介技术、信息资源平台都在不断革新。新冠疫情期间，许多中外高校通过线上平台开展教学活动，留学生汉语教学也不例外。

"空中课堂"指利用先进的网络信息技术和现代通信技术，实时直播教师授课的视频、语音、课件、板书等，把讲课过程逼真地搬到网上，师生之间通过音视频、课件等方式进行实时交流互动的教学模式。这种教学模式是一种跨时空的教学互动，是一种可以支持万人同时听课的先进的教学辅助办法。空中课堂属于"互联网＋教育"的范畴，需要比较成熟、完善的网络技术平台，以顺利实现直播、互动、评价等功能。基于远程信息技术的线上教育种类繁多，比如我们熟悉的网络公开课直播教学、录播课程教学、一对一教学、O2O教学等。

时代发展与技术进步给高校国际化人才培养，特别是留学生教育带来了挑战与契机。在疫情防控期间，空中课堂是最合适的教学方式，在后疫情时代，空中课堂也极大可能成为汉语国际教育的重要补充。汉语国际教育如何适应"互联网＋"的教育教学模式、未来汉语传播如何做到线上与线下相结合，对中国高校提升国际化办学水平和质量具有重要意义。

二、"空中课堂"建构的目标意义

（一）打造汉语国际教育"云"环境

以"文化育人"为引领，以"中外联动"为抓手，以"学情学况"为基准，打造具有优质教育平台、联动师资队伍、多维课程体系的留学生汉语教育空中课堂教学环境。

（二）创建汉语国际教育"云"方略

基于大数据精准分析云教学实况，构建汉语教学"云"资源库，将多种授课模式应用于汉语听力、读写、口语等不同课型中，创建"MOOC＋SPOC"的混合式留学生汉语教育空中课堂教学策略。

（三）提升汉语国际教育"云"成效

构建"线上线下"中外双方多层学习效果及动态监测预警体系，打造师生、生生立体化交流圈，全面提升"同步授课、异步自学、同频共振"的留学生汉语教育空中课堂教学成效。

三、"空中课堂"实施的路径策略

（一）聚焦平台、队伍、体系"三建"

1. 建优质教育平台

应用云计算、移动学习、大数据等先进技术，优选在线实时教学、视频播放、互动交流、动态监测等技术支持平台，搭建以"互联网＋"国际职业教育云平台为主的在线教学平台，配套智慧教学系统、HSK考考系统、微信教学系统为主的教学辅助平台，拓展以钉钉、腾讯会议、微信为主的在线交流平台，补充以网盘、邮箱为辅的资源存储平台，打造多维多端教育平台综合体。

2. 建联动师资队伍

组建汉语国际教育专家指导委员会和云端课程教学团队，选优配强师资力量，成立由中泰业务骨干组成的负责课程研用管的课程建设小组和由技术骨干组成的负责录制指导视频、上传素材、导入名单的课程支持小组，协作完成软件测试、技术培训、资源整合、教案编修，实现互补、共研、互促。

3. 建多维课程体系

创建以"传播中国声音"为核心、"语言＋文化"为维度的"一核两元"课程体系，精选《汉语听说》《汉语读写》《中国文化概况》等精品在线课程，构建包括热身准备、经典对话、课文阅读、语言讲练、会话实践及能力拓展等模块化课程内容，使留学生在汉语语音、语义、字形、语法结构、情景运用等各个方面得到有力提升。

（二）着力资源、模式、策略"三精"

1.精立体教学资源

打造融经典性、时代性、职业性、知识性、趣味性、国际性为一体的涵盖微课视频、动画图文、课件题库等浸润式汉语教学精品资源，开发微课视频、教学课件、动画图文、题库卷库等富媒体资源，提升留学生理解汉语知识和传播中华文化的能力。

2.精多态教学模式

采取直播、录播、慕课并融的"同步直播＋异步自学"双轮驱动的教学模式，创建"平台－自媒体－APP"三位一体的多模态云端学习社群，课前采取"动画视频＋练习自评"的录播自学模式，让学生自由、灵活地完成预习；课中采取"纠错讲解＋控速阅读＋练习巩固"的直播教学模式（见图1），保证集中教学的高质高效；课后采取"单人任务＋小组任务＋问卷反思"的反思评馈教学模式，给予学生充分思考并内化知识、深化学习空间，建构学生学用无缝衔接的良性教学循环，多维多层、多群多向帮助课程实现最优教学效果。

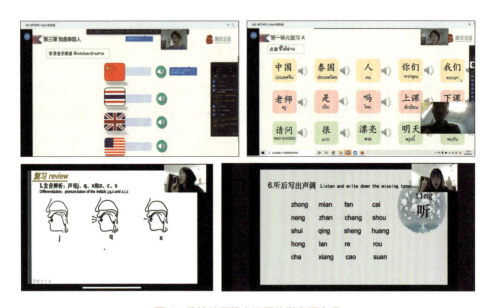

图1 我校教师线上汉语教学直播实况

图 2　泰国学生线上汉语直播课学习实况

3.精混合教学策略

编制形成中外双语线上学习指南，采取"MOOC＋SPOC"教学策略，将原创顺口溜、经典案例植入网络汉语课堂，将"课堂模拟情景"转变为"云情景"，由留学生分组讨论上传"情景对话"并在云课堂进行互评与分析，通过打卡签到、头脑风暴、举手抢答、随机点名、投票选择、语音连麦等满足师生实时互动需求，提高留学生学习兴趣及课堂参与度（见图2）。

（三）打造交流、检测"两圈"

1.构多向交流圈

构建线上学习社群，通过微信、钉钉、邮箱等自媒体多种路径进行课前任务通知发布、课程资源共享、课后协作式学习、作业辅导答疑、交流研讨评馈等语音、文字、视频互动和反馈交流，组建线下朋辈学习互助组（见图3、图4）。

图 3　课后作业　　　　　图 4　辅导答疑及交流研讨

2.构多层监测圈

基于"互联网＋"云平台大数据针对课堂考勤及参与度等方面进行监测，辅以线上中方专业教师对学习进度及效果进行敦促（见图5），联合线下外方管理教师对学习态度进行监督，实现多角度、多层次、多方位掌握学生学习动态及效果可视可控。

图5　中方教师课后督学辅导

四、留学生汉语教育的成效经验

（一）构筑中外人文交流平台，国际影响力显著增强

学校成立项目建设委员会，延伸交流平台，挖掘合作内涵，整合对接优质合作资源，开展拟合作国家、地区的发展现状与需求调研，形成项目顶层设计，编制项目实施方案，进行项目动员及分工部署。构筑"中文＋职业技能"教育服务协作供给体，与泰国教育部职业教育委员会、泰国曼谷职业教育中心、泰国北标技术学院、泰国素可泰农业技术学院、泰国廊曼技术学院、唐风汉语国际教育集团合作铸造政、校、企多元育人链。该项目获得了合作方的高

度认可和一致赞誉，在泰国取得了积极的社会效应，泰国教育部职业教育委员会特发函感谢（见图6）。

图6　泰国教育部职业教育委员会感谢函

（二）构建"一线三通"人才培养模式，国际达成度有效提升

学校依托境内外双办学实体，创构"技术＋人文"为主线、"语言＋专业"双线贯通、"政校行企"多元融通、"中方外方"双体联通的"一线三通"人才培养模式，立足于"语言通，专业精"两大板块，明确"汉语能力国际化，职业技能本土化"培养方向，探寻"跨课程、双师资"的师资融合模式，增强了来华、来赣留学吸引力，培养了一批知华、友华、爱华的国际技术技能人才，项目成果入选"中国—东盟双百职校强强合作旗舰计划""中国—东盟"高职院校特色合作项目（见图7）。

图7　"中国—东盟"高职院校特色合作项目

（三）打造职教输出国际品牌，国际贡献度有力彰显

学校对标职业教育对外开放要求，紧扣"一带一路"沿线国家发展需求，响应海外行企智力支持诉求，积极探索援助发展中国家渠道模式，打造"天工营""知行团"九职海外特色标杆职教品牌，构建江西标准对外输出聚集地，全面助力"一带一路"教育行动提质增效赋能，被泰国教育部职业教育委员会授予"2020 中泰职业教育国际合作突出贡献奖"（见图 8）。

图 8　2020 中泰职业教育国际合作突出贡献奖

五、四方协同育人的支持保障

学校实施的"中泰'BTCA天工计划'合作项目"与泰国教育部曼谷职教中心和中部三区职教中心、巴真武里技术学院、唐风国际教育集团等政府机构、学校和企业合作，构筑"人才共育、资源共享、过程共管、责任共担、校企共建"线上线下"五共双轨"政校行企四方协同育人共同体的支持保障体系，创新多模态、多路径国际汉语教育教学，实现中国优质职教资源精准输出。

六、实施留学生"空中课堂"的启示

空中课堂虽然具有可打破时空局限，实现师生远程交互学习，提高信息传递效率及满足多样化的学习需求等优势，但鉴于留学生是高校人才培养的特殊群体，相较于本土学生空中课堂线上教学，受限于地域、技术、语言等诸多因

素，仍然存在学习效果评估有效性欠缺等问题，需要学校成立中外专业教学指导委员会，进一步丰富留学生学习效果评估主体，编制形成课堂内、外学习行为监控动态表单，打造教学质监及评估多维体系上进行不断创新、深入探究与有力实践。

作者：方芳，九江职业技术学院国际合作交流中心主任；
贺婧，九江职业技术学院国际合作交流中心副主任